静岡大学人文学部研究叢書15

現代の企業倫理

田島 慶吾 編著

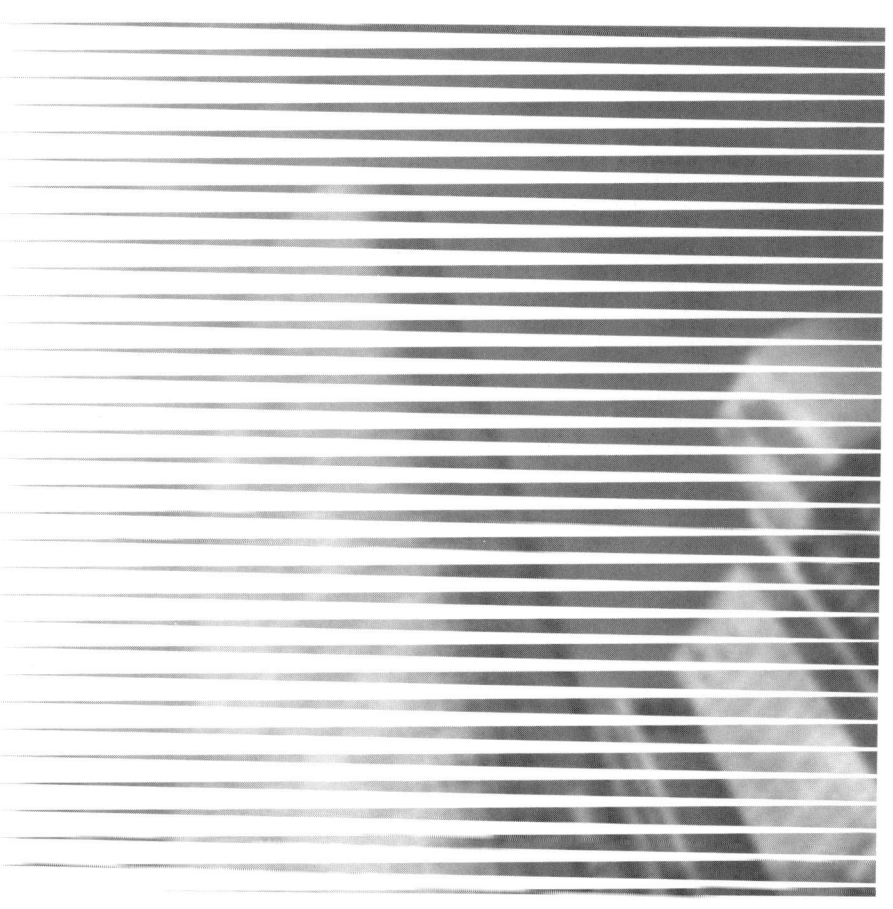

大学教育出版

まえがき

　本書は経済学、経営学、会計学を学ぶ学部学生を対象とした企業倫理（学）(Business Ethics) のテキストである。

　企業倫理（学）という言葉が市民権を得たのはまったく最近のことである。過去においても、企業の社会的責任論の議論が盛んに行われた時期があった。企業犯罪、企業の不祥事が頻発、多発すると必ず、企業の社会的責任論、企業の社会的貢献論などが叫ばれ、そしていつしか消えていくというのがこれまでのパターンである。企業倫理（学）が従来の一過性の企業の社会的責任論や社会的貢献論と異なるのは、社会的責任論・貢献論に倫理学という理論的基礎を与えたことにある。これは今までの企業の社会的責任論・貢献論には理論的基礎付けがなく、したがって、思想としても深みがなく、このために時事論的となり、結果として一過性の「ブーム」に終わってしまったとの反省から生まれたものである。

　企業倫理（学）という考えは1980年代のアメリカで生まれた。当時、アメリカにおいて、市場原理主義という考えが社会を席巻した結果、これは企業活動を活性化させたが、他方で同時に多くの企業犯罪・不祥事が発生した（これは現在でも続いている）。アメリカの倫理学者はこのような事態を深く憂い、企業が採るべき「正しい」行動とは何か？を問題としたのである。

　倫理学による企業の社会的責任論・貢献論の理論的基礎付けという試みは、それまで倫理や規範に無関心であった多くの経営学者、経済学者の注意を引き、そしてまた、社会やマスコミの、そして最も重要なことには、企業経営者の注意を引いた。理論的基礎付けには、さらに経営学、経済学の理論が導入されることにより、企業倫理学は真に学際的な科学となり、企業経営者の関心を

引くことにより企業倫理は実践的なものとなった。このようなアメリカ社会における企業問題は日本社会における企業問題でもある。日本においても企業犯罪・不祥事は絶えることはない。状況はアメリカと同じである。アメリカにおいて企業倫理学の必要性を痛感させた1つの企業犯罪がロッキード事件であった。当時（1970年代）アメリカでは、アメリカの企業が外国の政府高官に賄賂を贈ることを禁止する法律がなかった。また、議会証言をしたロッキード社の会長は、自分の良心に反することであったが、日本では外国企業がビジネスを行うためには、政府高官に賄賂を贈るのが習慣であると思いこまされていた、と述べた。こうした脱法行為（アメリカ側）と賄賂を贈るという商習慣の存在（日本側）とに対する反省が企業行動には、法以外にも守るべき規準があり、それが企業倫理であるという考えを生んだのである。したがって、企業倫理はアメリカにおいてではなく、日本において成立してもおかしくはなかったのである。

　本書は静岡大学人文学部に所属する経済学、経営学、会計学を専門とする研究者によって書かれている。倫理学者が含まれていないのは、倫理学的な企業倫理に関する書物はすでにいくつかあり、これとは異なった実証科学的企業倫理のテキストを目指したからである。本学部では、企業倫理学の授業を開講しており、この授業が本テキストの基礎となっている。社会科学を学ぶ学生、とりわけ、経済学・経営学を学ぶ学生は、その多くが将来、企業で働くことになるであろう。もし自分の勤める会社が犯罪を犯し、不祥事を発生させたら、自分はどう振る舞うべきか？と自問してみよう。また、上司から帳簿のごまかし、情報の隠匿、賄賂の取り次ぎを命じられたと想像してみよう。そのような時に、私の会社は間違っていた、私にはできないと確信を持って言えるであろうか。本書はこの確信を与えるために書かれた。

　本書では、企業、株式会社、会社は同じ意味、つまり、大規模な公開株式会社の意味で用いられている。株式会社の大半を占める中小の会社については本書では触れることはできなかった。

また、本書では学習の便を図って、各章末に参考文献を付けた。章の内容に興味を持たれ、さらに深い知識を得たいと思う読者はこの参考文献に当たって欲しい。

　本書の刊行にあたり、静岡大学人文学部より刊行助成を受けた（静岡大学人文学部叢書15）。著者を代表して感謝する次第である。末尾になったが、学術書の出版が困難な時代にあって、快く出版を引き受けてくれた株式会社大学教育出版の佐藤守代表取締役に感謝したい。

2007年1月

静岡大学人文学部　田島　慶吾

現代の企業倫理

目　次

まえがき …………………………………………………………………… i

第1章　企業倫理―企業の行動規範― ………………（田島　慶吾）… 1
　はじめに　*1*
　1.　企業倫理の思想　*2*
　　（1）　効率性、合法性、倫理性　*2*
　　（2）　企業倫理の思想　*4*
　2.　個人および企業の行動原理　*6*
　　（1）　利己心の追求と倫理　*7*
　　（2）　企業行動における義務論と功利主義　*10*
　　（3）　義務論と功利主義の問題点　*10*
　3.　規則功利主義　*11*
　　（1）　義務論的解決の問題点：「フリーライダーと集合行為」問題　*11*
　　（2）　規則功利主義　*13*
　　（3）　行動基準の種類―法と慣行―　*14*
　　（4）　私的利益の追求と規範の生成　*15*
　　（5）　「繰り返し囚人のジレンマ」による協調行動　*17*
　4.　企業と企業内規範　*18*
　　（1）　協働体系としての企業　*19*
　　（2）　権威体系としての企業　*20*
　　（3）　組織人格と個人人格　*22*
　　（4）　企業と「外部」の関係　*23*
　5.　企業活動の外部性と社会的規範　*24*
　　（1）　企業活動と「外部性」　*24*
　　（2）　規範による負の外部性の解消　*25*
　おわりに　*27*

目次　vii

第2章　ガバナンス問題—コーポレート・ガバナンスとCSR—
　　　　　　　　　　　　　　　　　　　　　　　　　　　（田島　慶吾）…29
はじめに　29
1. コーポレート・ガバナンス　30
   （1）所有と経営の分離　31
   （2）コーポレート・ガバナンスとは何か　32
   （3）大規模公開株式会社のコーポレート・ガバナンス　34
   （4）変化するコーポレート・ガバナンス—「委員会設置会社」—　35
   （5）問題点　37
2. 企業の社会的責任（CSR）　37
   （1）企業の社会的責任—新たな社会規範—　38
   （2）なぜ、企業の社会的責任か　41
   （3）企業倫理の制度化　43
3. 信認関係・関係契約—社会関係によるガバナンス　45
   （1）信認関係　45
   （2）「社会的関係への埋め込み」と関係契約　47
おわりに　48

第3章　株式会社と企業倫理　……………………（高橋　洋児）…51
はじめに　本章の考察課題　51
1. 現代世界経済の根本問題　52
   （1）需給不均衡　52
   （2）大競争の諸相　52
   （3）金融分野の肥大化　54
   （4）生産力過剰の発生メカニズム　55
2. 株式会社の役割と特色　57
   （1）株式会社の役割　57
   （2）株式会社の特色　60
   （3）会社法による規定　61

3. M&A　*63*
　　（1）　M&Aが盛行している理由　*63*
　　（2）　M&Aの手短な歴史　*64*
　　（3）　M&Aの目的・動機　*67*
　　（4）　合併の2類型　*71*
　　（5）　企業文化　*72*
　　（6）　買収の4類型　*73*
　4. 企業倫理は自由競争原理と両立するか　*74*
　　（1）　企業倫理論の背景事情　*74*
　　（2）　自由競争原理と企業倫理　*75*
　　（3）　素朴な倫理観とは相容れない自由競争の事例　*76*
おわりに　*78*

第4章　企業の詐欺的行為の経済学　……………（石橋　太郎）…*80*

はじめに　*80*
　1. 財・サービスの質と企業行動　*81*
　　（1）　信用財　*82*
　　（2）　企業の詐欺的行為と費用　*84*
　2. 企業の詐欺的行為を減少させる要因　*87*
結語に代えて　*88*

第5章　企業と情報をめぐる倫理　………………（伊東　暁人）…*93*

はじめに　*93*
　1. IT化は企業にいかなる変化をもたらしたか　*94*
　　（1）　企業の情報化の進展と情報管理　*94*
　　（2）　ITの経済社会的インパクト　*95*
　　（3）　企業の情報の関係　*97*
　2. 企業倫理としての情報倫理　*99*
　　（1）　社会的存在としての企業情報システム　*99*

（2）　企業倫理と個人情報保護　*100*
　　　（3）　企業における情報倫理の戦略的意味　*102*
　　　（4）　コーポレート・ガバナンスとITガバナンス　*102*
　　　（5）　内部統制とIT　*103*
　3．企業における情報倫理確立の方策　*105*
　　　（1）　技術的対応　*105*
　　　（2）　情報を扱う企業人としての倫理観形成　*107*

第6章　現代の企業と環境倫理 ……………………………（青山　茂樹）…*113*
はじめに　*113*
　1．企業の営利原則と環境倫理　*114*
　　　（1）　企業活動の継続性と営利原則の長期化　*114*
　　　（2）　企業の「環境倫理」と社会的環境　*115*
　　　（3）　「環境倫理」と企業の社会的責任　*117*
　2．産業公害問題と地球環境問題の展開　*119*
　　　（1）　産業公害問題から地球環境問題へ　*119*
　　　（2）　地球環境保護運動の展開　*121*
　3．地球環境問題と企業の環境管理　*125*
　　　（1）　環境管理の国際標準化　*125*
　　　（2）　バルディーズ号事件とセリーズ原則　*127*
　4．エコビジネスとエコファンド　*129*
　　　（1）　日本におけるエコビジネスの展開　*129*
　　　（2）　日本のエコファンド　*132*
　5．廃自動車処理とリサイクル対策　*133*
　　　（1）　日本における廃車リサイクル　*133*
　　　（2）　日本とドイツにおける自動車リサイクルの比較　*134*
おわりに　*137*

第7章　人材多様化戦略と企業の社会的責任 …………（布川日佐史）…141
　はじめに　*141*
　1．正社員の変容と雇用の多様化　*142*
　　（1）正社員（正規雇用）＝従来の日本社会のモデル　*142*
　　（2）正社員の変容　*144*
　　（3）非正規雇用の急増と多様化　*146*
　　（4）就業パターンの変化と男女均等処遇への動き　*147*
　　（5）小括　*148*
　2．人材多様化戦略の検討　*148*
　　（1）総額人件費の削減・柔軟化　*149*
　　（2）定型的職務と非定型的職務の区分　*150*
　　（3）小括　*153*
　3．労働における企業の社会的責任　*154*
　　（1）日本型雇用システムのゆくえ　*154*
　　（2）労働における企業の社会的責任　*155*
　　（3）小括　*158*
　おわりに　*160*

第8章　多国籍企業の倫理 ………………………………（安藤　研一）…162
　はじめに　*162*
　1．多国籍企業の実態　*163*
　　（1）多国籍企業とはなにか　*163*
　　（2）FDIの動向　*165*
　　（3）FDIの意義　*168*
　　（4）多国籍企業の倫理にとっての意味　*169*
　2．多国籍企業の理論　*170*
　　（1）所有優位性　*171*
　　（2）内部化優位性　*172*
　　（3）立地優位性　*173*

（4）　OILパラダイムとFDI　*174*
　　　（5）　多国籍性の利益　*175*
　3．多国籍企業固有の倫理的課題　*176*
　　　（1）　企業倫理をめぐる2つのアプローチ　*176*
　　　（2）　課題その1―社会契約的配慮　*178*
　　　（3）　課題その2―社会の多様性　*179*
　　　（4）　課題その3―経営者の役割　*180*
　　　（5）　課題その4―内部組織における配分　*182*
　4．CSRブームとその課題　*182*
　　　（1）　CSRの歴史的背景　*183*
　　　（2）　多国籍企業のCSRへの取り組み　*183*
　　　（3）　トリプルボトム・ライン　*185*
　　　（4）　互恵性問題　*186*
むすびにかえて　*187*

第9章　企業のグローバル化と企業倫理
　　　　　―グローバル経営戦略の落とし穴―　……………（朴　根好）…*193*
はじめに　*193*
　1．NIKEとアジアの委託工場　*194*
　　　（1）　ナイキの歩み　*194*
　　　（2）　パートナーとしてのNIES企業　*196*
　　　（3）　ナイキの委託工場と労働搾取の問題　*198*
　2．グローバル経営戦略と「スウェットショップ」問題　*200*
　　　（1）　スポーツシューズ戦争 NIKE VS Reebok　*200*
　　　（2）　スポーツ宣伝戦略とグローバル・ソーシング　*202*
　　　（3）　フューチャー・オーダー・システムと「スウェットショップ」　*205*
　3．ナイキの「スウェットショップ」問題とCSR改革　*208*
　　　（1）　ナイキにおけるCSR改革　*208*
　　　（2）　企業のグローバル化とCSRへの取り組み　*211*

おわりに　*213*

第10章　社会的責任投資 ……………………………（大橋　慶士）…*218*

はじめに　*218*

1. 社会的責任投資（SRI）とその潮流　*219*
   - （1）社会的責任投資とは何か　*219*
   - （2）社会的責任投資の誕生とその系譜　*219*
2. 社会的責任投資の現代的意義　*222*
   - （1）ソーシャル・スクリーニング（Social Screening）　*223*
   - （2）株主行動　*224*
   - （3）コミュニティ投資　*226*
3. 社会的責任投資の動向　*226*
   - （1）米国の動向　*227*
   - （2）欧州の動向　*228*
   - （3）日本の動向　*230*
4. CSRとSRI　*233*
   - （1）SRIと企業価値　*233*
   - （2）SRIからみたCSRの評価方法　*234*
   - （3）CSR情報の開示　*237*

索　引 ……………………………………………………………… *242*

現代の企業倫理

第1章

企業倫理
――企業の行動規範――

はじめに

 「企業犯罪、企業の不祥事はなぜ続発するのか」という素朴な疑問が企業倫理の出発点である。企業に対してことさらに「法令遵守（コンプライアンス）」の必要性が叫ばれるのも奇妙な事態であろう。法を守るのは人の義務であり、個人に対して「法令を遵守せよ」と改めて言われることはない。企業犯罪・不祥事の続発は利潤機会を巡る市場の競争圧力がこの原因であることを示しているとするならば（確かにそうであるが）、この考えは、企業活動に対する国による規制（法による制限）という考えを招くであろう。しかしながら、国や行政による規制は企業の「活力」を削ぐという弊害がある。
 企業犯罪・不祥事は続発は、さらに、企業は何のために存在するのか、という根本的な疑問を引き起こす。これは企業の正統性（legitimacy）に関わる問題である。企業自らが企業犯罪・不祥事の発生を防ぐことができないのであれば、これは国や行政が企業活動を監視し、指導する以外にはない。しかしながら、これは上記の弊害を招くであろう。したがって、企業は自らの努力において企業犯罪・不祥事を防止し、その正統性を社会に対して示す必要がある。企業倫理とは企業が自らに課す行動規範である。企業倫理は以下の3点を問題とする。

① 企業は誰の利益を実現するべきか？　株主の利益のみか？
 一般に、企業は株主の利益を実現するべきであるとされる。しかしながら、

従業員もこの目的のために、経営し、働くのであるから、彼らの利益をも顧慮して企業経営はなされるべきではないのであろうか。さらに、環境の「利益」のために経営がなされてもよいのではないか。

② 企業の目的とは何か？ 利潤のみか？

企業の行動目的は利潤獲得であるとされる。しかしながら、利潤が「唯一」の目的であろうか。環境を考慮した経営を行うことにより、利潤機会が失われるようなことがあってもいいのではないか？

③ 企業行動は合法的でありさえすればよいのか？

法のみが企業活動に対する制約であるとする考えには問題がある。法はすべての領域を覆うことはできない。必ず、法も規制も存在しない領域が存在する。この脱法的領域の存在はいわばグレイゾーンである。ある種の企業活動に対して、法に抵触していないにもかかわらず、社会的非難が浴びせられることがある。この「非難」に対して、わが社は法に触れてはいないのであるから、何ら落ち度はない、と強弁することは可能であろうが、この「非難」は、企業がその一部である社会の規範からすれば、違法ではなくとも、受け入れられないことを意味しているのではないか。

以上が本章が考察の対象とする問題である。本章は、最初に企業倫理とは何かを説明し、企業倫理とは、企業と社会との間で成立する企業行動に関する「ルール」であることを明らかにする。

1. 企業倫理の思想

(1) 効率性、合法性、倫理性

企業倫理（Business Ethics：経営倫理とも訳される）とは何か？ この問いに答えるために実例から始めよう。これらの事例は企業倫理の問題性を古典的な形で示している。

1) 事例1. 合法性と社会規範：ナイキ社の「児童労働」

アメリカのナイキ社はアスレチック・シューズメーカーとして国際的に著名

な企業であるが、同社は1990年代に厳しい社会的批判を浴びた。その発端は、労働力がアメリカと比べてきわめて安価であることを理由に、ナイキ社が生産拠点の一部をフィリピン、インドネシアなどの東南アジア諸国に移転することを決定したことにあった。ナイキ社はこの生産拠点の移転により、人件費が半分以下に下がることを期待したのである。競争が激しいアスレチック・シューズ業界において競争優位を保ち、会社の長期的な財務的健全さを損なわないためにも、コスト削減のすべての機会を利用しなければならなかったのであった。進出先でのナイキ社の工場の労働環境は、しかしきわめて劣悪であった。最大の問題は、児童（15歳以下）を安価な労働力として雇用したことである。そのような児童労働の雇用はアメリカでは禁止されていたが、進出先では規制がなく、ナイキ社は法の間隙を突いたのである。極端に安い労賃、劣悪な労働環境、児童労働などの実態がマスコミを通じて報道され、大衆の怒りを買い、ナイキ社はアメリカおよびヨーロッパで不買運動の対象となった。ナイキ社は、改善を約束せざるを得なくなり、不買運動により莫大な損失を被った。

このナイキ社の事件は、企業の合法的な利潤追求活動であっても、それが社会的な批判を招き、社会的に受容されないことがあることを示している。同社は当初、批判に対して経済合理性と合法性をもった経済活動は、利潤を求める私的企業の活動としては正当であると主張したのであった。

① 安価な労働力を求めて活動拠点を移転させることは、コスト削減という経済的効率性の観点から合理的である。
② 先進諸国に比した場合の著しく低い賃金の支払いも進出先の法律に照らせば、合法的である。進出先での児童労働は禁止されておらず、また、労働環境についても緩やかな規制しかないので、違法ではない。

しかしながら、欧米の社会、消費者、マスコミは「私たちの社会の価値規範からすれば、たとえ経済合理性があり合法的であっても、ナイキ社の経営は倫理的には許されない」と批判し、広範な不買運動を生み出したのである。経済

合理的であり合法的である企業活動は何ら批判されるべき点はないとするナイキ社の主張に対し、ナイキ社批判の要点は次のことである。

③　ナイキ社の企業活動は経済効率的、合法的であっても、社会的規範からみれば妥当ではない。

これは、企業の利潤追求は、それが合法的であっても倫理的には許されないと見なされる場合があることを示している。企業の利潤追求は法さえ守れば十分なのであろうか（ナイキ問題の詳細については第9章を参照）。

(2)　企業倫理の思想
　企業倫理の語義的な意味は、**企業の行動基準**、つまり、企業行動の「正しさ」の基準である。この場合、企業行動の「正しさ」の基準とは以下の3つが考えられよう。

①　効率性：最大の利潤を獲得するという目的のために企業経営が効率的になされている。
②　合法性：企業経営が合法的、遵法的になされている。
③　規範性：企業経営が社会的規範の範囲内でなされている。

　企業の行動目的が利潤最大化であるとされる場合、最大限の利潤を獲得するために、効率的な経営がなされるのであれば、この企業の行動には合理性がある。この場合、企業は経済合理的に正しい行動をしたと評価される。問題は、企業活動における効率性の追求、合法性、規範性の三者が必ずしも一致しない場合があることである。企業の利潤追求という目的が効率性という観点のみからなされる場合、それは合理的な正しさを持つが、この合理性は必ずしも合法性・規範性を保証しない。この場合、効率性の追求は、合法的な活動から脱法的なそれへ、さらには、違法行為へと組織を駆り立てることになる。次の事例を見てみよう。

2） 事例2．効率性の追求と違法活動：フォード社の「欠陥エンジン」事件

アメリカのフォード社は、1980年代に安価で高性能の日本車に対抗するために、ピントという名称の車を開発したが、販売開始直後にこの新車はエンジン部分が衝撃に弱く、容易く発火することが判明した。このために、人命を損ないかねない事故を引き起こす可能性があった。フォード社はこの事態に次のように対応した。フォード社は販売したばかりの車をリコールし、修理を施す費用を一台当たり約10万円と計算した。他方で、車の重大な欠陥を放置した結果、人命を奪ったとして訴訟を起こされた場合の損害賠償金を計算すると、一台当たり約8万円であると推測された。そこで、フォード社は車を改修せず、放置した。費用と便益を考慮すると、車を修理せず、放置した方が2万円の節約になると経営者が考えたからである（数値は仮設例）。

純粋に効率性の見地から見れば、費用と便益とを比較し、費用を節約し便益を増すことには合理性がある。フォード社の行動は、端的に法律違反であるが、この例が示しているのは、経済合理性、効率性の追求は必ずしも合法性を保証しないということである。

さらに、社会的規範に合致した行動を採ることは利潤機会の断念を必要とするかもしれない。少なくとも、最大限の利潤を上げるという企業の目的に反した行為を企業が採ることを要請することがあることは次の事例が示している。

3） 事例3．社会的義務とジョンソン＆ジョンソン社の薬物混入事件

アメリカの薬品メーカーのジョンソン＆ジョンソン社（以下、J&J社）の事例である。同社の売り上げの半分を占める主力製品である鎮痛剤Tに、致死性の薬物を混入したという脅迫文が同社に届けられた。さらに、薬物の混入したTを服用し、死亡するという事件も起こった。脅迫は続き、毒物混入を止めて欲しいのであれば、金を支払えと要求された。同社の経営陣の間で議論が行われ、同社のCEOにより、金は支払わず、すでに出荷された全Tをすべての販売店から回収することを決めた。この結論に至るまでには、売り上げの半分を占める主力商品であるTをすべて回収することは、同社にとって莫大な損失であり、一度失われた市場を二度と取り戻すことはできないだろうとの反論が

あったが、同社 CEO は、薬品会社の社会に対する責任を果たすためには、毒物の混入が疑われるすべてのTを回収することは薬剤メーカーの社会的義務であるとし、同薬品をすべて回収した。脅迫金も支払われることはなく、Tへの毒物混入も止んだ。

　J＆J社の経営者は「医薬品メーカーとしての社会的義務を果たす」ために、薬物の混入の恐れのある薬剤を全て回収した。これにより同社はかなりの額の損失を被ったが、同社の決定は世論の支持を得た。同社は結果的に事件以前の市場シェアを回復した。しかし、もし、結果が一部の幹部社員が危惧したように、一度失った市場を取り返すことができずに終わったとしたら、同社の行動は「正しかった」と言えるであろうか。
　以上３つの事例を見たが、効率性、合法性、規範性の中で、企業が採るべき「正しい」行動とその基準とは何か？　これが企業倫理の提起する問題である。企業倫理とは企業活動は合法的であるばかりでなく、さらに、規範的・倫理的であるべきであるという考えを意味している。企業倫理は、企業には利潤追求以外に（それに加えて）果たすべき、社会的規範から生じる「社会的義務」があることを明らかにする。このような社会的規範の枠内で行動する企業は「モラル・エージェントとしての企業」と呼ぶことができる。もちろん、「企業なるもの」が倫理の主体となるわけではなく、企業を構成している一人ひとりの人間が規範の担い手となるのであるが、このような意味を把握した上では、倫理主体（モラル・エージェント）[1]としての企業という考えは有効な概念であろう。

2. 個人および企業の行動原理

　企業行動の目的は利潤の獲得（「利潤最大化」）とされる。企業とは「営利」企業である限り、これは当然と言えよう。企業がなぜ、利潤を追求するのか、という問題は自明のようであるが、次のように理解できる。つまり、企業とは利潤獲得を共通の目的とする人間の集合体であるからである。したがって、企業の利潤追求も結局は、企業を構成する人間の利益追求の結果である。

（1） 利己心の追求と倫理
1） 自己利益の追求
　企業行動を考える前に人間行動の目的を考えてみよう。人間の行動の目的は利己心（Self-interest）＝自己利益を追求することであるとするのが、経済学の立場である。ここで、「自己利益」とは、財産、昇給、昇進などの物質的・金銭的利益の他、社会的地位、評判、権力、達成感などの精神的、感情的な「利益」が考えられている。利己心は物質的、金銭的なものだけではないことに注意しよう。溺れる子供を身の危険も顧みずに川に飛び込み助ける行為は、その行為が行為者に「満足」「喜び」を与えるならば、「利己的な」行為である。経済学では、利己心は「効用」と同義である。「効用」とは、主観的な満足を意味し、人間行動の原理は「**効用最大化**」と言われる。つまり、人間は最大限の自己利益を追求するものであるということが行動の原理とされる。この原理から、最大の自己利益を追求することは、合理的であるとされる（この原理を企業行動に適用すれば、企業は最大の利潤を追求することが合理的である）。「功利」（幸福、利益）を増し、不快・苦痛を減ずる行為が正しい行為であるとする倫理学説は**功利主義**（Utilitarianism）と呼ばれる。
　2） 功利主義と合理的選択
　古典的功利主義（イギリスの哲学者ベンサムによる）は、個人の「功利」を総計した社会全体の「功利」を最大にする行為が道徳的に正しい行為としたが、その後、諸個人の「効用」は比較できず、従ってそれらを加算できないとする立場が支配的になり（「個人間効用の比較不可能性」）、現在では、個人効用を増大させる行為が合理的な正しさを持つと考えられている。つまり、私的利益を増加させる行為を「合理的」としているのである。ベンサム功利主義は経済学の「効用関数」の中に生き残っている。「効用最大化」とは、個人はその効用を最大化するような行為を選択することを意味し、これが人間の行為の原理と想定されるようになった。この意味で経済学は功利主義である。現在の功利主義はベンサムの展開した功利主義とは異なり、合理的選択論と呼ばれる。合理的選択論とは以下の内容を持つ。

① 個人はその人固有の価値観・嗜好（「選好」）を持ち、この嗜好により、何が自分にとって一番価値があるか、二番目に価値があるか、三番目に、等々…の順序づけを行っている（「選好順序」）。
② この「選好順序」を表現する「効用関数」をもつ。
③ 個人は最大の「効用」を与える行為を選択する（「効用最大化」）。

　合理的選択論は、「人間は最大の効用を与える行為を選択する」ことが合理的であるとする考えであり、「最大の効用を与える行為を選択するべきである」と述べている訳ではない。しかし、この理論は、「最大の効用を与える行為を選択する」ことが合理的に「正しい」のであるから、「最大の効用を与える行為を選択するべきである」という規範的な主張に転化し、これが利己心の追求の正当化に使われる。

　「人間は利己心を追求する」という考えにおいて注意すべきことは、この原理は、言外に、他人の利害には無関心であることを想定していることである。溺れる子供を助ける行為も、これはその人が「利他的選好」、つまり、人を助けることに喜びを感じる選好を持つとして説明される。他人の利害に無関心に、各個人が自分の利益を追求することが他人の利害に影響するものでないのであれば、それは特に問題とするべきことではないであろう。

3）　自己利益の追求と他者の利害

　他人の利害には無関心であり、自己の利益のみを追求するという想定された人間行動の原理は、次のような「不都合」を生むことがある。

① 自己利益の追求が、他者の利益を損なう場合。
② 自己利益の追求が、かえって、利益を損なう結果をもたらす場合。

　このような私的利益の追求に由来する不都合を解決するべきものは一般に「規範（norm）」「倫理（ethics）」と呼ばれる行為の基準である。「我々が倫理の領域に入るのは、まさしく、利己心と私の他人に対する義務とが衝突する場所である」（Bowie and Duska, 1990, p.5）。

規範・倫理とは簡単に、社会的に受容された行動の基準、どのような行動が妥当なもの、正当なものとして社会的に受け入れられ、また、どのような行動は受け入れられないか、その基準を示すもの、と定義しよう。その目的は利己心に由来する不都合、不利益を解消することにあるとしよう。自己利益の追求に由来する不都合をいかに解消するか、に関しては以下の2つの方法が考えられる。

① 自己利益の追求を行動の原理とすることは誤っている、あるいは、自己利益の追求を断念または抑制することを行動の原理とするべきである。この考えは、自己利益の追求とは違った原理、他人への関心や義務、公正や正義といった社会的規範を行動基準として行動するべきものだという考えである。
② 自己利益の追求を否定することなく、長期的な自己利益の実現という観点から行動するべきである。これは「**啓蒙された利己心**」と呼ばれる。功利主義は目先の利益、短期的な利益を追求せよ、と主張しているのではない。「長期的利益のために」という観点から、短期的な利益を犠牲にし、または断念することも功利主義の立場から正当化される。

4）義務論

上記の考え①は、利己心を抑制ないし断念する、利己心の追求とは別の行動原理である規範、他人や社会への義務を想定している。これは哲学的には、**義務論**（Deontology）として展開される。義務論とは、非功利主義的な、つまり、利己心に由来しない、「義務」の原則を動機とする行為が正しい行為であると考える倫理学説である[2]。義務論の中で、最も有名なものは、普遍妥当的な義務から行為せよ、と主張するカント倫理学である。

企業倫理への義務論の応用は、例えば、「企業経営者は環境に配慮した企業経営を行うべきだ」という行動基準は義務論的な基準となる。この時、環境に配慮した経営が企業利潤を損なうことがあっても、環境に配慮する「べきだ」と理解される（義務論では、行為の結果は行為の正しさとは関係しない）。義

務論は今まで仮定してきた「利己的な人間」という人間像とは異なる人間像を前提としている。それは、人間は確かに時として利己的に行動するが、同時に、他人に配慮し、他人の利益を考慮しつつ行動するものであると考える。義務論は社会に対する義務、他人に対する義務といった諸々の義務から、利己心の追求は断念されるべき場合があると主張するのである。

(2) 企業行動における義務論と功利主義

事例3. で言及したJ＆J社の事例は義務論的に正当化される。つまり、

① 薬品会社として、社会に対する責任を果たすという義務により行動した。商品を回収することによる莫大な損失を被りながらも、薬剤メーカーとしての社会的義務を果たすために、利益をもたらすはずの商品を回収するという行動を採ったと理解される。

しかしながら、「啓蒙された利己心」から説明することもできる。

② 同社は、社会的な責任を果たす、良心的な企業という評判を得ることにより、長期的には売り上げを回復、さらには、増大させるという目的をもって行動した。この場合、同社は自社の長期的利益のために行動したのであるから功利主義的に行動したと理解できる[3]。

(3) 義務論と功利主義の問題点

企業の利潤最大化行動は本来、功利主義的な行動原則であるので、この同じ原則から、企業はその長期的な利益を目的として、「良心的な企業」であるという評判、社会的信用・信頼、等を維持するように行動するべきだ、という「啓蒙された利己心」を企業行動の原則とするという考えは、企業行動の「規範」といっても所詮、利益目的か、という反論を受けやすい。これは功利主義的考えに由来する問題点を示唆している。

1) 功利主義の問題点―法破りの自由―

費用と便益を比較し、利益を最大化するように行動せよ、という功利主義は法を破ることを正当化する可能性を含んでいる。先述のフォード社の事例がこれを示している。したがって、功利主義に代わり、義務論、とりわけ、カント義務論を企業の行動指針とするべきであると考える経営学者、倫理学者は多い。しかしながら、また、義務論も問題点を含んでいる。

2) 義務論の問題点―利潤機会の断念―

企業に義務と利潤追求の2つの行動原則を選択肢として与えた場合、義務論は義務に基づく企業経営をせよ、と要求するが、これは利潤追求よりも、規範を優先せよと要求することである。企業の目的が利潤追求にある限り、利潤よりも倫理を優先せよとするのは企業目的の否定であろう。

3. 規則功利主義

義務論と功利主義は利己心の追求に関して、対立する2つの考えを代表している。義務論は、私的利益の追求から生じる不都合に対し、ある場合には私的利益の追求を断念せよ、他人の利害を考慮せよ、と主張するのであるから、この主張に人が従うならば、不都合は解消されよう。しかしながら、利己心の追求に対して制約を課す規範・倫理を考える場合、第一に問題となるのは、人がこの規範・倫理を守る保証はどこにあるのかということであろう。義務論はこの点に関して、「弱い」主張である。利己心の追求は、それを断念、制約することを要請する規範・倫理の力よりも遙かに強いのではないだろうか。

(1) 義務論的解決の問題点:「フリーライダーと集合行為」問題

規範、法といった行為の基準を考える場合、問題となるのは、人がある規範や法に従う保証はどこにあるのか、ということである。人が規範、法に従うことを「規則（ルール）の執行（enforcement）」という。この言葉を使うと、上記の問いは、規範の執行はいかに保証されるか、という問題になる。これは経済学では、「フリーライダーと集合行為」問題と呼ばれる問題と関係がある。

ここで、規範は**集合財**、つまり、生産・供給するには「費用」がかかるが、費用を負担しない人でも便益を享受できるような財（「非排除性」をもつ）であるとしよう。フリーライダー（「ただ乗り」）とは、「費用を負担しないで、便益のみを享受する人」をいう。以上の観点から、義務という規範を考えると、以下のようなフリーライダーと集合行為の問題が生じる。

① 「人は自己利益のみを求めて行為する」と仮定すると、「自分以外のすべての人間が規範に従い、自分だけは従わない」ことが最も大きな自己利益となる（費用を負担しないで、便益のみを受ける）。
② しかしながら、「私」が、「自己利益のみを求めて行為する」と、「他人」もまた「自己利益のみを求めて行為する」ことになり、結局、誰も費用を負担しない。
③ 以上から次のような集合行為問題が生まれる。集団の成員が合理的で、利己的であると仮定すると、集団目的の達成のために行為しない。なぜならば、集合財は非排除性という性格を有するので、費用を負担しなくとも、便益を享受することができるからである。費用を負担せずに便益を享受できるのであるから、利己的個人はフリーライダーとなることが合理的である。成員のすべてがあるいは大半がフリーライダーとなれば、集合財は供給されない。
④ よって、規範に従う人は誰もいない。

義務論的な解決はこの「集合行為問題」に対して有効な回答ではないと思われる。もちろん、義務論は、「人は自己利益のみを求めて行為する」という前提そのものを誤りとするのであるから、こうした集合行為問題は生じないと反論もできるが、すべての人間ではないにしろ、一部の人は利己主義的に行為するという事実的前提の方が、すべての人間は義務論的に行為するべきであるという義務論の要請よりも、現実性があるのではないだろうか。

（2） 規則功利主義

　義務論的解決は以上のフリーライダーと集合行為の問題を孕んでいるので、企業行動の原則としては功利主義が残るわけだが、功利主義は「法破りの自由」という問題があった。これも同様に、自己利益の追求は法を破るほど強いことがあるということを示している。以上のような義務論、功利主義双方の孕む問題に対して、「義務論的なルールを功利主義的な立場から説明する」規則功利主義の考えが生まれた。**規則功利主義**（Rule Utilitarianism）とは、各個人は純粋に利己的な満足のみを追求するが、すべての人々の利益を向上させるルールに服することによって、一定の義務を他者のために履行し、自分の利益を実現する、という考えを言う。

　すべての行為の動機を利己心とした場合、行為の規則・規範に従うことにより、より多くの利益を得ることができる場合がある。つまり、規則・規範に従った方が、従わなかった場合よりも、自己の利益を実現できる場合がある。これにより、利己心の追求に由来する「不都合」を解消できる。

　次のような例を考えてみよう。ある人Aが車である地点①から地点②へ最短の距離で、最短の時間で行きたいとしよう。①から②へ通じる直線の道路があり、Aはこの道を車で走り、最短の距離・時間で地点②に到達する。Aの利益は実現され、この場合は問題はない。

　ところが、地点②に別の人Bがいて、同じように最短の距離・時間で、地点②から地点①に行きたいとする。Bは他者の利害に無関心に（この場合Aが地点①から地点②まで行くことを考慮することなく）、車を②から①へ車を走らせる。もし、同時に、Aが地点①から、Bが地点②から車を発車させた結果はどのようなものであろうか？　AもBも互いに相手の利害に無関心に自分の利益のみを考えて、車を発車させたら、結果は道路のどこかで正面衝突となる。この場合、利己心の追求の結果が、正面衝突という不利益を生むことになる。

　この事態の解決の方法は何であろうか？　当然、道路を二車線にし、車は左側通行という規則（交通規則）を作り、この規則にAもBも従うことである。この規則に従うことはAにもBにも利益になることである。したがって、2人

の利己心の追求を制約、否定する必要はない。Aは車を使わないべきであるとか、どちらかが道を譲るべきであるとか論じる必要はない。さらに、AもBも、規則に従うことが自分の利益になるのであるから、規則を破ることは不利益となる。したがって、規則を守るという誘因が生まれる。つまり、利己心があるために規則を守ることになる。したがって、利己心に由来する不都合を解消する方法として、「利己心が生み出す規則に従う」という方法が考えられる。これが規則功利主義の考えである。

これらの規則、ルールは複数の行為者に関係するのであるから、この意味で「社会的」規則、ルールである。規範・倫理とは、規則功利主義の立場からは、この社会的ルールと見なされる。この社会的ルールを行為する側から見れば行動基準となる。

(3) 行動基準の種類—法と慣行—

行動基準としてのルールという場合、それは「法(law)」と「慣行(convention)」とに大別される。法は実定法、慣習法などの他、行政諸規則、企業の定款などの契約等を含む。これらは、通常、文章化され、明示化されている。他方、慣行は社会的慣習、伝統などの他、規範・倫理(「信頼」「評判」「信用」等)を含む。これらは、通常、文章化、明示化されることはないが、その内容に関しては暗黙の了解があるものである。両者はフォーマルなルールおよびインフォーマルなルールとして区別されることがある。両者が行動の「基準」であるのは、これらが行動選択を制約し、行動を拘束するからである。

両者の違いは、法とは公的な強制力をもち、違反した場合には、物理的な制裁が加えられることにより、その拘束力が保証されるものであるのに対し、慣行とは非公式的なものであり、違反した場合には、周囲からの批判、非難、仲間はずれといった制裁により拘束力を持つものである。

以上は要するに、規則功利主義的立場に立てば、行為規準とは、個人の行動を制約ないし規制することにより、より大きな利益をもたらすことのできるルールであり、サンクションを通じて、そのルールの拘束力が保証されるものである。このようなルールが内面化されれば、ルールの執行は「義務」とな

り、自己執行的なルールとなる。

　慣行が行動に対して一定の制約を課すということに関して、簡単に説明しよう。

　夏になると、帰省ラッシュの言葉が示すように、多くの家族が実家に戻る。相当多数の家族が同一の時期に帰省するという行動は、**伝統**的行動である。この行為は法的な意味で強制可能ではないが、多くの人間が「伝統」に従うことにより、伝統は行為の基準となる。

　また、日本の大企業で見られる終身雇用制度は雇用契約、労働基準法という法によるものではない。あくまでも「慣行」である。しかしながら経営者側も労働者側もこの慣行を基準にして経営を行い、また働く。規範もまた企業内における行動の基準を与える。例えばこれは**労働規範**といったものに現れる。商慣習・取引慣行もこの種の規範である。

（4）　私的利益の追求と規範の生成

　私的利益の追求からいかにルールが生成するのであろうか。ここでもまず、企業を離れた人間一般から話を始める必要があろう。上述のように、人間の行動の動機は私的利益の追求であるとする。経済学では時々極端な仮説が好まれるが、次のような仮説を立てる[4]。

「人間は一切の倫理性、道徳性を欠き、必要であれば、詐欺、暴力、威嚇をも用いて、私的利益を追求する（このような私的利益追求の性格を「**機会主義**」**的行動**[5]と呼ぶ）」

　私的利益の追求が社会的に望ましくない結果を招く例として、有名な「囚人のジレンマ」を挙げる。次のような話である。

　2人の犯罪者（この2人が「社会」を形成する）が重罪（殺人）を犯した。警察は2人を別件（窃盗）で逮捕したが、殺人に関しては証拠が乏しく、犯人の自白が必要であると判断し、2人を自白させる巧妙な手を使う。2人を別々の取り調べ室で調べ、こう言うのである。「お前が先に自白したら、司法取引

で刑を軽くしてやる。黙っていたら、向こうが先に吐くぞ。」逮捕された2人は、捕まっても絶対に自白しないと誓いあっていたが、別々の取り調べ室に入れられ、相棒の様子は分からない。ひょっとして罪を軽くしようとして、自白しているのではないのか？　この2人の行為選択は次の通りである。

① 2人とも自白しない。この場合、窃盗の罪だけで裁かれ、刑期は2年。
② 先に自白した方は司法取引により、罪は軽減され1年。自白しなかった方は、殺人で刑期30年
③ 2人とも自白した場合は、双方とも殺人で裁かれ、共に刑期20年。

被疑者Aは、先に自白した方が自分の利益になる（20年の刑が1年になる）、と考える。だが、被疑者Bが本当に自白しないのであれば、自分も自白しないほうがよいのではないか？　だが、Bが自白しないと信用できるか？　もうすでに自白しているのではないか？　被疑者Bも同様に考える。

結局、2人は、自白することになり、殺人で裁かれ、2人は刑期20年を宣告される。以下の表は被疑者A、Bの「利得」（刑期が少ない方が「得」）を示す。

表1-1 利得表

被疑者B

被疑者A		黙秘	自白
	黙秘	Bの刑期2年 Aの刑期2年	Bの刑期1年 Aの刑期30年
	自白	Bの刑期30年 Aの刑期1年	Bの刑期20年 Aの刑期20年

被疑者Aは、Bが自白した場合、黙秘するよりも自白した方が利得が高い。また、被疑者Bが黙秘した場合においても、黙秘するよりも自白した方が利得が高い。Bが自白、黙秘のいずれの行為選択をしても、Aは自白する（支配戦略という）。Bも同様である。この「囚人のジレンマ」の興味深い点は次のこ

とにある。

① 被疑者ＡもＢも自分の利益のみを追求した（「自白することによる罪の軽減」）。
② 自己利益の追求の結果、黙秘するという最初の約束がもたらす結果よりも悪い結果になった。

これは「私的合理性と社会合理性の矛盾」と呼ばれる事態であり、利己心の追求の結果が望ましい事態を必ずしも生まない場合である。2人の被疑者は協調行動（黙秘、黙秘）を採ることにより、利得を改善できるのに、個人利益のみを追求した結果、2人の利得はパレート劣位[6]となっている。

（5）「繰り返し囚人のジレンマ」による協調行動
1）協調行動の形成

被疑者Ａ、Ｂの双方の合理的な行為（自白、自白）は、その利己心の追求から生まれた。（自白、自白）ではなく、双方が（黙秘、黙秘）の行為を採れば、最善の結果となったはずである。つまり、利己心を追求した結果、自分の利益を損なうことになったのである。このような「囚人のジレンマ」状況からの脱出のためには、個人の利己心の追求はある場合には一定の行動基準に従った方がよい、ということを示している。この場合、互いに相手を裏切らず、自白しないという「信頼」が両者の行為規準となるべきである。「囚人のジレンマ」ゲームでは、ゲームが繰り返されれば、この行動基準が生まれるとする。これは「繰り返し囚人のジレンマ」と呼ばれている。上記の例は、一度限りのゲームであるが、これが繰り返されたらどうであろうか。被疑者Ａは何度捕まっても決して自白しない、被疑者Ｂも何度逮捕されても決して自白しない。これが繰り返されることにより、ＡとＢの間に、逮捕されても決して自白しない、という「信頼」関係が生まれるであろう。「囚人のジレンマ」ゲームは、無限回繰り返されることにより、2人の間には、協調行動（黙秘、黙秘）が生まれる事を示している。この協調行動を採ることにより、両者は自己の利益をそうで

ない場合よりも利得を改善できる。

 2）「信頼」の性格

　両者の採るべき行動は（黙秘、黙秘）の協調行動であるが、これは法的なものではない。相手を信頼して自白しないという行為を支えるのは「信頼」という規範である。したがって、「相手を信頼して、協調行為を採る」という行動は、人は純粋に利己的な満足のみを追求するが、すべての人々の利益を向上させるルール＝「信頼」という規範に服することによって、一定の義務を他者のために履行し、自分の利益を実現することになる。

 3）　規則の執行問題

　繰り返し囚人のジレンマにおける協調行動、信頼を行為規準とした（黙秘、黙秘）は、ルールに従うことが利益になるのであるから、義務論的規範論よりも規則を守る誘因が強い。したがって、集合行為問題が生じる度合いは低い。この「繰り返し囚人のジレンマ」ゲームは、特定の個人間で相互関係が継続されれば、ある種の規範が生じることを示している。企業は共通目的をもつ人間の集団であるので、これを「グループ」と見ることができる。このグループ内で諸個人の相互関係が継続されれば、やはり同様のある種の規範が生じるであろう。つまりこれは、企業という組織内で、長期的継続的な人間の相互関係から、単に法的な関係ではない、規範的な関係が生じることを意味している。

4.　企業と企業内規範

　企業の利潤追求と言っても、「企業なるもの」が利潤を追求する訳ではない。企業を構成する人間の個々の行動が「利潤獲得」という目的のため調整され、このために組織されているのである。したがって、企業が倫理的に振る舞えるか、という問いは、企業を構成する人間が倫理的に振る舞えるか、と問うているのである。企業倫理における「倫理」とは、第一に、企業を構成する人間の行動が倫理的規準に合致しているという側面、第二に、企業行動が社会の規範に合致しているかという側面の二つから考察できる。本節では、第一の側面（企業内規範）を取り扱い、次節で第二の側面（企業と社会的規範）を考察する。

（1）　協働体系としての企業

　企業とは何かに関してこれまでその定義を与えてこなかった。企業とは財・サービスの供給主体であるが、組織論的には次のように考えられる。

①　企業とは利潤追求という目的実現のための人々の集合体である。
②　企業を構成する人間の行動は、共通目的実現のために調整される。
③　これらの構成員は企業の外部で別の立場・役割・利害を持っている。

　企業とは標準的な経済学の教科書によれば、財・サービスの供給主体であり、その行動目的は**利潤最大化**である（最近では、**企業価値最大化**とも言われる）。したがって、利潤獲得を目的として、財・サービスを供給する経済主体が企業と呼ばれるものである。経営学のテキストにおいては、企業は組織―人々の集合―として定義される。代表的な定義によれば、企業とは、財・サービスの提供を主な目的として作られた、人と資源（資金、技術、資材）の集合体で、1つの管理組織のもとに置かれたもの、とされる。標準的な経済学・経営学の教科書による企業の定義は、しかしながら、現実の企業像とは相当な隔たりがある。そこでここでは、バーナード理論により**組織としての企業**という観点から企業をより詳しく見てみよう。**バーナード**の理論は一般に「誘因―貢献」理論と呼ばれている。

　バーナードによれば、第一に、公的組織（formal organization）とは、共有された目的実現のための人々の協働体系である（「公的組織とは二人以上の意識的に調整された活動や諸力の体系と定義される」（バーナード、2002、76頁）。

　第二に、組織では、個人の行為は共通目的の実現のために調整される必要がある。この調整は、人々が選ばれた人間の「権威」（「権威者」＝「経営者」）に従うことによりなされる。「調整」とはバーナードによれば、「心的状態、態度、あるいは**動機を改変**」（147頁）することであり、人々の努力を「協働体系へと貢献しようとする意欲」を生み出すことであるが、これには以下の2種類がある。「誘因の方法」（145頁）と「説得の方法」（148頁）である。

「誘因の方法」とは、協働へと人々の行為を調整するために、ある種の「誘因」（金銭的な、物質的な、精神的な）が与えられることである。他方、「説得の方法」とは、上記の「誘因」を与えることができない場合に、「提供しうる誘因が適当なものとなるように多くの人々の欲望を説得によって改変する」（155頁）ことである。具体的な方法としては、強制、機会の合理化（＝信念を植え付けること）、動機の教導である。「組織の本質的要素は、人々が快くそれぞれの努力を協働体系へ貢献しようとする意欲」（145頁）である。

　第三に、他の人々はこの誘因に応え、「貢献」する。ただし、人々は、協働による成果が、協働することによる個人的な利得を上回る限りにおいて、この権威に従う。「組織に対して努力を貢献する純満足は、こうむる不利益に対比した積極的な利益から生じる」（146頁）。

　要するに、意識的な共通目的をもち、この目的の実現のために複数の行為者の協働―権威による行動の調整―がなされるものは組織と定義されよう。組織において共有される目的が「利潤」である場合、この組織は「企業」である。

　バーナードは、共通目的の実現される程度を「有効性」、共通目的実現のために行為者が進んで努力する程度を「効率性」として区別したが、この両者が両立するように、行為の調整が行われるメカニズムが「誘因と貢献」のメカニズムである。

（2）　権威体系としての企業

　協働体系という組織概念を、行為の調整という側面から見ると、そこで重要な役割を果たすのは、上述したように、企業構成員が「権威者」＝「経営者」の権威に従うことである（「誘因と貢献」）。ここで「権威」とは、「公的組織における伝達（命令）の性格であって、それにより組織の貢献者ないし『構成員』が、伝達を自己の貢献する行為を支配するものとして、すなわち、組織に関してその人がなすこと、あるいはなすすべからざることを支配し、あるいは決定するものとして、受容する」（170頁）。したがって、組織という協働体系は、構成員が経営者の「権威」を受容する権威体系（authority system）でもある。

　前述したように、権威者による「行為の調整」とは「心的状態、態度、ある

いは動機を改変」することであり、人々の努力を「協働体系へと貢献しようとする意欲」を生み出すことであったが、これは、経済学的に言えば、企業構成員の「選好」の変化を意味する。権威体系としての企業という考えのもつ意味は重要である。企業組織が個人行動に対してもつ新たな意味とは、企業組織は、企業を構成する人間の行動を変化させることにある。

　企業を構成する個人の利害関心、選好は様々である。権威者＝経営者はこの様々な利害関心、選好を調整して、構成員の選好を変化させ、協働体系へと貢献しようとする意欲を生み出せねばならない。この経営者の「調整」の結果、「協働体系の基礎として役立ち得る客観的目的は、それが組織のきめられた目的であると貢献者（もしくは潜在的貢献者）によって**信じ込まれている**（強調は原著者による）目的」（91頁）となる。

　この権威者＝経営者の誘因・説得の方法による、企業構成員の選好の変化という事態を企業倫理の観点から見るならば、経営者の誘因・説得によって、企業を構成する諸個人は倫理的な選好をもつようにも、反倫理的な選好をもつようにも、この行為は調整されるということである。前述の「繰り返し囚人のジレンマ」において協調行動は、ゲームが繰り返されることにより自然に形成されることを示していたが、企業組織においては、これが、経営者の「誘因・説得」により、企業構成員の選好の変化として実現されることをバーナードは示している。

　この構成員の選好の変化をもたらす者が経営者であるということから、企業倫理における経営者の役割の重要さが帰結する。経営者はその「誘因・説得」により、企業構成員の行動を倫理的選好へと変えることもできるし、また反倫理的、あるいは、非倫理的なものへと変えることもできる。こうして、経営者の「道徳的創造性という管理機能」（272頁）が管理者責任の「最高の表現」（同上）となる。これは、企業という組織内での、単に法的な関係ではない、「規範」的な関係の存在の重要性を示している。こうした規範は、企業内規範と呼ぶべきものである。これは**企業文化**と言ってもよい。

（3） 組織人格と個人人格

注意すべきことは、経営者の「調整」による「心的状態、態度、あるいは動機」の「改変」は一定の範囲内でのみのことであるということである。経営者の権威・命令・指揮には、構成員が問題なく受け入れるもの、どうにか受け入れられるか、あるいは受け入れられないかの瀬戸際にあるもの、どうしても受け入れられないもの、の３者があり、構成員が「問題なく受け入れる」命令、指揮の範囲を「無関心圏」(175頁)と言う。構成員の立場から経営者の権威による選好の変化は、構成員の人格、価値観、選好が完全に改変させられるということではない。このために、組織の参加者は「二重人格―組織人格と個人人格―をもつものとみなされる」(91頁)。協働体系への貢献の「意欲」とは、「克己、人格的行動の自由の放棄、人格的行為の非人格化」(87頁)を意味するからである。経営者による構成員の行動、動機、態度の変化（「調整」）は、個人人格と組織人格の分離を生むということである。

したがって、「公的組織とは二人以上の意識的に調整された活動や諸力の体系」という第一の定義は次のように修正される。「組織とは…調整された人間努力の非人格的な体系である」(98-99頁)。「非人格的」なとは、組織人格を意味している。

構成員が反倫理的・非倫理的な選好をもつものと、倫理的選好をもつものとに分かれるとしよう。

また、経営者による経営上の要請が、反倫理的・非倫理的な行動を要請するもの、と倫理的な行動を要請するとに分かれるものとしよう。以下の組み合わせが考えられる。

　　　　　　（経営者）　　　　（構成員）
① 　反倫理的要請　＋　反倫理的選好
② 　反倫理的要請　＋　倫理的選好
③ 　倫理的要請　　＋　反倫理的選好
④ 　倫理的要請　　＋　倫理的選好

①の場合、その企業内規範、企業文化は、極めて「反倫理的」なものとなろう。つまり、利潤獲得のためには、法を犯さないか犯すかのぎりぎりの範囲で、企業行為が行われることになる。つまりこれが、フォード社、ナイキ社の場合である。

　③の場合には、経営者はこの構成員の「反倫理的選好」を「調整」する必要がある。経営者の「道徳的創造性という管理機能」が最高に発揮されるのはこの状態である。

　④の場合、その企業内規範は、「倫理的」なものとなる。この場合には、この企業は、「モラル・エージェント」としての企業と考えてよい。つまりこれがJ＆J社の場合である。

　重大な問題が生じるのは、②である。経営上の観点から、非倫理的・反倫理的な要請がなされる場合、「倫理的選好」をもつ構成員において、組織人格と個人人格の対立は深刻なものとなろう。この時、「組織に対して努力を貢献する純満足は、こうむる不利益に対比した積極的な利益から生じる」とすれば、経営者の反倫理的な行為の要請は、この人にとってもはや「不利益」と感じられることになる。このような場合、この構成員はもはや経営者の「権威」には服さない。この時、この構成員は企業の「外部」者となる。

（4）　企業と「外部」の関係

　企業の構成員が企業の「外部」者となるのは、直接的には、この構成員が反倫理的な権威には従わないことを意味するが、このような事態は、前述した、企業の構成員は企業の外部で別の立場・役割・利害を持っているということに由来する。この時、企業の構成員が独自にもつ利害関心（「倫理的選好」）は調整された利害関心（反倫理的な要請を受容する選好）と異なる形で存続することになる。したがって、企業組織は構成員を通じて、その「外部」と繋がっていると見ることができる。企業内の行動基準が反倫理的なものであった場合、「外部」と繋がった構成員は、その企業外部での立場・役割に応じて、自分の勤める企業内の反倫理的な規範を「誤っている」と判断しよう。企業倫理の観点から言えば、これが「協働体系の道徳的側面」（269頁）の問題であり、個人人

格と組織人格との間での「規範の対立」、「忠誠の対立」の問題となる。

　前述したように、あるグループ内で妥当する行為規準が、その「外部」の規準から見て「正しくない」と判断される場合がある。これは、ある種の企業行動に対して、「外部」の規範が「外」から押しつけられること意味しているのではない。企業はその「外部」と構成員を通じて繋がっているのであり、企業構成員は、企業組織における行為の調整を受け、新たな「選好」を形成されると同時に、家庭人、消費者、地域住民として同時に企業の「外部」にも属しているのである。ある企業の企業内の行動基準が「正しくない」と判断される第一の根拠は、この企業人は同時に企業外の人でもあるという自明な事実から生まれる「規範の対立」「忠誠の対立」にある。

5.　企業活動の外部性と社会的規範

　企業はその構成員を通じて、その「外部」と繋がっているという事態は、さらに、企業とその「外部」との関係ということを考えさせる。本節では、この企業とその「外部」との関係について、「外部性」という概念を用いて説明し、社会的規範がいかに外部性を解消するかを述べる。

（1）　企業活動と「外部性」

　「繰り返し囚人のジレンマ」ゲームから生まれる「規範」は犯罪者2人という「グループ」内でのみ妥当する規範である。あるグループ内で妥当する規範が社会的に是認される規範とは異なる、さらには、後者の立場から言えば、前者の規範は正しくないとされる場合があることも、この「囚人のジレンマ」の例は示している。犯罪者がその犯罪を自白せずに、罪が軽減されるとしたら、世間はそのような行為が「正しい」とは見なさないであろう。仲間内で全員一致して仲間を裏切らない、自白しない、見捨てないを信条に犯罪行為に勤しむ犯罪者集団もまた、ある意味では「企業」と言えるであろう。しかしながら、この犯罪者集団の利益追求の活動は、直接に社会（他人）の利益を損なっている。

前述したように、企業とは共有された目的＝組織目的実現のための人間の集合であり、同時に、これらの人々は、企業の外部で別の役割・立場・利害を持っている。このために、企業はその特性上、常に、企業の「外部」と関係している。企業人も企業の外で消費者、地域住民としての立場を持つのであり、その消費者、地域住民の立場からは、企業内部においてのみ通用する「規範」が正しくないと判断される場合もある。このように規範はグループ内でのみその正しさを判断することができるとは限らない。常に、グループの「外」を参照する必要がある。

　ある個人（企業）の行為が価格メカニズムによることなく、他の人の利害に直接影響する場合、この行為には**外部性**（Externalities）があるという。経済学では外部性とは、生産に関する外部性および消費に関する外部性があるが、ここでは生産の外部性、その中でも、負の外部性を考える。

　企業と地域住民との関係を考えてみよう。ある住民は従業員としてこの企業で働いているかもしれないし、消費者としてこの企業に関係しているかもしれない。しかしさらに、ただこの企業の近所に住んでいるだけの人であるかもしれない。この場合、企業活動とこの住民との間には地理的関係を除けば、何の関係もないと言えるであろう。ここで、この企業はある製品を作り、それを市場に提供するとしよう。ところが、この企業が、製品の生産途中で廃液を川に垂れ流し、この廃液が下流に住む住人の健康や財産その他に被害を与える場合もあろう。このような場合、この企業の生産活動には「負の外部性」がある。この場合、企業活動は市場取引を媒介せずに、直接に他者の利害を損なう形で関係している。

　企業活動がその経済的な影響にとどまらず、社会に対して大きな影響をもつということは、企業活動には外部性が存在することにより説明できよう。次章で説明するステークホルダー、特に外部ステークホルダーとは、企業活動の外部性により、企業行動に影響される人間ということができる。

（２）　規範による負の外部性の解消

　企業活動が負の外部性を持つ場合、この外部性の解消にはいくつかの方法が

あることが知られている[7]。

① 当事者同士による話し合いによる解決
② 行政的介入、法や規制による解決
③ 社会的規範による解決

①による解決は当事者が特定されない限り有効ではない。企業と社会といった漠然とした当事者関係では話し合いによる解決は不可能であるし、また、交渉相手が特定されても、その数が膨大になれば、話し合いによる解決に莫大な費用がかかることは、公害訴訟の例が示している。

②による解決は、確かに、これ以外に解決の方法がない場合には他の選択肢はない。しかしながら、国や行政による規制は企業の「活力」を削ぐという副次的な効果をもたらす。

以上①および②の解決法は、事後的なものであるのに対し、③による解決は事前的なものである。つまり、問題が生じる前に、問題が生じないような行動を採ることを意味している。

企業はその規模が大きくなれば、その活動の範囲は増大し、その経済的な影響力も増すであろう。それにつれて企業活動の外部性も増すであろう。企業活動に負の外部性がある場合、企業は社会的規範に従い、この外部性を解消するべきなのである。企業活動が広範な外部性を持つことが、企業行動は社会的規範に服するべきだとする主張の理由である。ナイキ社の例は、ナイキ社が自社の活動のこのような外部性を顧慮しなかった結果、社会的制裁を浴びたと考えられる。

負の外部性を生み出すような企業行動およびそのような企業内での意志決定は、企業の「外部者」の規範からすれば誤っていると考えられる。企業内部の規範はその「外部者」の規範を基準として「正しくない」と判断される。社会学では特定のグループ内でのみ妥当する規範を**特殊規範**、この規範を与えるグループを「**準拠集団**（reference group）」と呼ぶ。そのグループを包含するより大きなグループで妥当する規範を**一般規範**とするが、特殊規範の正しさは

一般規範を準拠枠としてのみ、判断される。したがって、広範な外部性をもつ企業が社会と繰り返し、長期にわたり関係をもつとすれば（もつのであるが）、企業行動の正しさは、企業の「外部」にある社会的規範によって判断されることになる。現在、この社会的規範は「企業の社会的責任」と呼ばれている。

おわりに

企業が社会的規範に従うべきであるという企業倫理の考えは、企業の利潤追求行動が広く負の外部性をもつ場合があるという認識により、正当化される。企業の行動は経済的な取引に限定されない。そして行為がこのような負の外部性をもつ場合、利己心の追求は必ずしも社会的に望ましい結果をもたらさないことを「囚人のジレンマ」は示している。このジレンマの解決が規範であり、この規範を守ることにより、利己心の追求を否定することなく、社会的に望ましい結果をもたらすことができる。企業倫理の考えにおける「倫理」とはこのような規範なのである。

経済思想史の観点から一言。アダム・スミスと言えば、市場における個々人の利己心（私的利益）の自由な追求が「神の見えざる手」に導かれて、社会全体を豊かにするであろう、と述べたと誰しも思うであろう。しかしながら、実は、スミスは、市場における利己心の追求は、一定のルールの下で行われて初めて社会全体の豊かさを実現するであろうと言ったのである。この「ルール」とはスミスによれば、法と倫理であった。スミスはまた倫理を顧慮しない利己心の追求は単なる我欲の追求であり、これは社会的に妥当なものとして是認されない、とも述べた。企業倫理はスミスのこの思想に基づいている。

注
1) エージェント（agent）とは「行為者」の意味であるが、最近の経済学、経営学の文献における「エージェント」は「代理人」の意味であるのが普通である。エージェントとはその利益を実現されるべき人（「プリンシパル」）との契約・委託を受けて、プリンシパルの利益を実現すべく行動する人と理解されている。株主と企業との関係はこの「プリンシパル－エージェント」関係である。

2) 何が正しい行為の基準とするべきかに関して義務論の立場から、普遍的道徳、正義、権利、徳、ケアといった概念を用いて説明が行われてきている。義務論に関する議論は、宮坂（1999、83-89頁）を参照。
3) これは、「良心的な」人（企業）であるという「評判」が利益をもたらす場合があるので、「良心的」「規範的」「倫理的」な行為（態度）を採る＝「シグナル」を送るという考えである。
4) しかしながら、一切の倫理性、道徳性を欠き、必要であれば、詐欺、暴力、威嚇をも用いて、私的利益を追求するといった人間像はやはり極端であろう。企業組織の構成員は限定された範囲ではあるが倫理、道徳といったものを身につけているであろう。このような限定された倫理の在り方は「限定倫理合理性」と呼ばれる。
5) 機会主義的行動の概念は取引費用の経済学の重要な概念である。宮本（2004、22-31頁）の説明が平易である。
6) パレート劣位とは、ある集団の中で少なくとも1人の人間の厚生を改善できる状態を言う。改善の余地がない場合、パレート効率的と呼ばれる。
7) 外部性の解消については通常のミクロ経済学のテキストを参照のこと。マンキュー（2000）の第10章の解説がわかりやすい。

参考文献

梅津光弘（2004）『ビジネスの倫理学』 丸善
鈴木辰治・角野信夫編（2000）『企業倫理の経営学』 ミネルヴァ書房
デ・ジョージ、リチャード（1997）『ビジネス・エシックス』 安永幸正、山田経三訳、明石書店
バーナード、チェスター（2002）『経営者の役割』 山本安次郎他訳、ダイヤモンド社
マンキュー、N. グレゴリー（2000）『マンキュー経済学①ミクロ編』 足立英之他訳、東洋経済
水谷雅一（1995）『経営倫理学の実践と課題』 白桃書房
水谷雅一（1998）『経営倫理学のすすめ』 丸善ライブラリー、丸善
水谷雅一編著（2003）『経営倫理』 同文堂出版
宮坂純一（1999）『ビジネス倫理学の展開』 晃洋書房
宮坂純一（2000）『企業は倫理的になれるか』 晃洋書房
宮本光晴（2004）『企業システムの経済学』 新世社
Beauchamp, T. L. and Bowie, N. R. (1990) *Ethical Theory and Business*, New Jersey, Prentice-Hall

第2章

ガバナンス問題
―コーポレート・ガバナンスとCSR―

はじめに

　前章では、規則＝ルールの成立を規則功利主義の立場より説明した。義務論的な考えであれ、功利主義的な考えであれ、企業の行動基準を考えた場合、常に問題となるのは、企業がこの行動基準に従い行動することをいかに保証することができるか、ということである。規則功利主義は、規則を守ることが利益になるという考えなので、行為者（企業）がその規則を守る誘因は強い。だが、それでも問題は残る。規則を破ってでも利益を得たい、というある意味で「非合理的」な利己心があろう。規則功利主義から生まれた規則さえ破ろうとする程の強い機会主義的な行為はやはり存在するであろう。この場合、規則を守ろうとする誘因を保証する仕組みがさらに必要とされる。これは「ルールの執行問題」と呼ばれ、人や企業に規則を守らせる仕組みを「**ガバナンス**」と言う。

　企業行動に関するガバナンスは以下の3種類がある。

① 　市場によるガバナンス：市場規律と呼ばれるものである。不祥事・犯罪を犯した企業に対して、売り上げ減少、株価の低迷、経営者の交代、投資の減少などの不利益がもたらされる。M&Aによる企業買収もこの種類に属する（M&Aについては第3章を、社会的責任投資については第10章を参照）。
② 　組織によるガバナンス：企業経営の効率性、遵法性に関する組織的枠組みによるガバナンスであり、**コーポレート・ガバナンス**と呼ばれる。前章

の法と慣行の区別によれば、それが保証するものは、フォーマルなルールである。
③　社会的ガバナンス：企業行動を社会的規範の側面から監視し、企業に規範的行動を促すガバナンスは、社会的ガバナンスと呼ばれる。「企業の社会的責任」とはこの社会的規範の1つである。違反に対しては、社会的な非難、評判・信用の失墜、企業地位の低下などの制裁がもたらされる。NGO法人による企業行動の監視なども社会的ガバナンスの1つである。

ガバナンスの形態には、上記のように3つの形態があるが、本章では、組織によるガバナンスを取り上げる。

1. コーポレート・ガバナンス

コーポレート・ガバナンスの考え方には2つの大きな類型がある。

①　企業の所有者または主権者（最終的意志決定者）とは誰であるのか、という観点から。
②　企業の利害関係者は誰であるのか、という観点から。

①の考えを採る場合、企業の最終的意志決定の権限を持つのは、株主が構成する株主総会であり、従って、「所有者」とは株主である。企業の「利潤」はこの所有者に帰属する。この観点からは、コーポレート・ガバナンスとは、株主の利益を実現するように企業経営がなされているかどうかを監視・監督する制度である。

②の考えを採る場合、企業の利害関係者は「ステークホルダー」と総称され、企業経営はこの利害関係者の利害を顧慮した経営を行う。この観点からは、コーポレート・ガバナンスとは、利害関係者の利害が顧慮され、利害関係者全体の利益を実現するように企業経営がなされているかどうかを監視・監督する制度である。

本節では、コーポレート・ガバナンスを①の観点から考察し、②の観点については、次節「企業の社会的責任」で述べる。①の観点からは、コーポレート・ガバナンスとは、主として、企業活動の効率性および合法性を保証する枠組みである。

（1） 所有と経営の分離

一般に大規模な公開株式会社[1]では、発行株式のほとんどは外部株主（機関投資家、個人株主、他の企業）により所有され、当該企業の経営者が所有する数は極めて少ない。にもかかわらず、実際の企業経営に関する意志決定は専門経営者による。この所有と経営の分離により、外部株主は実際の企業の経営に関する意志決定に実質的には関与することができない（「経営者支配」）。このような状況では、経営者と株主の利害が異なることがある。株主の利害関心は株式保有による利益、および、高株価を維持する効率的な経営であるのに対し、経営者の利害関心は私的な金銭的報酬、威信、権力の確保等であるかもしれない。コーポレート・ガバナンスは、大規模な株式会社における「**経営と所有の分離に基づく経営者支配**」という事態の下では、専門経営者が企業目的から逸脱し、企業、株主の利益を損なう、あるいは、企業、株主の利益を犠牲にして自己の利益を図ることがあるために、経営者がこのような行為を採らないように監視する必要があるとの認識から生まれた。コーポレート・ガバナンスは企業のコンプライアンス活動の重要な組織的制度である。

2005年（平成17年）に会社に係わる一連の法が改正され、会社法という新しい法律ができた（2006年5月施行）。これにより、日本企業のコーポレート・ガバナンスは大きく変化することになった。これは従来のコーポレート・ガバナンスの仕組みが十分に機能していない、との認識に基づくものである。特に、株主総会の形骸化および監査役（会）の機能不全により、コーポレート・ガバナンスの本来の目的である経営者規律が十分に保証されずに、経営者の裁量権の乱用、逸脱行為を防止することができなかったためである。新たに導入されるコーポレート・ガバナンスの形態は、「**委員会設置会社**」と呼ばれる。会社法における新しいコーポレート・ガバナンスの意義は、「統治と執行

の分離」および「社外取締役」にある。

会社法の施行により企業は株式の公開・非公開、会社の規模の大小等に応じて、39通りの機関設計が可能となったが、以下では、取締役会設置会社（3名以上の取締役からなる取締役会を設置する会社）の中で、「大規模公開株式会社」における従来型のコーポレート・ガバンナンスと新たなガバナンス形態である「委員会設置会社」を説明する。大規模公開会社ではこの2つの機関設計[2]からどちらを選択してもよい。

（2） コーポレート・ガバナンスとは何か

コーポレート・ガバナンス（Corporate Governance：企業統治）とは、企業経営を監視し、必要な場合には経営体制の刷新を行い、経営上の効率性と遵法性を確保するための制度である。コーポレート・ガバナンスは主として以下の2つの目的をもつ。

① 企業経営の効率性：企業、株主の利益に一致するように経営が行われているか。
② 企業経営の合法性：企業経営が遵法的に行われているか。

1） 株主の権利と株主総会

コーポレート・ガバナンスの目的は株主の利益を守ることがその本旨であると言われるが、それは、株主は企業の「所有者」であると考えられているからである。しかしながら、この理解は必ずしも正しくない。法律に「株主は企業を所有する」とは規定されていない。

個々の株主には「残余請求権」が認められており、これにより株主は「残余請求者」と呼ばれる。「残余」とは、収益のうち、法律や契約で定められた支払い（費用、負債返済、給与等）を差し引いたものであり、企業「利潤」である。

株主の主要な権利は①剰余金の配当を受け取る権利　②剰余財産の分配を受け取る権利　③株主総会における議決権の3つである（会社法第105

条)。

　株主の利益の保護がコーポレート・ガバナンスにおいて特に問題となるのは、株主がリスク負担者であるということに基づいている。「残余」である企業利潤の額は不確定であり、株主は企業業績が低迷したり、倒産したりした場合にはその出資金の全てを失うというリスクがある（このリスクを負うことが「株主の責任」である）。出資者である株主は株主総会を構成する。株主総会は、取締役・監査役の選出および解任を行い、また経営方針についても決定権を持つ最高意志決定機関である。この株主総会を構成し、議決権を持つという意味で「株主は株式会社の所有者である」と言うのである。

　2）　経営者の裁量権

　会社・株主と経営者の関係は「委任関係」（第330条）に準ずるものとされる[3]。経営者とは、「役員」つまり、取締役、会計参与、監査役および委員会設置会社での執行役を意味するが、企業・株主は経営者に企業経営の権限を委託し、経営者は委託者である会社・株主の利益を図るべく経営を行うことが法的義務となる。経営者は経営を行う上で権限を委譲されているが、この権限は「裁量権」と呼ばれる。つまり、一定の範囲内で、経営者は企業に利益になると思われる経営上の判断を自らの意志・考え・判断で行うことができるという権利を有している。この裁量権の中身は具体的に規定されている訳ではない。このために上述したように、大規模な株式会社における「経営と所有の分離に基づく経営者支配」という事態の下では、経営者による裁量権の乱用が生じる場合がある。

　3）　経営者の義務

　上述したように、経営者と企業・株主との関係は委任関係であり、この委任関係から生じる経営者が負うべき主要な法的「義務」とは、①善管注意義務、②忠実義務、③報告義務、④監視義務である。

　「委任」関係においては、受任者である経営者は、委任を受けた趣旨に従い、「善良な管理者の注意をもって、委任事務を処理する義務」、つまり、「**善管注意義務**」を負う（民法第644条）。これは、会社経営に関して通常必要と考えられる一般的、平均的な注意義務であり、経営者がその職務に応じて必要な注

意を尽くす義務である。

「**忠実義務**」（会社法第355条）とは、「法令定款及び総会の決議を遵守し、株式会社のため忠実にその職務を行う」義務であり、経営者がその地位を利用し、会社の利益を犠牲にして自己または第三者の利益をはかってはならない義務、と理解される。

「**報告義務**」（第357条）とは経営者が、会社に著しい損害を及ぼす恐れのある事実があることを発見した場合には、「株主」または「監査役」に報告しなければならない義務を言う。

以上の「義務」以外に、旧商法では、経営者には「**監視義務**」（旧商法第260条1項）が課せられていたが、会社法では「取締役の職務の執行の監督」（会社法第362条2項）となっている。経営者はこの「善管注意義務」、「忠実義務」、「報告義務」、「監視義務」を基本にして、会社の業務を的確に把握し、取締役会の構成員として会社の適切な業務執行の決定に加わり、他の取締役の職務執行が適正に行われるよう監視、監督する。

4）「業務執行上の適正を確保するための体制」

会社法における大きな変更点は大規模公開株式会社、委員会設置会社では、取締役会の業務執行が、法令または当該企業の定款に適合することを確保するために、法令遵守、情報管理、危機管理等の面において体制を整備しなければならないとされたことである（第362条5項）。この「業務執行上の適正を確保するための体制」は「内部統制システム」と呼ばれる（企業の情報管理と情報倫理の問題はさらに第5章を参照）

（3） 大規模公開株式会社のコーポレート・ガバナンス

委員会設置会社の形態を取らない、大規模公開株式会社のコーポレート・ガバナンスは、株主総会を最高意志決定機関とし、更に、①取締役会 ②監査役（会） ③会計監査人の3つの部門から構成される。

1） 取締役会と代表取締役

取締役会設置会社とは、「三名以上の取締役からなる取締役会を設置する会社」を言う。株式会社では経営上の意志決定および業務を行うのが、株主総会

によって選出された取締役である。選任された取締役は取締役会のメンバーとなり、取締役会は取締役の中から1人以上の代表取締役を選任する。取締役会は、業務執行に関する会社の意思を決定し、かつ取締役の業務執行を監督する。

　2）　監査役と監査役会

　株式会社の経営権限が取締役（取締役会・代表取締役）の手に委ねられることは、効率的な会社経営のために必要であるが、取締役が株主の利益に反するような不適切な経営を行う危険がある。しかしながら株主が常時それを監視することは困難であり、そこで、株主に代わって取締役の業務執行を監視するのが監査役である。監査役会はすべての監査役から構成され、監査業務の実施方法等について決定（「業務監査」）する。

　3）　会計監査人

　株式会社は、公認会計士または監査法人を会計監査人に選任し、会計監査を行わせなければならない。外部者による会計監査は当然のことのように思われるが、最近、企業経営を会計面から監視するべき監査法人が監査すべき企業の粉飾決算に荷担するという事件が生じた。これは監視人を監視するのは誰か、という問題であるが、今回の会社法においてもこの問題に対して有効な解決法は示されていない。

（4）　変化するコーポレート・ガバナンス―「委員会設置会社」―

　大規模公開会社が委員会設置会社の形態を取る場合、株主総会を最高意志決定機関とし、取締役会・会計監査人を置かなくてはならない点では従来型と同じである。異なる点は、委員会設置会社は、委員3名以上からなる指名委員会、監査委員会、報酬委員会を設置する義務があることである（監査役は設置できない）。

　1）　取締役会と執行役の分離―統治と執行の分離―

　委員会設置会社は取締役会を設置しなければならない。委員会設置会社における取締役会は統治機能（業務上の意志決定と取締役および執行役の業務監督）に特化され、業務の執行は行うことはできない。会社業務の決定の一部お

よび業務執行は、1人または2人以上の「執行役」(第402条1項)に委ねられる。取締役会は執行役を選任する。執行役は会社の一部業務についての決定および実際の業務執行を行うのであるが、委員会と執行役の関係も「委任」関係にある(同3項)。さらに、委員会は執行役の中から代表執行役を選出しなければならない(第420条)。この取締役と執行役の区分は、アメリカのDirectorとOfficerの区分にならったものである。これは従来型のコーポレート・ガバナンスにおける、取締役が同時に企業使用人を兼ねるという事態から生じる(つまり、監視する人間と監視される人間が同じである)経営者規律の弛緩を防ぐことを目的としている。このために、取締役の権限は「業務上の意志決定と業務執行の監督」に限られ、取締役は業務を執行することはできない。

2) 指名・監査・報酬委員会

委員会設置会社は、委員3名以上の取締役からなる指名委員会、監査委員会、報酬委員会を置かなくてはならない(第400条)。これらの委員会においては、社外取締役が委員の過半数を占めなくてはならない(ただし、取締役会全体としては社外取締役は過半数に満たなくともよい)。他方、委員会設置会社には「監査役」「監査役会」を置くことはできない。

指名委員会は、株主総会に提出する取締役の選解任に関する議案内容を決定する。

監査委員会は、取締役および執行役の職務が適正かどうかを監査し、株主総会に提出する会計監査人の選解任・不再任に関する内容を決定する。

報酬委員会は、取締役および執行役の個人別の報酬内容または報酬内容の決定に関する方針を決める。

3) 「社外」取締役

従来型のコーポレート・ガバナンスでは、「外部」による評価という機能は十分に働いてこなかった。取締役も監査役も同じ企業のメンバーであり、唯一、会計監査のみが「外部」評価であったが、この企業と監査法人との関係も、その関係が長期的になると、互いの利益が一致し、「繰り返し囚人のジレンマ」の例で説明したように、独自の「グループ内規範」を形成するようになる。これは、前述した「監視人を監視するのは誰か」という問題に繋るが、こ

のような、社会的には受け入れられない「グループ内規範」の形成を防ぐ意味でも、「外部」の視点は重要である。このような観点から「社外取締役」導入が行われる[4]。

（5） 問題点

会社法における新たな機関設計は、日本企業のコーポレート・ガバナンスの実効性を高めるべきものであるが、早くも以下のような問題点が指摘されている。

1）「統治と執行の分離」の不十分性

「統治と執行の分離」の貫徹という観点からすれば、委員会設置会社の「統治と執行の分離」は不十分であることは否めないであろう。「執行役は取締役を兼ねることができる」（第402条6項）とされているからである。さらに、代表取締役と代表執行役も同一者が兼ねることができる。

2）「社外」取締役の質の問題

社外取締役を含む取締役会の開催は年数回であり、短時間である。この程度の取締役会でどれほど有効な業務の決定、執行役の監視が果たされるのか疑問である。また、社外取締役が他社の（代表）取締役である場合も少なくない。この場合、取締役という仲間集団が社外取締役を持ち合っているのである。

2. 企業の社会的責任（CSR）

コーポレート・ガバナンスは、主として企業経営の効率性・遵法性を問題とし、保護すべき対象は、企業および株主の「利益」である。コーポレート・ガバナンスにおいては企業「利潤」は株主が唯一の企業利害関係者であるので、株主に専一的に帰属するべきものと考えられていて、この株主利益の保護を目的としているのである。

しかしながら、企業で働く労働者もまた、この利益・利潤を生み出すために貢献しているのであるから、労働者の利益もまた考慮に入れるべきであると考えることもできる。つまり、労働者もまた企業の利害関係者である。さらに、

企業活動の外部性を考慮すれば、企業に利害関係を有するものは企業の外部にも広がろう。この観点に立てば、企業は社会全体の利益を実現するべきである、との理解も可能である。企業の社会的責任とは、要するに、企業は誰の利益を実現するべきか、という問題に係わっているのであり、企業活動に利害関係を有するものすべてに対して、その利害を顧慮して経営を行うことを要請する考えである。しかし、企業に「社会的責任」を果たせ、という考えは、法的な意味での「責任」を果たせ、と主張しているのではない。企業には果たすべき社会的責任があるという考えは企業と社会との間で成立する新たな社会的規範なのである。

（1） 企業の社会的責任—新たな社会規範—
1） ステークホルダーと企業の社会的責任—

経営者が会社または株主に対して法的な義務を負うのは、経営者は会社の経営を委託され、企業または株主の利益を実現するべきものとされているからであった。この場合、会社の利害関係者は株主のみであり、経営者はこの株主の利益を考慮して、会社の経営を行うことが義務づけられている。しかしながら、企業の「利害関係者」は株主のみであろうかと考える時に、株主以外に企業の利害関係者は存在すると想定するのが妥当であろう。

株主ばかりでなく、企業活動によってその利害が影響される人、団体を「ステークホルダー（Stakeholder）」と呼ぶ。企業に利害関係を有するものとしては、株主以外に、投資家・債権者、その企業で働く従業員、当該企業の取引相手、消費者、地域住民、地方自治体、国、さらには、自然環境までも含まれる。ステークホルダーは**内部ステークホルダー**と**外部ステークホルダー**に区分される。内部ステークホルダーとは、企業内の利害関係者、つまり、経営者と従業員を指す。外部ステークホルダーとは企業外の利害関係者、つまり、株主、債権者、取引相手、消費者、地域住民、地方自治体、国、NGO、自然環境をも含む。

企業活動の利害関係者としてステークホルダーを想定すると、企業はこれらの利害関係者の利害を考慮した経営を行うことが要請されよう。こうした企業経営

に関する新しい考えは「**企業の社会的責任（Corporate Social Responsibility：CSR）**」と呼ばれる。CSRとは最も単純には、ステークホルダーへの義務を企業が果たすことを意味するが、具体的には、次のような考えを指す。

① 持続可能な（sustainable）企業の発展のために、経済・社会・環境の各領域の問題性を等しく考慮した経営を行うこと。
② 企業はステークホルダーの利害を考慮した経営を行い、各ステークホルダーに対して説明責任を果たすこと。
③ 社会的公正の実現といった新たな価値理念の下に経営を行うこと。

企業が果たすべき社会的責任＝ステークホルダーへの義務に係わる問題とは一例を挙げれば、次のようなものとなる。

企業における労働者問題：CSRにとって、不当労働行為は重要な問題領域である。劣悪な労働環境、長時間労働、サービス残業、賃金未払い、組合員差別、リストラなどによる労働者の人権侵害が対象となる（最も権利が侵害されやすい従業員の問題については、第7章を参照）。

対取引相手：不公平な競争、リベート、ダンピングの防止

対消費者問題：不当広告排除、製品の安全性、マーケティング倫理

対環境問題：「環境経営」

2） 新たな社会規範としての「企業の社会的責任」

「企業には果たすべき社会的責任があるという考えは企業と社会との間で成立する新たな社会的規範である」とはどのような意味であろうか？　これが「社会」的規範であるためには、相当多数の企業（経営者）と「社会」とにより「受容」されていることが必要である[5]。

またこれは、「規範」であるので、それに「違反」したとしても、法的な罰則が科せられる訳ではない。したがって、この「規範」を無視した企業経営も当然可能である。しかしながらこれは「規範」なので、この規範に逸脱した場合には、社会的な非難、評判・信用の失墜、企業地位の低下などの非法的なサンクションを受けることは予想される。したがって、企業の選択肢は次の2つで

ある。

① わが社は、株主の利益、会社の利益のみを考慮した経営を行う。企業の社会的責任なる規範は、株主利益を減少させるものである。
② わが社は株主の利益、会社の利益のみならず、企業の社会的責任なる規範に従った経営を行う。

どちらの選択肢も「可能」である。この選択肢のどちらを選ぶかは企業（経営者）の意志次第であるが、この行為選択の「結果」「成果」は、企業（経営者）の意志によっては決定されない。これは、企業の「外部」の評価に依存する部分があるからである。つまり、

① 「社会」は、株主利益、会社利益のみを追求する企業を企業の社会的責任なる規範に従う企業よりも、好ましく思う。
② 「社会」は、企業の社会的責任なる規範に従う企業を株主利益、会社利益のみを追求する企業よりも、好ましく思う。

この「好ましさ」は、消費者行動（消費者の選好の変化）、投資家行動（投資行動の変化）、世間の「評判」、等により示される。企業の社会的責任という「規範」は、企業側の「②わが社は株主の利益、会社の利益のみならず、企業の社会的責任なる規範に従った経営を行う」という経営姿勢および「外部」の「②企業の社会的責任なる規範に従う企業を、株主利益、会社利益のみを追求する企業よりも、好ましく思う」とする態度、この双方が受容する行動規範である。

したがって当然、「①わが社は、株主の利益、会社の利益のみを考慮した経営を行う。企業の社会的責任なる規範は、株主利益を減少させるものである」と「①「社会」は株主利益、会社利益のみを追求する企業を、企業の社会的責任なる規範に従う企業よりも、好ましく思う」の組み合わせも可能であるが、企業の社会的責任という規範は、このような組み合わせは選好しないという行動規

範なのである[6]。

（2） なぜ、企業の社会的責任か
1） CSR 出現の背景

CSR が現在、なぜことさらに要請されるようになったのかについてはいくつか理由がある。企業犯罪・不祥事の続発および環境問題の深刻化がその直接の理由であるが、これ以外にも以下の2つが考えられる[7]。

① 企業のグローバル化と社会の情報化

　企業活動そのものが全世界を舞台にするようになり、社会に与える影響も規模が大きくなった。つまり、企業活動の外部効果は格段に拡大した。多国籍企業はこの好例である。他面、インターネットの普及などにより、企業活動に関する情報は瞬時に世界中に広まり、企業情報に関する入手制限は解消されつつある。企業にとって好ましくない情報も多くの人が入手できるようになり、この情報が企業評価に影響を与えるようになった（経済のグローバル化、企業の多国籍企業化とCSRの関係については第8章を参照。企業と情報倫理の関わりについては第5章を参照）。

② 消費者の価値観の変化

　安くて良質な商品を提供する企業が良い企業であるという既存の消費者の評価が変化し、商品の価格が多少高価であっても、企業理念やコンセプトを重視してその商品を選ぶ消費者も出てきている。これは、消費者選好の変化を意味している。

2） 企業側の意識

企業はなぜ、CSR に取り組むのか、の理由については、いくつか挙げられるが、その理由の第一は、社会の要請によるものという消極的な理由である。これには CSR には「コスト」がかかるという企業側の意識が対応している。積極的な理由としては CSR は企業の存続的発展のための「投資」であるということが挙げられる。以下、この積極的な理由を挙げる。

① リスク・マネジメント：不祥事を起こすことは企業価値を損なうことで

あるので、事前に企業活動のリスクを洗い出し、分析することにより、リスクを低減できる。これはCSRをリスク・マネジメントの一環として捉える考えである。

② 倫理的な企業は結局ペイする：倫理的企業は高収益の企業である。
　　これは、「**啓蒙された利己心モデル**」と言われ、倫理的な企業という評判を獲得することが、長期的な視点から見れば、企業収益に資するという考えであり、「良い企業」という「評判」は企業の資産の一部であるという考えに基づくものである。CSRへの積極的な取り組みが企業イメージの向上、ひいては、企業価値の上昇につながると考えられている。CSRへの取り組みを積極的に行っている企業というイメージがより優秀な人材の確保に繋がることも期待されている。環境問題に取り組んでいる企業は環境経営そのものが付加価値と捉えられる（環境経営については、第6章を参照）。

以上のような企業のCSRへの取り組みは、経営戦略としてのCSRと考えるべきもので、それはリスク・マネジメントと「良い企業である」という評判を企業資産として捉える姿勢に反映している。

経営戦略論的CSRとは異なるのが、企業活動の前提として社会的信頼が必要であるとする考えである。

③ 社会的信頼が企業活動の前提である。企業と社会の間には、企業活動の正しさに関して「社会契約」がある。わが国では馴染みの少ない考え方であるが、アメリカでは、企業と社会の間には、お互いにいかに行動するのかについて、企業とその利害関係者（ステークホルダー）の間での暗黙の理解・了解、つまり、ある種の「社会契約」があるという考えがある。この理論は、政治学の社会契約理論（Social contract theory）に基づいており、この契約内容により、企業活動は一定の制約を受けるべきであるとする。

(3) 企業倫理の制度化

　企業の社会的責任を実効性あるものとするために様々な組織的取り組みがなされている。こられの組織的取り組みは**企業倫理の制度化**と呼ばれる。CSRレポートの発行、企業行動倫理要綱の制定、経営倫理委員会の設置、倫理教育訓練プログラムの実行、内部告発制度の整備などである。企業倫理の実践主体は当然、企業である。企業倫理を実際の企業活動において実践していくために、企業が自主的に倫理規範を内部的に制度化していく必要がある。この内部制度化にはさまざまなレベル、さまざまな種類があるが、第一に必要とされるものは、企業行動倫理綱領の作成である。企業の作成する行動倫理綱領は、その企業の理念を表しており、企業倫理の中核となる。

1) 企業行動の倫理綱領

　企業行動についての倫理要領作成は国際レベル、国内レベル、個別企業レベルに分かれる。

　国際レベルでは、国連が1999年に、「グローバル・コンパクト」と呼ばれる、多国籍企業による人権、労働、環境への取り組みの指針を、またOECDは2000年に、「多国籍企業ガイドライン」を出した。いずれも、企業の国際化に伴う、多国籍企業の行動指針を提示するものである。コー円卓会議原則は日本、欧州、米国のビジネスリーダーが参加するスイスのコーで毎年開催される会議で採択された企業の行動規範原則である。

　国内レベルでは、日本経団連が2004年2月に「企業の社会的責任（CSR）推進にあたっての基本的な考え」を、5月に「企業行動憲章」を表明した。個別企業の社会的責任への取り組みはある種の「はやり」とも言うべきものであり、日本の大企業で、CSRへの取り組みを謳っていない企業は存在しないであろう。企業は「CSRレポート」と呼ばれるレポートを作成し、公表することが多い。個別企業レベルでは、ジョンソン＆ジョンソン社の「わが信条」、日本テキサス・インスツルメント社の行動規範などが有名である。

　注目されるのは、国レベルでのCSRへの取り組みである。経済産業省は「企業の社会的責任（CSR）に関する懇談会」を設立し、2004年に「中間報告」を作成した。厚生労働省は「労働におけるCSRの在り方に関する研究会」

を設立し、2004年に「中間報告」を提出した。環境省は2005年8月に、「社会的責任（持続可能な環境と経済）に関する研究会報告書」作成した。

　2）　経営倫理委員会の設置

　いくつかの企業では社内に、**企業倫理委員会**を設置している。倫理担当役員は、「エシックス・オフィサー」と呼ばれ、通常は副社長クラスの人間が任命される。

　3）　社内における倫理教育訓練プログラム

　社内における**倫理教育訓練プログラム**を実行している企業もある。企業監査に関して、従来の会計監査に加え、**倫理監査**を行っている企業もある。倫理監査とは、収益性ばかりでなく、環境問題への取り組み、外部費用の測定、情報公開の程度、社会的貢献の業績等の基準から企業評価を外部者が行う取り組みである。

　4）　内部告発制度

　「**公益通報者保護法**」（2004年成立、2006年4月1日施行）が導入されたことにより、内部告発の制度化が可能となった。同法は、労働者（公務員を含む）が、その労働者の勤める企業において犯罪行為等の事実が生じたか、または生じるおそれがある場合に、当該企業、行政機関、司法機関に通報しても、そのことにより不利益処分を受けることのないことを定めたものである。

　同法の問題点として、犯罪行為に限定しているために、社会的に不相当な行為でありながら刑罰をもって規制されていない行為は通報の対象から除外されることが挙げられる。例えば、外国では安全性に問題があるとして禁止されている食品添加物を、日本では禁止されていないとして使用しているケースを告発しても、この法律では保護されない。また、法案を狭義に解釈すると、マスコミや労働組合や消費者団体等への通報は、そもそも公益通報先に該当しない。

　以上、CSR とは何かについて説明してきた。企業活動が外部性を持つとき、その利害関係者は株主、従業員、取引相手に止まらない。企業がステークホルダーへの義務を果たすこと、そしてそのために経営上の、また、制度的取り組

みを企業が行うこと、これは要するに、企業がその活動に関して社会的ガバナンスに服することを意味している。

3. 信認関係・関係契約―社会関係によるガバナンス

　企業倫理は、企業の利潤追求は合法的であるばかりでなく、社会的規範に従ったものでなければならない、という思想を意味していた。前章では規範の成立や規範に従う必要性を規則功利主義の立場から説明してきた。上述のように、功利主義は「法破りの自由」という難問を抱えており、企業は利益になる限りにおいて、法や規範に従うということになる。前節2.（2）で述べた「企業はなぜ、CSRに取り組むのか」の理由はすべて、この「利益」を考えているのである。このような考えは、やはり企業は利益中心か、という反論を招くであろう。義務論はこの種の反論に対して、「だから、企業は義務論的に行動すべきである」との主張をするのであるが、義務論は、なぜ、規範・規則を守るのかという問いに対して、「義務」であるからとしか言い得ない「弱さ」を持つ。

　以下の議論は、規則功利主義によらずに、また、義務論にもよらずに、企業がステークホルダーへの義務を果たし、なぜ社会的規範に従う必要性があるのかに関する新しい考えを紹介する。信認関係および関係契約である。

（1）信認関係

　上述したように、経営者―企業・株主の関係は委任関係であるが、これは**信認関係**（fiduciary relationship）というより広い契約法（「信託」）に由来する。信認関係はある特殊な性格を持っている。信認関係とは、契約当事者の間に**情報の非対称性**[8]や力関係の差（権力関係）がある場合に、一方が他方を信頼し、あるいは他方に依存し、他方は自らに依存している相手方にその利益の実現を負うような関係一般を指す（樋口、2004、37-39頁）。信頼または依存された者は、裁量権を持ち、一定の範囲で自らの判断、意志で行為を行うが、この行為の目的は委任者の利益を実現することにあり、裁量権の使用もこの範

囲内に限られる（情報の非対称性と企業の不正行為との関係については第4章を参照）。

　委任者と受任者の間に信認関係がある場合には、受任者側にある義務が生じ、これは**信認義務**（fiduciary duties）と呼ばれる。信認義務とは受任者の委任者に対する義務であり、影響を与える取引において忠実かつ誠実に行動する義務を言う。つまり信認義務とは、受任者は委任者の利益を考えて行動せねばならず、また、受任者は委任者の最善の利益を損なうような自らの利益のために、あるいは、第三者の利益のために行動してはならない義務である。

　信認関係の別の例は医者と患者の関係である（牧師・神父と信者の間の関係も信認関係である）。患者（委任者）と医者（受任者）との間には、医療知識、技能、経験に関して非対称性がある。当然、医者の方が「強い」立場に立っている。患者は病気・けがを治してもらうために医者のもとに赴くが、医者は病気・けがを治してくれるものと期待している。病気・けがからの回復は患者の利益となるが、患者は医者がその「強い」立場を利用して、患者の利益を損うような治療方針（例えば、不必要な手術や処方など）を取ることはないだろうと普通期待している。また、医者の側でも、患者側の「弱い」立場を利用して、自分の利益を図ることは普通ないであろう。つまり医者には患者に対して「健康を取り戻させる」という「義務」がある。この時、患者は医者を信頼し、医者に依存している。これが「信認関係」である。

　さらに、この「関係」においては、受任者である医者の側に、一定の裁量権が認められる。医者は治療方針について、逐一患者の同意を求め、契約書を取り交わすことはない（外科手術の場合には、この契約書を取り交わすが）。一定の範囲で医者は治療方針を自由に決定する権限を持つが、この裁量権は患者の利益を損なわない範囲でのみ認められる。患者は医者を「信頼」し、医者の治療方針に従うのであるが、医者は患者の「信頼」に対し、一定の「義務」を負うことになる。信認関係にある委任者と受任者の間で、受任者である医者が「受託義務」に従わなかった場合、当然、信認違反という批判を浴びることになる。この信認関係が企業とステークホルダーとの間に成立すると考えることができる。企業とステークホルダーとの間には、情報の非対称性や社会的な影

響力に差があるが、ステークホルダーは自らの利益が実現されることを期待し、企業に「委託」を行っている。この場合、企業側は「すべてのステークホルダーの利益を実現するように行動する」という義務を負う。

(2)「社会的関係への埋め込み」と関係契約

企業活動は社会の中に「埋め込まれている」と見なすことができる。つまり、企業は単に経済行為により社会と関係し、法により社会に拘束されていると考えるのではなく、経済行為は広範な社会的関係（社会的ネットワーク）の中に「埋め込まれている」と考えられる。したがって、このような「埋め込み」においては、企業の「外部」といったものは存在せず、企業は社会の「中」で行動する[9]。

社会の「中」で行動する企業は、当然、準拠集団である社会の規範に従った行動をすると予想、期待される。企業とそのステークホルダーとの関係を法的な関係のみに限るとすれば、ステークホルダーの範囲は狭まったものとなろう。企業活動が社会的関係の中で行われているとすれば、社会は企業行動に対し、一定の期待を抱くであろう。企業もまたこの期待が社会によって抱かれていることを知り、行動する。

では、このような「社会的関係の中に埋め込まれた」企業の行動への拘束力はどのように説明されるのであろうか。約束なり契約の当事者の置かれている社会的関係の中から生じる期待あるいは規範により、また違反した場合の非法的なサンクションによりその拘束力が与えられる場合、この種の契約を「**関係契約**（relational contract）」と呼ぶ[10]。「関係契約」の考えによれば、あらゆる契約がその背景をなす社会的関係の中で初めて意味を与えられる。

企業は様々な相手に対して、様々な契約を取り結んでいる。意識することは少ないが、企業と消費者との関係は売買契約である。日常的にある店で商品を購入する場合、それが売買契約の執行であることを意識することはない。取引相手との間には取引契約がある。企業と従業員との間の関係は雇用契約による。企業と経営者の間には委任という契約関係がある。これらはすべて法的な意味での契約であるが、関係契約の概念はこのような法的な契約を含む広範な

非法的契約が企業とそのステークホルダーとの間に取り交わされていることを理解させる。企業行動に関して、行為に関する相互の期待が企業と社会との間に成立していれば、関係契約が成立していると見なすことができよう。したがって、企業と社会との関係契約が企業活動の全てに拘束力を与えることになる。この場合、企業活動を単に法的な観点からのみ見ることは正しくない。企業と社会との間に関係契約が成立しているとすれば、企業は社会的規範に従うべきであるということになる。

おわりに

企業と社会との関係は、企業活動は社会の中に「埋め込まれている」と考えるべきであろう。したがって、そこには、単に法的ではない、社会的規範による行動の規則といったものが存在する。企業倫理とはこの社会の中に埋め込まれた企業の行動基準なのである。

注
1) 大規模公開株式会社とは、「資本の額が5億円以上または負債の合計金額が200億円以上の株式会社」であり、定款により、発行株式の一部または全部について譲渡制限がなされていないことを規定していることを言う。必ずしも、株式が上場されていることを意味しない。
2) 会社法では、コーポレート・ガバナンスという言葉ではなく「機関設計」という言葉が用いられている。この「機関設計」の目的は、出資者＝株主および債権者の保護である。
3) 会社・株主と、「経営者」(取締役、監査役、執行役)及び会計監査人との関係は「委任」関係である(会社法第330条)。
4) 「社外」とは、「当該企業またはその子会社の取締役、執行役、支配人または使用人ではなく、かつ、過去において当該企業またはその子会社の取締役、執行役、支配人または使用人となったことがない者」を意味する(会社法第2条)
5) 日本経済連が会員企業1260社に対して行ったアンケート調査の結果(実施期間：2002年12月10日〜2003年1月10日、回答数474社、回答率37.6%)、経営トップの企業倫理の認知状況については以下のような結果を得た。
　「行動指針の整備・充実(各社独自の企業行動憲章の策定等)」について、「既に取り組みを行っている」が83.1%(393社)、「全社的な取り組み体制の整備(企業倫理担当役員の任

命、企業倫理委員会・担当部署の設置および権限の明示等)」については、「既に取り組みを行っている」が 69.6%（327 社）、「企業倫理ヘルプライン（相談窓口）」の整備、つまり「通常の業務ラインとは別に、重要情報が現場から経営層に伝わるルートを整備、相談者の権利保護等に配慮」についてでは、「既に取り組みを行っている」が 52.3%（246 社）、「教育・研修の実施・充実（階層別、職種別)」についてでは、「既に取り組みを行っている」が 70.1%（328 社）、となっている。

6) この考えには経済学の立場から、強力な反論があることも事実である。企業の社会的責任否定論の代表は、アメリカの経済学者で、ノーベル経済学賞受賞者であるミルトン・フリードマンである。フリードマンは、企業の目的は所有者＝株主の利益を最大化することであり、企業の社会的貢献などの行為は株主の利益を損なうものとした。フリードマンの考えは、自由企業イデオロギー（Free enterprise ideology）と呼ばれる思想を代表しており、企業の目的とは利潤を獲得することであるという考えを正当なものとする。

7) ここでの記述の多くは、経済産業省「企業の社会的責任（CSR）に関する懇談会」「中間報告書」によっている。

8) 情報の非対称性とは「契約を取り結び、執行するのに十分な情報が存在するが、その分布が取引当事者の間で一様ではない状態」、つまり、私的情報が存在する状態を言う。この時、契約後の「隠された行動」、つまり、**モラル・ハザード**が発生することがある。隠された行動とは、契約内容に指示された行動の結果（契約の執行）が、不十分であった場合、それが、契約当事者の不十分な行動によるものか、偶然の結果であるのか、観察・立証できないことを言う。

9) 「社会的関係への埋め込み」については、グラノヴェッター（1998）を参照。

10) 関係契約については、内田（2004、30-31 頁）、Macneil（1980）を参照。

参考文献

内田貴（2004）『契約の時代』 岩波書店

グラノヴェッター、マーク（1998）「経済行為と社会構造：埋め込みの問題」『転職』 渡辺深訳、ミネルヴァ書房

シュワルツ、ワトキンス（2003）『エンロン内部告発者』 酒井泰介訳、ダイヤモンド社

谷本寛治編著（2003）『SRI 社会的責任投資入門』 日本経済新聞社

田村達也（2002）『コーポレート・ガバナンス 日本企業再生への道』 中公新書、中央公論社

貫井稜雄（2002）『企業経営と倫理監査』 同文堂出版

ドミニ、エイミー（2002）『社会的責任投資』 山本利明訳、木鐸社

樋口範雄（2004）『フィデュシャリー［信認］の時代』 有斐閣

フレイザー、ジル（2003）『窒息するオフィス 仕事に強迫されるアメリカ人』 森岡孝二監訳、岩波書店

ベイカン、ジョエル （2004）『ザ・コーポレーション』 酒井泰介訳、早川書房
宮本一子 （2002）『内部告発の時代』 花伝社
吉森賢 （1996）『日本の経営　欧米の経営』 放送大学出版会
Macneil, Ian R. (1980) *The New Social Contact*, New Haven and London, Yale University Press

第3章

株式会社と企業倫理

はじめに　本章の考察課題

① まず世界経済の現状について手短に見ておく。深刻な経済問題の多くはグローバル競争（大競争）の直接・間接の現れである。大競争は主として、資本制システム（資本主義といわれる経済制度の原理と仕組み）が必然的にもたらす生産力過剰（生産力＞市場規模）に起因している。需給不均衡（供給＞需要）が世界的に生じているわけだ。一国的にも構図は同じである。このため、限られた市場の争奪戦が繰り広げられる。大競争への企業レベルにおける対応策・乗り切り策の一つが企業再編である。（政府レベルにおける対応策が、法制面での規制緩和や様々な経済政策である。）

② 企業再編の主要形態はM&A（mergers and aquisitions、企業の合併・買収）である。これは株式の現金買取りもしくは交換を通じて行われるから、この場合の企業とは株式会社のこと。のみならず、株式会社はそもそも現代経済の中心的な担い手となっている。それゆえ、株式会社の役割と特色についても一通り見ておく必要がある。

③ M&Aの諸相、目的・動機などを概観する。日本人のエートス（気風）や価値観にはなかなか馴染みにくい敵対的買収の是非・可能性についても検討する。

④ 以上を踏まえて、企業倫理について考察する。主要論点は「自由競争原理と企業倫理は両立するか？」と「なぜ今、企業倫理論が盛んなのか？」の2点である。前者には「競争」という語が入っているし、後者では大競

争が背景事情をなしている。企業倫理論においても、「競争」が一番のキーワードなのである。

1. 現代世界経済の根本問題

(1) 需給不均衡

現代世界経済における一番の問題は何であろうか。生産した物が売れないという需給不均衡問題である。売れることを宿命づけられた商品が世界中にあふれ返り、ひしめき合っている。(それは「北」だけの話で「南」は別、世界には飢餓・栄養不足人口が何億人もいるといった国連統計レベルの問題は、この際度外視する。売るために生産された商品は購買力がないところには流れず、そして貧困の主因が購買力不足に存する以上、貧困問題は人道上の問題である以前に経済システム上の問題であるからだ。)市場規模に比して生産力が世界的に過剰状態にある、というのが現代世界経済の根本問題であり、かつ基本構図をなす。

このような需給不均衡は単なる一時的なものではなく、したがって新古典派流の市場メカニズム論では説明できない構造的なものである。このことを明らかにするためには、いったん資本制システムにまで立ち返った考察を要する。が、その前に世界経済の現状を概観しておいた方が理解の助けになるであろう。

(2) 大競争の諸相

世界経済の現状は、しばしば「大競争 (mega-competition)」として特徴づけられる。これは包括的表現で、個別具体的には次のような形をとって現れている。

① 生産面:生産調整、生産設備の稼働率低下 (過剰設備化)、設備投資の鈍化、不採算部門の整理縮小、経営破綻・倒産件数の増加、"新製品"の開発と需要喚起、M&A等による企業再編、など。

② 雇用面:解雇やレイオフなどのリストラ、失業率の上昇、就職難、ワー

クシェアリングの推進、パート労働者・契約社員・派遣労働者・「フリーター」など非正規雇用の増大、賃金カット、アメリカ・ドイツ・フランス・韓国などにおける労働争議の多発、など。

　雇用情勢の悪化から来る派生現象としての移民・外国人排斥（ゼノフォービア）の蔓延。EU諸国における極右勢力（ドイツのネオナチやフランスの国民戦線、オーストリアの自由党、イタリアの北部同盟などネオファシスト）の伸長、アメリカ・スイス等における移民制限、など。

③　流通面：百貨店やスーパーの売上高減少・経営破綻・店舗閉鎖・経営統合、製販直結方式（卸抜き）の推進、営業時間の延長、大手商社同士の提携、物流面での効率化（コンテナ化、ロジスティックス）、など。

④　国際通商面：セーフガード（緊急輸入制限）の発動や農業補助金などをめぐる貿易摩擦の激化、FTA（自由貿易協定）による通商圏の囲い込み・他者排除、知的財産権（特許権・実用新案権・意匠権・商標権などの工業所有権プラス著作権）その他をめぐる国際紛争・WTO提訴件数の急増、など。

⑤　金融面：不良債権、経営破綻、経営統合・グループ化の推進、短期資金としての投機化、公的資金による金融機関の救済、貸し渋り、金融自由化（規制緩和・垣根撤廃による自由競争の促進）、市場介入是非論、など。

⑥　生産・流通・金融面に共通して見られる高度な情報通信技術の利活用も、大競争の一派生現象と言えよう。科学技術（基礎科学としてのサイエンスを実用化したテクノロジー）の発達は、経済発展を可能にする前提要件であるとともに、経済上（または軍事上）の必要に駆動された開発の結果でもある。

　①～⑤は、どれもこれも深刻な大問題ばかりだ。これらの問題はほとんどすべて、どの品目に関しても市場規模に比して生産力が世界的または一国的に過剰状態にあることに起因する。そして生産力過剰は主として、資本制システムそのものとこれに基づく資本主義発展が必然的にもたらした構造的なものである。だから厄介なのだ。

（3） 金融分野の肥大化

　金融分野の肥大化は、「過剰流動性」が問題ぶくみの現象として盛んに言われだした1970年代以降顕著になった事態である。

　第二次世界大戦は連合国が勝利した。戦争中はアメリカとソ連は協力しあったが、戦後間もなく両者の対立が表面化し東西冷戦状態に入った。アメリカは、共産主義圏に対抗する自由主義圏の盟主として、マーシャル・プラン[1]を皮切りに戦後復興支援を行い、かつての敵国、日本・西ドイツなどに対しても戦後復興の手助けをした。支援の形態は様々であるが、当面の文脈ではアメリカ・ドルが世界中に撒布され続けた点が重要である。これがやがては過剰流動性ないしカネ余りの下地となる。さらに、時代は少し飛んで1971年の金ドル交換停止を機に、たがの外れたドルの垂れ流しが加速化する。

　金融は本来、生産活動と流通活動を資金面で支援するシステムであった（1.（4）1）参照）。金融支援が生産力発展に寄与した。しかし金融は、特に1970年代以降、本来の姿から変質し始めた。金融変容の根底には実物経済（生産・流通・消費）面での構造変化が、生産力が市場規模に比して基調としては飽和状態に達したという事態がある（1.（4）7））。「実物経済」という言葉自体、金融が――今も生産・流通の補助機能を果たしているとはいえ――生産・流通活動には直結しない、半ば独立した「金融経済」として一大部門を形成するのに伴って多用されるようになった言葉である。

　生産力が過剰状態にあるから実物経済の分野に有利な投資先が見つからず、このため、だぶついたマネーが回収の見込みも確かでない貸付に回されて不良債権化してしまうことにもなった。現代金融の特異な姿は、このような貸付行動にだけなく、通貨投機、原油投機、金投機、金融機関の協調融資や投資ファンドによるM&Aの推進など様々なマネー・ゲームの形をとっても現れている。世界的にカネ余りの状態にあるところでは、資金の相互融通（信用供与）によって生産活動を促進するという金融本来の姿からかけ離れた無理も行われざるを得ない。何であれ、「本来の姿」に固執する必要はなく変化に身をゆだねるのも一法だが、しかし不健全な無理は必ず破綻する。

（4） 生産力過剰の発生メカニズム

1) 資本制システムは、その原理と仕組みのゆえに、生産力を発展させることにかけては史上最強の経済システムである。「強さ」の根源ないし支柱をなしているのは、第一に大別2様の資本蓄積メカニズムである。元来は個人企業による資本蓄積が推進されてきたが、19世紀半ば以降は株式会社形態（資本の集中）を前提とする資本蓄積が主流となる。第二に、資本蓄積メカニズムの補完機構としての近代的信用（金融）制度である。企業間信用とも言われる個別資本間の信用供与（手形での売買）は商品取引の拡大、したがって市場規模の拡大に寄与し、また流通面における運転資金の節約を可能にする。内部留保による自己資金とともに、この節約された運転資金と金融機関の信用供与（手形割引、貸付など）による資金とが生産面に投入されることで、生産力の発展および生産性の向上としての資本蓄積が促進されてきた。

2) 2様の資本蓄積メカニズムのうち、資本構成が不変のままの増強投資（従来型の生産設備の増設）による生産規模の拡大は等差級数的な生産力発展をもたらすにとどまる。これに対し、資本構成の高度化を伴う合理化投資（新鋭設備の導入）は生産性を向上させることによって等比級数的（飛躍的）な生産力発展をもたらす。増強投資であれ合理化投資であれ、企業つまりは人が生産設備や原材料などの物を相手にして行うことだから、自分たちの一存で、自力でいくらでも供給力を増大することができる。しかし需要の大きさ、市場規模に関しては、相手（他人たち）のある他力頼みのことだから、自分たちの一存でどうこうすることはできない。特定品目（携帯電話・薄型テレビ・DVDなど）の市場規模がブームや流行などによって飛躍的に拡大することがあるとしても、それは偶発的・一時的なことで原理的にそうなるというものではない。したがって、一般的には市場拡大のペースが生産力発展のペースに追いつかないという不釣り合いが生じる。

3) 「自分たちの一存で、自力で増大できる」ことは、資本制経済を支えるイデオロギーとしての自由放任主義（レッセ・フェール、好き勝手）に基づいている。ミクロ的な好き勝手が、マクロ的には無政府性として現れ、結果的には右のごとき不釣り合いをもたらす。

4) 資本制経済は、このような需給不均衡、市場規模に比して生産力が過剰になるという難題を本来的に、経済システムそのもののうちに抱え込んでいる。

5) 資本制経済が19世紀半ば以降、世界市場を形成し世界資本主義として編成されるにつれて、生産力過剰もグローバル化してきた。

6) だが、そのつど（ほぼ時代順に）恐慌・世界戦争・大量消費という3種類の過剰処理メカニズムが働いたことで、端的には破壊と浪費を行うことで需給不均衡が是正され、資本主義はそのつど立ち直って更なる生産力発展を遂げてきた。

7) ところが、主として財政金融政策の発達によって恐慌の勃発が回避されるようになり、また核兵器の時代に入って世界戦争を引き起こすことができなくなったために、3つの過剰処理メカニズムのうち2つがもはや働かなくなった。その分、世界的な生産力過剰が顕在化する。もう1つの過剰処理メカニズム（大量消費）も、先発資本主義諸国（いわゆる先進国）においては、消費飽和状態（「欲しいものはもうない」）の中で大きな効果は発揮し得なくなっている。

8) その上、ひと頃のNIEsや昨今のBRICsをはじめとする中発・後発諸国も、「市場経済」へ、さらには資本制経済へ移行する中で生産力を急速に発展させてきたし、発展させつつある。もちろん、これらの新興発展国においても市場規模は拡大しているが、2) で述べた理屈で生産力発展ペースと市場拡大ペースとの不釣り合いが生じる。このことが世界的な生産力過剰に拍車をかけている。

以上のような需給不均衡が現代資本主義（1970年代以降の世界経済）の根本問題であり、世界経済が行き詰まっている根本原因である。資本制システムは「強い」だけでなく「強すぎる」という自己矛盾を内包している。これを従来は"だましだまし"克服してきた。しかし、もはやマクロ的な克服メカニズムが働かなくなったために、ミクロ・レベルで個別資本（企業）が悪戦苦闘しているわけである。

2. 株式会社の役割と特色

　競争ないしサバイバル戦がますます激化するなか、企業はリストラクチャリング（事業再構築）の一環として企業再編も進めている。M&Aをはじめ、持株会社（株式所有を通じて傘下企業の経営を支配し、グループ全体の経営計画立案にも関与する会社）方式による経営統合、事業統合会社（2社以上のメーカーが共通する事業を分離し共同出資する会社）の設立、分社化（肥大化した企業組織をいくつかに分割すること）、合弁会社（自国資本と外国資本の共同出資会社）の設立、など。

　ここに「企業」「会社」とは株式会社のこと。株式会社が現代経済の中心的な担い手をなしている以上、それも当然である。現代経済を理解するためには、まず株式会社の役割と特色を知る必要がある。

（1）　株式会社の役割

　1）　わが国に「会社」はいくつくらいあるのだろうか。2004年12月現在、314万5,000社である。種別ごとの内訳を見ると、有限会社189万社（60％）、株式会社115万社（36％）、合資会社8万6,000社（3％）、合名会社1万9,000社（1％）となっている[2]。会社法では、「有限会社」規定が変更されたほか「持分会社」などの新規定も盛り込まれた。

　会社法という法律は、合名会社・合資会社・株式会社・外国会社等を規定した商法（第二編）、有限会社法及び商法特例法（株式会社の監査等に関する商法の特例に関する法律）の3つが一本化されたもので、2006年5月1日から施行された。一本化に際し、表記法が商法のカタカナ・文語体から、ひらがな・口語体に改められたほか、内容面でも多くの改正が行われている。基調は規制緩和路線（must not から may, can へ）で、これも政府レベルで精一杯なし得るグローバル競争への対応策の一つである。

　会社数全体の6割を占める有限会社に関しては、従来、有限会社法で規定されていたが、会社法の施行に伴い有限会社法は廃止され、有限会社法上の有限

会社は「会社法上の株式会社」となった。ただし、有限会社法上の有限会社も「特例有限会社」として実質上の運営原則をそのまま維持することができ、「有限会社」という商号の継続使用も許容される。この有限会社も加えると、株式会社は会社数全体の96%を占める。（もし株式を公開すれば買収ターゲットとなり得る会社数が、それほど多いという理屈になる。特にアメリカ系の投資ファンドは、地方の中小企業についても財務内容や経営姿勢などをよく調べているようだ。3.(3) 2) ②)。

2) 日本経済に占める株式会社のウェイトが大きいことは右の数字からも窺える。もとより、株式会社の規模は大小さまざまである。株式会社全体のうち、証券取引所が一定の基準を満たした証券（株式・債券）の売買取引を認めている上場会社は、わずか約3,800社にすぎない。いわゆる大企業は少数の例外を除いて、ほとんどが上場している。昨今、上場基準が大幅に緩和されてきているので中小企業でも上場しやすくなった。

中小企業については中小企業基本法で定義されている。製造業・卸売業・小売業・サービス業などの業種ごとに定義は異なるが、最大でも資本金・出資総額3億円以下、従業員数300人以下である。「会社法上の株式会社」も含めると、株式会社数の実に99%以上を中小企業が占めている。（合名会社・合資会社は大概小規模だから、これも合わせると中小企業の比率は一層高まり、わが国の会社数の100%近くに達する。）株式会社制度は元来、大規模な会社を想定しているから（下記4））、法と現実との乖離（不一致）が生じているわけである。中小企業でも株式会社形態をとっているのは、どのような理由からであろうか。

3) しかし日本経済に占める株式会社規模別ウェイト（財・サービスの生産額、付加価値額ないしGDP寄与度、雇用者数など）となると、どうか。従業員数ひとつをとっても中小企業は最大で300人。一方、日本を代表する大企業の一つ、トヨタ自動車の場合は連結ベース（子会社・関連会社も含めたグループ全体）で28万人ほどにものぼる。日立製作所になると35万人を超える。つまり、最大規模の中小企業1,000社分に相当する。従業員数とは雇用者数にほかならない。雇用寄与度の差は歴然としている。

付加価値額したがってGDP寄与度となると、大企業と中小企業との開きは企業規模の違い以上に大きいであろう。従業員1人当たりが生み出す付加価値額の違いは、データを挙げるまでもなく賃金水準の格差となって端的に表れている。汗水垂らす量は同じでも、大企業従業員の方が高く価値評価されるのである。

　ここで中小企業論に深入りすることはできないが、再検討すべき点は多い。中小企業が供給する部品・素材・金型などの中間財なしには大企業の生産活動も成り立たないという基本的事実をはじめ、大企業依存度が依然として高い日本の中小企業と独立性の強いアメリカのスモール・ビジネスとの比較、大企業志向が強い日本人の価値観の問題性、等々も含めて――。

　4)「古代資本主義」を唱える論者もいたが（例えばマックス・ウェーバー）、資本―賃労働関係に基づく利潤獲得システムとしての資本主義は、16世紀半ば頃からイギリスでマニュファクチャー（工場制手工業）として始まる。資本主義の初期には個人資本家が企業を経営していた。初期に限らず現代においても、事業規模が小さいときは個人経営が可能である（各種の自営業）。しかし事業規模が大きくなるにつれて、個人資産では企業経営に必要な資本をまかないきれなくなる。そこで、世の中に様々な（"タンス預金"のような）形で遊休し有効活用されないでいるマネーを幅広く集めるやすくするために考え出されたのが、株式会社という制度である。

　古代ローマや中世イタリアにも株式会社に似たものはあったといわれるが、一般には1602年アムステルダムに設立されたオランダ東インド会社が世界最初の株式会社とされる。これは出資者全員の有限責任制をとっていた点では現代の株式会社にも通じるが、国王の特許状に基づいてのみ設立し得たなどの点で異なる。株式会社が普及するのは、ようやく、1830年代に鉄道業が始まり少し遅れて鉄鋼業などの重化学工業が興隆するようになってからである。その後、株式会社はあらゆる業種・産業部門に広まり、今日のような株式会社全盛時代に至っている。株式会社がこんなにも普及発展した秘密は何だろうか。

（2） 株式会社の特色

1) 株式会社に出資する目的は、第1に、会社が上げた利益の分配を受けることである。この分け前を配当（金）（dividend）という。出資者は株主となり、出資比率に応じて配当請求権・議決権などの権利を有する。この権利を持ち分（equity）あるいは株式（stock, share）というが、株式は、権利を表した有価証券である株券を指すことも多い。

第2の出資目的は、株式を購入価格よりも高く売って売却益を得ること。配当は、元本（capital）がもたらす利得（gain）としての所得（income）という意味でインカム・ゲインという。家賃所得や利子所得なども同様である。これに対して売却益は、元本そのものを手放して得られる利得なのでキャピタル・ゲインという。キャピタル・ゲイン狙いの株式売買が熱狂的に行われる時はバブルを招きやすい。

第3の出資目的は、個人投資家には無縁だが、会社の経営に参加する、ないし経営権を奪取すること。後者は企業買収である（3.(6)）。たとえ買収される側が買収を拒んでも、プレミアム（株式時価の上乗せ分）を付けて株式の買取りを広く株主に呼びかけ、発行済み株式数の過半数を取得すれば経営権を握れる。このような敵対的買収も含めて、わが国においても様々な形の企業買収が盛んになりつつある。2005年2月のライブドアによるニッポン放送株の大量取得をめぐる騒動は、敵対的買収時代の幕開きを告げ、大企業も含む日本企業各社に買収防衛策を真剣に考えさせるキッカケとなった。

なお、これら3つの出資目的は優先順位を示すものではない。配当などよりも、わずかな売却益を目的とするデイ・トレーダー（1日に何度もネット売買を繰り返す個人投資家）もいれば、経営権の奪取だけが目的の投資家もいるなど、投資行動は様々である。

2) 以上は出資者の権利であるが、では義務は何か。出資者の義務は出資金の払込みだけである。この義務は責任の限度を示しており、実に有限責任制（limited liability）に株式会社の最大の特色がある。

もし出資者（株主）が無限責任を負わされるのであれば、会社が倒産したりすると、家・財産をすべてなげうってでも債権者（原材料・部品・資材の納入

業者や融資元の金融機関など）に対して支払い・返済の責任を果たさなければならない。そんなものには恐くて出資する人はいない。有限責任なら、出資した分を損するだけで済む。手持ちの株券はタダの紙切れになるかもしれないが、それ以上の責任は問われない。このように、出資者は一方では諸権利を有しつつ他方では責任は有限であることが、株式会社を世界中に普及させた最大の理由である。株式会社制度は、非理系分野における偉大な発明の一つと言えよう。

（3） 会社法による規定

株式会社には他の特色もあるので、それらを会社法第二編「株式会社」に即して見ておこう。

　　（株主の責任）
　第一〇四条　株主の責任は、その有する株式の引受価額を限度とする。

　引受価額とは会社設立時の払込み額のことだが、株式譲渡を考慮すると株式の買取り額も指す。株主の責任は出資額・投資額を限度とするということ。このような有限責任制のメリットについては今しがた見た（2.(2) 2)）。

　　（株式の譲渡）
　第一二七条　株主は、その有する株式を譲渡することができる。

　譲渡できるとは売ることができること。メリット：①転売できるなら出資する（株を買う）という人のマネーも集めることができる。②株式の売買は株価変動の予測に基づいて行われる（また逆に、売買が株価変動をもたらす）が、売買の判断基準（および株価変動の基本要因）は企業業績に対する投資家たちの評価だから、売買が形成する株価を通じて間接に経営をチェックすることができる。③保有株式数の多い者が経営権を握る。一種の多数決原理である。

　　（株主総会の権限）
　第二九五条①　株主総会は、この法律に規定する事項及び株式会社の組織、運営、管理その他株式会社に関する一切の事項について決議をすることができる。

　株主総会が最高議決機関である。メリット：経営者による専制支配の排除。

経営を直接にチェックできる。ただし、わが国の株主総会は、まだまだ形骸化したままで実質的な討論の場になっていないところが多い。

買収ターゲットにされる会社には、買収側から見て経営上の「欠陥」がある。業績は良いのに利益剰余金が多くて配当性向（当期利益のうち配当として株主に還元される比率）が低い、株主資本利益率（ROE：return on equity、税引き利益÷株主資本。これが高いと株価押し上げ要因になる）が低い（株主資本を効率的に使っていない）など。買収者は、そこに改善の（企業価値を高める）余地があると考える（3.(3)2)②)。株主総会がうまく機能していれば、その種の「欠陥」は事前にチェックできる。

（議決権の数）

第三〇八条①　株主は、株主総会において、その有する株式一株につき一個の議決権を有する。ただし、単元株式数を定款で定めている場合には、一単元の株式につき一個の議決権を有する。

単元株制度：株式売買の最低単位である1単元の株式数を企業が自由に決められる制度。株式の売買単位を原則として額面総額が5万円（額面50円なら1,000株）となるよう定めた単位株制度に代わり、2001年秋施行の改正商法で導入された。100株や50株を1単元として売買単位を引き下げれば、株価が高い企業に個人投資家でも投資できる。これも株式市場活性化のための規制緩和策の一つと言えよう。

議決権とは、株主が利益処分、取締役の選任など株主総会に提出された議案に対し、賛成票や反対票を投じること。メリット：1株ないし1単元につき1票。ひとまず株主平等の原則と言えるが「1人」1票ではない。「株式の譲渡」における多数決原理と合わせて、"金権"支配が公然と認められている。企業買収も金権支配の一つの表れである。黄金株（特定の株主にだけ合併拒否権などの特権を付与した株式）も考え併せると、政治上のデモクラシーとは類似しているようで随分違っている。

近年、インターネットで投票できる仕組み（ネット投票）が急速に広がっている。株式持合いの解消で個人投資家や外国人投資家の株式保有比率が高まっていること、安定株主（大株主）が減り株主総会を成立させるのに必要な定足

数を確保するのが容易でないこと、が背景にある。ネット投票の拡大は株主総会の活性化につながるか。

3. M&A

(1) M&Aが盛行している理由

　日本企業が国内外で行ったM&A件数は、2006年には過去最高の2,764件に達した[3]。世界全体では2006年上期（1～6月）だけで1万5,000件を超えている。今日M&Aが盛行している背景事情（生産力過剰→大競争→企業再編）については1で見た。この事情は世界に共通するものだ。

　日本の場合は、少子高齢化その他の社会情勢変化による国内市場の縮小傾向が海外展開を加速している。2006年の日本企業による外国企業の買収案件に限っても、日本たばこ産業（JT）がガラハー（イギリス、タバコ、買収金額2兆2,500億円）を、東芝などがウエスチングハウス（アメリカ、原発、6,200億円）を、日本板硝子がピルキントン（イギリス、ガラス、6,100億円）を買収するなどの大型案件が相次いだ。むろん、これ以外にも多数ある。1989～90年頃にも日本企業は外国（特にアメリカ）企業を多数買収したが、これは主として円高（ドル建て物件を安く買える）と日米貿易摩擦（現地人を雇用するなどして摩擦を緩和する）を背景に経営多角化として行われた。昨今の海外進出は、本業回帰（経営資源の「選択と集中」）として行われている点でもこれとは違っている。

　M&Aが盛んに行われている理由はいろいろある。むろんM&Aの目的・動機（3.(3)）とも密接に関連する。カネ余りで買収資金を調達しやすくなったこともある（1.(3)）。が、さしあたり2点に集約できる。①新規大型投資や企業の新設よりもスピーディに企業規模を拡大できる。②すでに実績のある企業同士が合併したり実績のある企業を買収したりすることで、失敗するかもしれない投資リスクを軽減ないし回避できる。要するに手っ取り早い規模拡大策である。特に、スピード競争が社運を左右するとも言われる経済状況のもとでは、「時間を買う」というファクターは大きな意味を持っている。もっとも、

スピード重視は拙速となり失敗をもたらしかねないのが悩ましいところであるが。

（2） M&Aの手短な歴史

M&Aの歴史を手短に振り返っておく。

1）　M&Aに類するものは、資本主義の先発国イギリスでは早くも1820年代に、ほぼ10年周期の景気循環が始まった（したがって恐慌・不況も経験するようになった）頃から見られる。激しい競争戦の中で、多数の弱小資本が大資本に併合されるか、でなければ没落した。「併合（Annexion）」は領土併合のイメージで、これをマルクスは「資本の集中」と概念規定し「力ずくの（gewaltsam）やり方」と評している[4]。

経済理論上は、資本蓄積（die Akkumulation des Kapitals）と資本集中（die Zentralisation des Kapitals）とを概念区分した点が重要である。資本蓄積は利潤の一部を資本に組み入れること（再資本化）の繰り返しとして行われる。積み上げ方式による愚直な企業規模拡大策である。一方、資本集中には「併合」以外に2類型がある。①世間の遊休マネーを一カ所に集めて株式会社を設立する（2.(1) 4)）。②既設の株式会社同士が一つになる。これが今日いうM&Aで、手間ヒマ省いた要領のよい企業規模拡大策と言えよう。人間にも愚直なタイプと要領のよいタイプとがあるようだ。M&A時代には後者のタイプの人間が活気づく。

株式会社制度は、19世紀後半以降、主としてドイツとアメリカで発達した。イギリスでは個人資本家による個人経営が長らく主流であった。したがって、イギリスの実状を踏まえた「力ずくの併合」自体は、現代人に馴染み深い株式取得による買収とは異なる。しかし「資本集中」は①②の両類型とも今に生きている。マルクスの洞察の鋭さを示す一例と言えよう。

2）　アメリカでは、1879年以降20世紀初めにかけて、石油分野などで「トラスト（trust）」が相次いで結成された。「企業合同」とも邦訳されるが、同一業種の複数企業が受託者（trustee）への株式信託を通じて議決権（経営権）を一本化するもの、合併や持株会社方式に近いものなどの諸形態がある。いずれ

も資本集中として一括し得る。トラストは企業再編時代の幕開きを告げた。その経過を簡単に見ておく。

南北戦争（1861〜65年）は北部の勝利に終わり、資本主義が急速に発展、1890年代にはイギリスを抜いて世界一の工業国になった。活力の一表出として、市場支配を目的とするトラストが、したがってビッグ・ビジネスが次々と誕生した。主要例は次のとおりである。ロックフェラー（石油）のスタンダード・オイル・トラストが全米石油精製能力の90％以上を独占。モルガン（鉄道）は融資を通じて鉄鋼（USスチール）・海運・銀行・保険などの業界を支配。カーネギー（鉄鋼）は世界最大のホームステッド鉄鋼工場を所有したが、1901年USスチールに売却（→シェア60％以上）。カーネギーは引退し教育・文化・慈善事業に専念、金満家による社会福祉活動というアメリカ的伝統の先駆けとなった。これは今も、世界一の資産家ビル・ゲイツらに引き継がれている。

トラストの例としては他に、ゼネラル・エレクトリック、ウエスチングハウス（電機）、スイフト、アーマー（食品加工）、インタナショナル・ハーベスター（農業機械）、デュポン（化学）、フォード、GM（自動車）など。しかしビッグ・ビジネスによる市場支配は独占禁止運動を誘発し、早くも1890年、シャーマン反トラスト法が制定される。

トラストも含む第1次M&Aブームは1905年頃まで続く。自動車・ラジオなどの分野で起きた第2次ブーム（1920〜29年）の後、第3次ブーム（1950〜72年）期には飛行機・テレビなどの分野でコングロマリット（異なる業種・産業を合併・買収して多角化した巨大複合企業）化が推進された。

第4次ブーム（1975〜90年）期になると、コングロマリットによる不要部門の売却が行われるとともに、コンピュータ分野で高い技術力を持つ企業の買収が活発化した。特に1980年代には、金融自由化・低金利がM&Aブームを演出した。投資銀行・証券会社だけでなく生保や年金基金などの機関投資家、商業銀行も関与して、①TOB合戦（対抗買収）、②ジャンク・ボンド（junk bond、くず債券。格付けBB以下の信用度が低い債券。ハイリスクだがハイリターンなので、購入する機関投資家も多い）による買収資金の調達、③LBO（leveraged buy-out、テコの原理を応用した買取り。自己資金は少なくても、

買収予定企業の資産を担保とする銀行借入・債券発行によって買収資金を調達する。買収後の負債比率が高いため、発行債券はジャンク・ボンド視されることが多い）などの金融手法が盛行を極めた。

次いで第5次ブーム（1996～2001年）期には、M&Aの中心がインターネット分野に移る。買収金額の大きさ（1,660億ドル）という点でも「ネットとメディアの融合」という点でも注目された2001年1月のAOL（アメリカ・オンライン、世界最大のインターネット接続事業者〔プロバイダ〕）によるタイム・ワーナー（アメリカ・メディア界の老舗）の買収も、この時期の産物である。そして2004年からはIT分野全般をはじめとする第6次ブームを迎え、現在に至っている[5]。

3）では日本はどうか。1990年前後のことについては先に見た（3.(1)）。日本企業による海外企業の買収件数は90年に459件と最多を記録したが、国内でM&Aが増加し始めるのは、ITバブルの1999年前後以降である。リストラクチャリングの一環として、経営資源の「選択と集中」をスローガンに、事業部門や子会社の整理・売却、M&Aがようやく本格化しつつある段階である。

日本のM&Aがアメリカより何十年遅れであるかは指標（件数、金額、業種・分野、買収形態〔友好的買収か敵対的買収か対抗買収か〕、買収資金の調達方法など）の取り方によって違ってくるので一概にはどうこう言えない。が、ともかく、LBOのような金融手法も含めて、アメリカが辿ってきた道を後追いしている形ではある。例えば2006月4のソフトバンクによるボーダフォン日本法人買収（買収総額1兆9,000億円）に際しても、1兆2,800億円はドイツ銀行・みずほコーポレート銀行・三井住友銀行など日米欧の有力7金融機関が協調したLBO融資によって調達されたが[6]、大型案件としてはこれが最初である。

M&Aに関するこのような米日の時間差は何に起因するのか。これは単なるM&A問題を超えた一つの重要論点である。経済環境の厳しさ、端的には競争の激しさがアメリカ企業にも日本企業にも共通してのしかかっている時にも、M&Aによる対応策という点では、一方は積極的、他方は消極的という違いがある。となると、この違いは米日に共通する要因を超えた違いに起因している

ことになる。それは何か。

（3） M&Aの目的・動機

合併も買収も経営権の移動を伴う点ではM&Aと一括してよい。が、買収なしの合併（例えば日本流の「話し合い」合併）もあれば合併なしの買収（例えば投資ファドによる買収）もあるので、合併と買収をひとまず分ける必要がある。

1） 合併

合併は合併効果を期待して行われる。合併よりも結合度が緩やかな経営統合も、むろん統合効果を期待して行われる。これらの効果は相乗効果（シナジー）と総称される。2+1=3ではなく4、2+2=4ではなく5、という理屈である。シナジーを生み出すためにドラスティックな（思い切った、荒っぽい）措置が講じられることもある。企業再編期は、これを断行する絶好のチャンスとも言える。

① 余剰人員の整理（狭義のリストラ）による人件費の削減。特に吸収合併の場合は、被吸収企業が人員整理の対象になりやすい。業績不振のために吸収されるというケースが多いので吸収が「救済」色をおび、割を食うわけだ（3.(4) 2)）。

人員整理もコスト削減をもたらすから経営合理化の一種だが、合理化投資（1.(4) 2)）の「合理化」とは意味内容がまったく異なる。合理化投資は、人員削減を伴うとしても高性能の新鋭設備の導入とセットにして行われる。労働生産性の向上をもたらす。削減対象となる労働者には不幸なことであろうが、より安いコストで製品を生産できることはマクロ的にも後続世代の労働者にとっても多大な福をもたらす。実際、資本主義発展史を振り返ると、主として不況期に行われる合理化投資、企業経営者が競争圧力に押されてやむを得ず行うスクラップ・アンド・ビルド（既存設備の中途廃棄と新鋭設備の導入）が、生産コストを引き下げて、労働者つまり一般生活者たちの「豊かな生活」を実現する上でも絶大な寄与をしてき

た。(資本蓄積メカニズムに関わる他の「豊かさ」要因としては、賃金水準の上昇、新製品・新サービスの開発・普及などがある。)

　これに対して単なる人員整理、単なる人件費削減は、個別企業の業績を改善するというミクロ的意義はあるが、上に見たようなマクロ的意義を持たない。現代企業の多くは、巨大化した生産設備の中途廃棄が困難、巨額の新規投資に見合う需要の確保が困難という二重の困難のために、合理化投資という選択肢をほとんど持てないでいる。

② 　不採算部門の整理。合併が行われなくても整理の機会はあるが、合併による企業規模の拡大で部門ごとの採算性の良し悪しが一層鮮明になる。このため、整理の名分が立ちやすい。

③ 　同一部門の統廃合。業種によって形は様々であるが、列挙すれば事務管理部門をはじめ同一事業部門・工場・物流網・支店・営業所などの統廃合。本社機能が一本化されるから、事務管理部門も基本的には一つでよい。事業部門その他についても、効率的な集約・再配置の観点から重複部分が統廃合される。例えば銀行合併が行われて、旧A銀行と旧B銀行の支店が近隣にある場合は一つに整理される。同様に、石油元売り業者同士の合併ならガソリンスタンドが統廃合される、等々。

④ 　相補効果。弱い分野を互いに補い合う。これも様々なケースがある。ホールセール（大口金融）は強いがリテール（小口金融）が弱い銀行と、その逆の銀行との合併、水産事業は強いが食品事業が弱い水産会社と、その逆の水産会社との合併など。

⑤ 　規模の経済。大きいことはいいこと、とは限らない。個別ケースごとの冷静な事前分析が必要である。ただ、製造業の場合は原材料などの調達と製品販売の両面で、また流通業の場合は仕入れ面で価格交渉力は確かに増大するであろう。

⑥ 　巨額の研究開発（R&D）費の捻出・確保。特に自動車（燃料電池車などの環境対応車）、医薬品（新薬）、化学（新素材）などの業界では、研究開発の勝敗に社運がかかっているといわれる。

2） 企業買収

企業買収の目的・動機は、むろん合併の場合と重なる点もあるが独自の点もある。

① まず、単なる株式買占めについて。これは、買収する（乗っ取る）ぞと脅して株式を当該企業に高値で買い取らせるのが目的である。もともと企業経営に関心はない。こういう人たちをアメリカではグリーンメーラーと呼んでいる。ドル紙幣の裏面の緑色（グリーン）と、ブラックメール（脅迫状）とを組み合わせた造語である。この手法は、わが国でも1950年代を中心に時折見られたが、けっして昔話なのではない。ライブドアによるニッポン放送株の、村上ファンドによる阪神電鉄株の大量取得も、少なくとも結果的には同じ手法である。

買占めはこっそりと人知れず行われる。知られると、株価が上がって集めにくくなるからである。が、デマやウソが飛び交うなどで株式市場が混乱し、投資家が迷惑する。そこで日本では1971年、TOBルールが導入された。

TOB：take-over bid（経営権を奪取するための値付け）、株式公開買付け（制度）。経営権を握るために、株式の買取り希望者が、買付け期間、株数、価格を新聞などに公表して、不特定多数の株主から買取る方式。通常、株式時価にプレミアムを上乗せして募集するので集めやすい。TOBは今や、わが国においてもキーワードの一つとなっている。

② 企業買収を行う場合でも、経営ではなく転売が目的というケースが増える傾向にある。その場合は、経営権奪取→経営合理化→業績改善→企業価値の増大→株価上昇→転売という手順になる。これは一般商品と同じく、「付加価値」を付けてより高い値段で売るという考え方に基づいている。ただし、従業員も含めて丸ごと売買されるという点が一般商品とは違っている。一方、経営破綻した企業を買収する場合は、企業価値の増大を株式再上場につなげて株式売却益を得る。

では、誰がこのような企業買収を行うのか。投資家や金融機関から集め

た資金を元手に様々な投資活動を行う投資ファンド（買収ファンド、再生ファンドなど）が、ここでは主役を演じている。

わが国で投資ファンドが広く知られるキッカケとなったのは、1999年のリップルウッド・ホールディングス（現 RHJ インターナショナル）による旧日本長期信用銀行の買収であろう。経営破綻した同行は新生銀行として再建され、2004年には東京証券取引所に再上場を果たし、リップルウッドは2000億円超の株式売却益を得た。同ファンドは日本テレコムの買収（ボーダフォンから。その後ソフトバンクに転売）なども手がけている。破綻銀行に関しては、サーベラスによる旧日本債券信用銀行（現あおぞら銀行）の買収もよく知られている。2006年にやはり再上場を果たし、サーベラスは株式売却益と含み益を合わせて3000億円程度の利益を得たとされる[7]。ファンドによる買収案件は様々な業種に及んでおり、外資系・国内ファンドを合わせた買収件数は年間300件を超える勢いである。

このようなファンドを"ハゲタカ"呼ばわりするのは公平ではない。短中期間であれ、実際に経営に携わって、買収前とは量的・質的に違った経営合理化（効率化・体質改善など）に取り組むことなしには企業価値も高まるまい。ファンドの投資期間（買収してから売却するまでの期間）は平均3～5年とのこと[8]。買収ターゲットとなったのは、経営改善の余地があったからである（2.(3)「株主総会の権限」）。破綻企業が買収される場合は、従業員救済という面も持つ。このようなファンドが多数台頭してきた背景には、言うまでもなくカネ余り状況がある（1.(3)）。

③　順序が前後したが、ファンドによる買収ではなしに同業種または異業種の事業会社による買収の目的は何か。当然、事業上のものである。買収後は複数の企業が合併のように文字どおり一つにはならないとしても、合併の場合と同様の様々な効率化策が取られ統合効果が追求される。しかし単なる合併とは違った狙いで買収されることも多い。

シェア拡大のために同業種（例えば携帯電話事業）を買収するというようなケースは、規模の経済を目指す場合の合併と違いはない。が、新素

材・バイオ・ハイテクなどの成長分野企業を買収して事業多角化を図ることも盛んに行われている。あるいは、自社にはない技術力・ブランド力の補強が目的というケースもある。いずれも、買収の動機は国際競争力の強化である。

なお、中国は国内で合弁会社を多数設立して経済発展の原動力としてきたが、近年では中国企業による外国企業の買収案件も増大している。その多くは国際競争力の強化を狙いとしているが、これとはまったく異質の買収案件も急増している。端的に、原油をはじめとする資源獲得のために国有企業が積極的に動いている。この場合シナジーなどは眼中になく、資源の確保そのものが目的である。なりふり構わぬ資源獲得策は、時に他国との間で政治上の摩擦も引き起こしている。

(4) 合併の2類型

合併の3分の2は失敗というデータもある（*Financial Times* 紙調べ）。比率はともかく、失敗理由についても少考しておこう。

1) 対等合併

対等合併の場合は、合併前の経営責任者たちが互いにあなた任せになれば最終責任の所在が不明になる。互いにリーダーを自負すればリーダーシップが一本化されない。こうなると、意思決定にも遅れが生じる。合併においては「対等の精神」は美徳ではない。強力なリーダーシップを確立しなければ、うまく行かない。

2) 吸収合併

吸収合併の場合は、リーダーシップの所在ははっきりしているからその点での問題は生じない。ただ、経営不振で吸収された時は「救済」した・されたという関係になるから、「救済」された側は人員整理や昇進などの面で差別されやすく、士気低下を招く。やる気のある有能な従業員ほど、嫌気がさしてさっさと辞めてゆくともいわれている。

とかく経営陣は合併効果を胸算用することしかしない傾向があるが、次に見る企業文化の違いも含めて、合併に伴う負の面にも冷静に目を向けるべきであ

ろう。経営者は、合併の場合に限らず大規模設備投資を行う場合でも、プラス面のみを強調するきらいがある。どうしてであろうか。

（5） 企業文化
対等合併・吸収合併を問わず、最大の失敗理由は企業文化の違いである。
1） 企業文化（corporate culture）
企業文化とは、企業メンバーたちが共有している価値観や思考・行動様式、独自の昇進・昇給システム、学閥（の有無）などのこと。一昔前までは、結婚の際に家風なるものが重視され、「この嫁はうちの家風に合わない」などと言ったりした。家風の企業版が企業文化である。それゆえ社風ともいう。ただし、社風は家風のような身分制社会の名残ではなく、どこの社会にもある。

世のため人のために尽くすことを社是（会社のモットー）としているか、それとも世間を欺いてでも儲けようとする会社か。この違いは誰が見ても大きい。一つになるのはなかなか大変であろう。企業活動は人間たちの日常的な営みであるだけに、こまごましたこともバカにはできない。昼食は社員食堂で済ませるか、社外の小ましな店に入るか、それとも弁当持参か、等々。

異なる企業文化が融合一体化するまでには時間がかかる。ようやく一枚岩の組織体制が整ったころには、合併の前提となった市況や競争相手の経営戦略などの経済環境が大きく変化していることも少なくない。経済において、一般にタイム・ラグ（時間の遅れ）は大きな意味を持つ。例えば、需要拡大期に行われた設備投資が実際に製品供給に結びつくまでの時間の遅れは、投資リスクの一因となる。同様のことは企業文化の融合一体化についても当てはまる。

その点、持株会社方式による経営統合は、傘下企業が直接に一体化するわけではないので、企業文化にまつわる難問を軽減できるとも言える。
2） 異なる企業文化の融合一体化
これを望ましい形で達成するには、どうすればよいか？シスコシステムズ（アメリカのネットワーク機器最大手）のポリシーは大いに参考になると思われる。同社はこれまで、企業買収による合併を100件以上手がけてきた。そして「買収した7割が期待以上の収益拡大をもたらした」とジョン・チェンバー

ス社長は自負する。成功率7割の秘訣は2点に要約できる。①企業文化の事前調査。②出身母体を問わない平等な人事処遇[9]。特に①が大切だが、わが国において、合併発表の際にその点に言及したケースはどれだけあるだろうか。

(6) 買収の4類型
1) 友好的買収
　買収される側の経営陣（取締役会）も同意して行われる買収。通常、株主は広く分布しているので、この場合でも所要の株式数を集めるために友好的TOBが実施されることが多い。

2) 敵対的買収
　買収される側の経営陣が不同意でも行われる買収。買収側は敵対的TOBを実施して目的を達成しようとする。相手がイヤだと言っても強引に自分のものにしようとする。このようなやり方は、わが国ではまだ市民権を得ていない。「和をもって貴しとなす」エートス（気風）や価値観がまだ残ってる日本人には馴染みにくいものであろう。それゆえ敵対的買収の成功例はほとんどない。王子製紙による北越製紙の買収失敗（2006年9月確定）からも、日本における敵対的買収の難しさが窺える。

　ここは日本人として考えどころである。欧米では、敵対的買収も盛んに行われている。もしエートスや価値観だけが敵対的買収の阻止要因をなしているとするなら、日本企業は世界の潮流から取り残されてサバイバル戦に敗れてしまう恐れがある。2007年5月からは三角合併も解禁される。旧世代ほど"外資による乗っ取り"に対するアレルギーは強い。新世代はどう考え、どう対応するのか。

　当初は敵対的買収として仕掛けられたが友好的買収に変わる、というケースも多い。大規模な例としては、ボーダフォン・エア・タッチ（イギリスの携帯電話会社）によるマンネスマン（ドイツの重機械メーカー。自動車部品のほか、携帯電話事業にも進出していた）による買収（2000年）、世界一の鉄鋼メーカー、ミタル（オランダ）による第二位のアルセロール（ルクセンブルク）の買収（2006年）、等々。

3）対抗買収

①A社がB社を友好的に買収することですでに合意している時に、または②B社がA社から敵対的買収を仕掛けられている時に、C社が横からB社に買収を持ちかける。①の場合でも、B社がA、C両社の買収条件を天秤にかけて、合意を白紙撤回しC社による買収に同意することが、欧米ではよくある。②の場合、B社がC社による買収を歓迎すればC社はホワイト・ナイト（白馬の騎士）となる（例。C：日清食品、B：明星食品、A：アメリカ系投資ファンド、スティール・パートナーズ）。

4）MBO

management buy-out、経営陣による買収。これはわが国でも増大傾向にある（ワールド、ポッカコーポレーション、すかいらーく、レックス・ホールディグスなど）。株主サイドの"雑音"をシャットアウトして経営再建に専念できるよう、いったん株式を非公開化することが多い。ここでも買収ファンドなどの資金が後押しをしている。

M&A全般を通じて、カネ余り状況下の余剰マネーが陰の主役を演じており、その面でもM&Aは現代資本主義の必然的な産物なのである。

株式会社ないしM&Aについて考察すべき課題はまだまだ沢山ある（会社は誰のものか、会社の不祥事に最終責任を負うのは誰か、「株主主権」と何か、株式会社制度そのものに矛盾はないか、会社の将来像はどうあるべきか、等々）。が、スペースの都合で割愛する。

4. 企業倫理は自由競争原理と両立するか

（1）企業倫理論の背景事情

以上の考察を陰に陽に貫くキーワードは「競争」である。そこで次には、企業倫理論もまた競争を度外視しては成立し得ないことを手短に見ておく。

1）本来の倫理学は、アリストテレスの『ニコマコス倫理学』をはじめ、どの時代にも種々展開されてきた。これに対して企業倫理は、一定の時代状況の

中でテーマになることである。企業を取り巻く経済環境との関連を離れて「企業倫理学」なるものが一般的に成り立つわけではない。商品の品質をごまかしてはいけない、契約は守るべし、などは時代の違いを超えた一般的規律であろうが、この程度のことなら仰々しく「企業倫理」と言うに値しない。

　今日、企業倫理がテーマになっているのは、「企業社会」と言われるほど企業の役割が増大している中で、欠陥製品や企業不祥事、企業による環境破壊など負の事態も深刻化しているからであろう。しかしこの種のことは古くからあった。実際、環境破壊一つをとっても産業革命期には顕著になっている。企業規模が小さいから問題も小さかっただけのことだ。

　その他、企業倫理論の提起要因やキッカケは何であれ、企業倫理のススメや自覚の促し、場合によっては法的措置が何らかの実効性を持つのは、企業サイドがそれを受け入れざるを得ない立場に置かれている、端的には弱みを抱えている場合に限られる。強気で通せる時は企業倫理の説法など馬耳東風である。極端な話、ある生活必需品目が1社独占で代替品もない場合は企業倫理を唱える余地はない。弱みの最たるものが競争激化である。消費者や投資家にとっては、A企業を見放してもB、Cなど代わりはいくらでもある。企業サイドにとっては、それだけ経済環境が厳しいということ。もとより、激しい競争も今に始まったことではなく、イギリスでは1820年代には顕在化する。したがって、企業規模の増大と競争激化とが2つ揃って企業倫理論の背景事情をなしている。

　2）　CSR（企業の社会的責任）論は、企業の「責任」を問おうとする点で企業倫理論よりも高飛車なトーンをおびる。今日、企業はそれほど大きな弱みを抱えているわけだ。それだけにまた、CSR論は時論的色彩が一層強い。時流が変わればどうなるか。高飛車な態度は、企業が現代人の生産と生活を支えることで果たしている「責任」を忘却しがちである。

（2）　自由競争原理と企業倫理
　1）　企業は営利追求を目的としているから、自由競争原理を前提した場合、営利追求活動の許容範囲が問われる。自由競争原理とはいったい何だろうか。

企業活動は、経営者・従業員・取引業者・消費者・金融機関・投資家など多様なステークホルダー間の関係の中で成り立っており、そしてどのステークホルダーも自由な利益追求主体である。それぞれの自由な利益追求を最大限尊重するには、最小限の規律枠組を必要とする。

2) また、企業規律には有形のものと無形のものとがある。有形のものとは条文化されている法令類であり、無形のものには暗黙のルールとしての商習慣やステークホルダーたちの善悪判断などがある。自由競争とても、これら両様の規律内に収まっていなければならない。ひとまず、二重のチェック機能が働いていると言える。しかし反面から言えば、両様の規律をクリアしていさえすればいかなる企業活動も許容されるということだ。両様の規律のうち、主要なものは言うまでもなく前者である。

有形の企業規律は、もちろんわが国にもいろいろある。会社法、証券取引法（→金融商品取引法）、独占禁止法、等々。自由競争原理とは、何よりも、これらの法令に違反・抵触しない限り何をやってもよろしいということである。改めて一考を要するのは、自由競争の許容範囲が極めて広いという点である。

以下に例示するように、素朴な倫理観（これもステークホルダーの価値判断の一つである）に照らせば違和感を抱かせるようなことも、自由競争の名において白昼堂々、公然と行われている。一方で自由競争原理を是認しておきながら他方で企業倫理を説くことは、いかにして可能か、また何ほどの現実的意義を持ち得るのか。企業倫理論は、自由競争の行き過ぎに歯止めをかけ自由競争を制限する方策とセットにしてのみ成り立つように思えるが。

（3）　素朴な倫理観とは相容れない自由競争の事例

具体例は無数にあるが、若干の例を挙げるにとどめる。要注意点は、企業の「ステークホルダー」に競争相手・競合企業が含まれていないことである。競争戦が激化するなか、見ようによっては最大の「利害関係者」であろうに──。この点を度外視した企業倫理論からは、自由競争原理に対する批判的視点は出てこない。

①　家電量販店の近隣に、店舗面積・品揃え・価格とも同等の家電量販店が

出来たとしよう。後発店は当然、先発店と十分競争できるとの見通しのもとに経営戦略を立てている。後発店の進出戦略や先発店の対抗戦略はともあれ、後発店の行動は企業倫理の観点からも是認されるのか。

　先発店は、立地条件をはじめ様々な事前調査を行い、コストを投じている。開店後もあれこれの集客努力を行い、そのためのコストも投じている。それらは初期投資の一部と見なし得る。しかし後発店は、先発店ほどの初期投資を行う必要はない。大なり小なりコストを省いて、先発店の客を横取りしようとしている。これが自由競争の名のもとに法的にも公認されている。（酒販店、薬局、コンビニ、パチンコ店などの、一見類似したケースとは——後発店は別にフリーライダーというわけではない点で——異なる。）後発店は客を横取りするのではなく客足を増やすから相乗効果があり先発店にとってもメリット、という見方もあるが、素朴な疑問は消えない。

② 株式大量取得による「乗っ取り」の脅しや敵対的TOB。ライブドアによるニッポン放送株の、あるいは村上ファンドによる阪神電鉄株の大量取得、王子製紙による北越製紙への敵対的TOB、等々。ライブドア社長と村上ファンド代表は証券取引法違反容疑で逮捕されたが、株式の大量取得自体はまったく合法的なものである。王子製紙の場合も何ら違法事実はない。株式大量取得ないし買収のターゲットにされた企業側が「ノー」と言っても、無理矢理そのような企てをなすことが合法行為として公認されている。

　敵対的TOBが失敗に終わった場合は、経営陣だけでなく株主も「ノー」と意思表示したことになる。しかしその場合でも、敵対的TOBを仕掛けられた側は、買収阻止のための助言を受けた証券会社や法務専門家（弁護士）などに多額のアドバイザー料を支払う。株式大量取得への対応策を講じる場合も同様である。しかし仕掛けられた側が仕掛けた側に損害賠償を請求したという話は聞かない。仕掛けられた側も仕掛ける側に回ることがあり得るから両者イーブン（痛み分け）、ということなのか。

③ そもそも株式会社制度が金権支配の制度である。これと折り合う倫理

とはどのような倫理か。

④　オリジナルな創意工夫やアイデアに基づく製品やサービスを模倣した商品が——今に始まったことではないが——多数出回っている。世の中の商品は大半が模倣品である。模倣の許容範囲はどんどん拡大し、知的財産権の保護範囲はどんどん縮小してきたように思われる。国際的には中国をはじめアジア諸国における知財権侵害を欧米日諸国は非難しているが、「侵害」は自由競争を唱え推進してきたことの必然的帰結でもあろう。

おわりに

自由競争原理を是認するのなら、企業倫理論の出番はほとんどない。"本丸"から遠く離れた環境・人権などの周辺部分で発言し得るのみである。規制緩和や規制強化が行われることは、「〇〇してもよろしい」と「××してはならない」との境界線が右に左にと移動すること。この点にも、企業倫理は時代状況に規定されるという本性が現れている。

注
1) ヨーロッパ復興援助計画。国務長官マーシャルが構想。これに基づき48年から4年間、戦後復興に必要な物資や資金が供給された（100億ドル超）。その受入・調整機関がOEEC (Organization for European Economic Cooperation、欧州経済協力機構）で、イギリス・フランスなど16カ国で結成。現在のOECD (Organization for Economic Cooperation and Development、経済協力開発機構）の前身。
2) 全国中小企業団体中央会「新会社法の積極的な活用を期待する（会長所見）」平成17年6月30日。
3) M&A仲介業者レコフ調べ、『日本経済新聞』2006年12月29日付。
4) K. マルクス『資本論』第一部第二三章第二節。
5) 2) については、河村 (2003)、『日本経済新聞』2005年11月11日付、参照。
6) 『日本経済新聞』2006年4月4日付。
7) 『日本経済新聞』2006年11月15日付。
8) 『日本経済新聞』2005年11月10日付。
9) 『日本経済新聞』2005年6月9日付。

参考文献

大塚久雄（1938）『株式会社発生史論』中央公論社（『大塚久雄著作集』岩波書店、第一巻、1969 年、所収）

奥村宏（2000）『株式会社はどこへ行く』岩波書店

河村哲二（2003）『現代アメリカ経済』有斐閣アルマ

管野和夫ほか編（2005）『ポケット六法』平成 18 年版、有斐閣

アラン・ケネディ（2002）『株主資本主義の誤算』奥村宏監訳、日本経済新聞社

高橋洋児（1996）『市場システムを超えて』中公新書

寺岡寛（2004）「スモールビジネスとアメリカ社会」、村山裕三・地主敏樹編著『アメリカ経済論』ミネルヴァ書房、第 6 章

東洋経済編（2006）『会社四季報』2006 年 4 集、東洋経済新報社

蓮見正純ほか編著（2006）『誰でもわかる新会社法 改訂新版』エクスメディア

橋本寿朗ほか（2006）『現代日本経済［新版］』有斐閣アルマ

吉川満ほか編著（2006）『M＆Aと会社法』財経詳報社

『日本経済新聞』

英 *Financial Times* 紙

第4章

企業の詐欺的行為の経済学

はじめに

　最近、温泉偽装、うどんの不当表示販売、自動車会社のクレーム隠しといった企業の隠蔽行為あるいは詐欺的行為が社会の大きな問題としてクローズアップされた[1]。本章では、こうした問題はなぜ起こるのか、経済学ではどのように分析できるのかを紹介したい。

　企業によるこうした不正は、取引される財・サービスの品質について消費者側に情報が欠如していることにより説明される。消費者に品質情報が欠如している問題は、Akerlof（1970）により**情報の非対称性**の問題として広く知れわたるようになった。しかし、Akerlofが問題としたのは、必ずしも品質情報の欠如による企業の詐欺的行為ではない。

　以下では、企業の詐欺的行為において品質情報の欠如の問題が、いかに関連しているのかを説明したい。そのために、伝統的ミクロ経済学では、企業の行動はどのように説明されるのか、その際、取引される財・サービスの品質情報はいかに仮定されているかを復習しておこう。

　伝統的なミクロ経済学が描く企業は、完全競争市場において利潤を極大にするよう行動するというものである。すなわち、企業は利潤 Π

$$\Pi = p \cdot y - c(y) \tag{1}$$

を最大にするように生産量 y を選択する。ここで、p は市場価格、$c(y)$ は y を生産するのにかかる費用（関数）である。あるいは、

$$\Pi = p \cdot f(K, L) - (rK + wL) \qquad (2)$$

を最大にするように生産要素投入量 K, L を選択する。ここで、$f(\cdot)$ は生産関数である。

伝統的ミクロ経済学では、完全競争市場の仮定は重要である。完全競争市場では、市場で決定される価格が取引される財・サービスのすべての情報を経済主体に伝えることになっている。したがって、消費者がある特定の財・サービスを完全競争市場で購入しようとする場合、その財・サービスの質についての情報も市場価格から得られることになる。完全競争の仮定が満たされない場合、すなわち不完全競争の場合には、伝統的ミクロ経済学は寡占、独占下の価格形成理論を発展させた。しかし、このような不完全競争理論の中でも、消費者が財・サービスの品質についての情報が欠如している状況は想定されることはない。

本章では、この伝統的ミクロ経済学で定義される企業の行動（利潤の最大化）を修正することで企業の詐欺的行動を説明することができることを明らかにしたい。

1. 財・サービスの質と企業行動

前節で取り上げた企業の詐欺的行動とは、企業が提供する財・サービスの品質に対して行われたものである。財・サービスの品質の違いを取り上げて分析を行ったのは、Nelson（1970）である。

Nelson（1970）は、消費者が財・サービスの品質についての情報が欠如している場合の市場構造の分析（消費者の情報欠如が企業の独占力に与える影響）を目的として、財・サービスを、購入前に品質を探索することができる財（探索財）、購入後に品質を知ることができる財（経験財）とに分類することができることを明らかにした。どのような財・サービスが探索財、経験財となるかは、その属性と消費者の行動により決定される。財・サービスの品質についての探索時間が短く、探索のための費用や購入頻度が低く、品質分布の散らば

り具合が大きい場合には探索（財）となり、逆に、探索時間が長くかかり、探索のための費用や購入頻度が高く、品質分布の散らばりが小さい場合には経験（財）となる[2]。

（1）信用財

さらに、Darby and Karni（1973）は、購入したとしても通常の使用ではその品質を知ることができない財・サービス（**信用財**）があることを明らかにした。もしその品質について情報を得ようとするならば、費用が高くつくものである。彼らは信用財の例として、医療サービス[3]、自動車の修理サービスなどを上げている[4]。

Darby and Karni（1973）の信用財の場合には、消費者はその品質について知ることができないために、企業が不正を起こすインセンティブが生まれる。Darby and Karni（1973）が想定する消費者は、品質を検知する能力において一様ではない。企業が提供する財・サービスについて専門的知識によりその品質を見抜くことができる消費者もいれば、まったく知る能力を持たない消費者もいる。

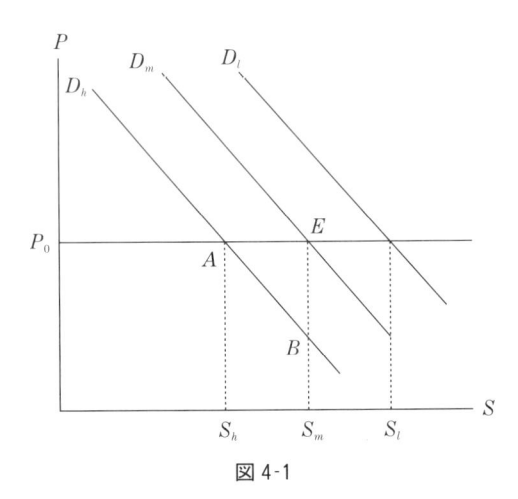

図 4-1

完全競争仮定の下、Darby and Karni（1973）は消費者が企業によりだまされる可能性について図4-1を使って説明している。D_m曲線は、平均的サービス（あるいは性能）を提供している自動車の修理に対する需要曲線であり、D_h曲線は平均以上のサービス（あるいは性能）を提供している自動車の修理に対する需要曲線。修理の必要性が平均的サービスを提供する自動車よりも少ないために、D_m曲線の左側に位置する[5]。これに対して、D_l曲線は平均以下のサービス（性能）しか提供できていない自動車の修理に対する需要曲線である。

消費者が所有する自動車が平均以上のサービスを提供するものであったとしても、修理の必要性、修理の品質についての専門的知識を持っていなければ、企業は自動車の性能は平均的性能であると信じ込ませることにより、競争価格P_0の下でS_mの需要を決定させることができる。例えば、交換する必要のない部品を交換する必要があると信じ込ませるようなものである。実際に必要な修理はS_hであるために、消費者はABEだけ損失を被ることになる。

消費者が専門的知識をまったく持たない無知の状態にある場合に、企業は常に消費者をだまし続けることができるというわけではない。消費者が想定していた主観的価格よりもあまりにも高い価格が設定される場合、消費者はその財・サービスの購入を止めるか、他の店を探すであろう。

そこで、Darby and Karni（1973）は企業の行動を定式化するために、主観的価格を設定する消費者1人当たりの利潤を次のように定義した。

$$\pi = [p \cdot y - C(y)][1 - F(y)] + V[1 - H(y)] \quad (3)$$

ここで、yは財・サービス量、$C(y)$はyの生産に必要な総変動費用[6]。Vは、ある消費者の購入から将来予想される利潤の現在価値。$F(y)$は消費者が現在の財・サービスの購入を止める確率関数で、$H(y)$は消費者が将来において他の企業と取引を行う可能性（確率）である。したがって、πは、現在において消費者が購入を中止しないことを期待した場合の期待利潤と将来においても当該企業からの購入を中止しないことを期待した場合の期待利潤の合計。すなわち、消費者1人から期待される利潤の現在価値を示している。

消費者の専門的知識レベルの違いにより、企業が提供する財・サービスについての品質検知能力が異なるので、企業は特定の消費者の品質分析能力などを推測し、そしてその推測に従い異なる消費者には異なる主観的$F(y)$関数、$H(y)$関数を用いる。分布関数FとHは、適当な範囲でスムーズであると仮定され、その結果、微分可能であり、$F'(y)$と$H'(y)$が存在する。

企業は、この利潤を最大にするように財・サービス量yを決定する。利潤最大化の1階の条件は、次のとおりである。

$$\frac{d\pi}{dy}=[p-C'(y)][1-F(y)]-[p\cdot y-C(y)]F'(y)-V\cdot H'(y)=0 \quad (4)$$

あるいは、

$$[p-C'(y)][1-F(y)]=[p\cdot y-C(y)]F'(y)+V\cdot H'(y) \quad (5)$$

利潤最大化の条件（5）式は、企業が財・サービスを追加的に販売する場合に、消費者が現在において取引を中止しない場合の期待収益性（左辺）が、現在ならびに将来の期待損失（右辺）に等しいことを意味している。

消費者が最適消費量y^*を決定しているときに、

$$[p-C'(y^*)][1-F(y^*)]>[p\cdot y^*-C(y^*)]F'(y^*)+V\cdot H'(y^*) \quad (6)$$

が成り立っていれば、企業は財・サービスを追加的に販売することで利潤を増加させることができる。すなわち、消費者をだましてより多くのyを購入させることで利潤を最大にすることができる。特に、行きずりの客で将来において購入することがない消費者に対しては（$V=0$）、（6）式は成立しそうである。

他方で、もしVの価値が高ければ高いほど、企業は消費者をだまして過剰にyを提供しようとする傾向は小さくなる[7]。すなわち、将来も継続して消費者がより多くを購入する場合、それを失うことの損失が大きくなり、企業はそのような消費者をだまそうとはしないということである。

（2） 企業の詐欺的行為と費用

Kerton and Bodell（1995）は、Darby and Karni（1973）には詐欺的行為

を実施する費用を検討していないとして、それを明示的に考慮するモデルを提示した。

　Kerton and Bodell（1995）が考察の対象とした財・サービスは食料品（ホット・ドッグ、ビール、キャンディー）、医薬品、タバコなどで、欠陥品あるいは不純物を含んだ財・サービスを生産することで利益を上げる詐欺的行動を分析した。彼らは、詐欺的行為の戦略として3つを挙げている。企業が提供する財・サービスが欠陥品あるいは不純製品である場合に、（1）それを改善することなく市場に提供する戦略（無視戦略と呼ぼう）、（2）部分的に改善して市場に提供する戦略（改善戦略）、（3）欠陥あるいは不純製品であること自体を隠蔽して市場に提供する戦略（隠蔽戦略）である。以下では、Kerton and Bodell（1995）が示したモデルを概略しよう。

　1）　**無視戦略**の下で、企業の期待利潤を次のように定義した。

$$\pi_1 = (1-p_a(y))[R(y)-C(y)] + p_a(y)[\overline{R}(y)-C(y)-C_D] \quad (7)$$
$$= R(y) - C(y) - p_a(y)[D(y)+C_D] \quad (8)$$

ここで、$p_a(y)$ は、財・サービス y が欠陥品あるいは不純物であることを消費者が検知する確率である。$R(y)$、$C(y)$ は伝統的ミクロ経済学で定義される収入関数と費用関数である。消費者が欠陥品あるいは不純物であることを検知した場合、企業の売り上げは減少されることが期待され、それを $\overline{R}(y)$ で表す（$R(y) \geq \overline{R}(y)$）。$C_D$ は、欠陥品あるいは不純物であることが発覚した場合に生じる費用である。それは、損害賠償のための出費などを含む。$D(y)$ を売り上げショックと定義し、$D(y)=R(y)-\overline{R}(y) \geq 0$、$D'(y) \geq 0$ である。企業はこの期待利潤を最大にするように財・サービスの生産量を決定する。

　2）　**改善戦略**の下で、企業の期待利潤を次のように定義した。

$$\pi_2 = R(y) - C(y) - C_{AB}(y,a) - p_a((1-a)y)[D(y)+C_D] \quad (9)$$

ここで、$C_{AB}(y,a)$ は品質改善のための費用関数で、a は改善の指標である（$0 \leq a \leq 1$）。$a=0$ の場合、企業は何の改善も行わず、$a=1$ の場合、完全に品質を改善し、欠陥あるいは不純物を完全に取り除く。企業が改善戦略を行うこと

で、消費者の検知確率を低めることができる $(p_a((1-a)y) \leq p_a(y))$。$a=0$ の場合、改善のための費用は発生せず、（1）無視戦略と同じになる。$a=1$ の場合、右辺の最後の項は0となり、伝統的ミクロ経済学が想定する企業と同じになる。

企業が改善戦略を行うとしてもどれだけ改善を行うかは、財・サービス量 y と改善指標 a に関する（9）式の最大化条件に依存する。

3）隠蔽戦略の下で、企業の期待利潤を次のように定義した。

$$\pi_3 = R(y) - C(y) - C_H(y, b) - p_a((1-b)y)[D(y) + C_D] \tag{10}$$

ここで、$C_H(y, b)$ は欠陥品あるいは不純物であることを隠すための費用関数で、b は隠蔽指標である（$0 \leq b \leq 1$）。$b=0$ の場合、企業は何の隠蔽行為も行わない。$b=1$ の場合、完全に隠蔽する行為を指す。企業は隠蔽戦略を行うことで、消費者の検知確率を低めることができる $(p_a((1-b)y) \leq p_a(y))$。

企業が隠蔽戦略を行うとしてもどれだけ隠蔽を行うかは、財・サービス量 y と隠蔽指標 b に関する（10）式の最大化条件に依存する。

Kerton and Bodell（1995）は、3つの戦略がもたらす最大利潤の比較を通じて、実際に行われた企業の詐欺的行為を説明している。各戦略の下での最大利潤を、π_1^*、π_2^*、π_3^* で表そう。

$\pi_3^* > \pi_2^*$ and π_1^* かつ、π_2^* and $\pi_1^* < 0$ で、$\pi_3^* > 0$ である場合（ケース1）、企業は隠蔽する以外には生産活動を行うことはない。Kerton and Bodell（1995）は、このような財・サービスを Akerlof（1970）にちなみ「純粋レモン」と呼び、催眠薬サリドマイドを例示している[8]。

$\pi_3^* > \pi_2^*$ or $\pi_1^* > 0$ の場合（ケース2）、企業は隠蔽することで利潤を高めることができる。Kerton and Bodell（1995）は、このような財・サービスの例としてタバコ、免疫学上の効果がない幼児向けの特殊調整粉乳など[9]を挙げている。

$\pi_2^* > \pi_3^*$ and π_1^* の場合（ケース3）、隠蔽のために資源が注入されることもなく、欠陥あるいは不純物が改善されるので消費者にとってもより望ましい結果をもたらす。

企業が詐欺的行為を行う状況は、ケース１とケース２である。したがって、隠蔽戦略で定義される期待利潤に与える要因を分析することが重要である。すなわち、売り上げショック、費用の構造、消費者の検知確率である。

2. 企業の詐欺的行為を減少させる要因

第１に、Darby and Karni（1973）は、企業の詐欺的行為を減少させるためには消費者の専門的知識の改善、財・サービスを評価する能力の改善が重要であることを指摘した。消費者が専門的知識を改善することができる場合、企業の期待利潤を次のように修正した。

$$\pi = [p \cdot y - C(y)][1 - F(\theta)] + V[1 - H(\theta)] \tag{11}$$

ここで、$\theta = \theta(y, b) = y^* + (y - y^*)b$ であり、$0 \leq b \leq \infty$ と仮定した。b は、消費者の知識状態を表現するシフトパラメータである。消費者の知識状態が改善されれば、それは b の上昇を意味し、ある $y > y^*$ に対して $F(\theta)$、$H(\theta)$ の値を増大させる[10]。その結果、消費者が決定した購入量 y^* を超過した y を販売しようとすると企業の期待利潤は減少することになる。したがって詐欺的行為 y の生産・販売は企業にとって利益を上げることはない。

消費者の知識状態の改善はいかにして行われるか。Allen and Faulhaber（1988）によれば、消費者の学習であると指摘している。消費者が楽観的で消費する財・サービスの品質について消費を通じた学習を怠れば[11]、企業は不完全な物を生産・販売しても利潤を増加させることができることを分析している。

Kerton and Bodell（1995）もまた、消費者の検知確率が企業の期待利潤に大きな影響を与えることを論じている。検知確率は、Allen and Faulhaber（1988）のように消費者自身による検知能力の改善だけでなく、財・サービスの品質に関する法、財・サービスの品質を規制する健康と安全性を監督規制する機関の役割が大きいことを指摘している[12]。

第２に、Kerton and Bodell（1995）は、詐欺的行為の直接費用が安価なも

のであれば詐欺的行為を行い期待利潤を増加させることができるが、発覚すればそれに伴う費用が発生し、逆に期待利潤を低下させてしまうことを明示している。それは消費者のクレームに応じて品質を改善する費用であるかもしれない。しかしより重要なものは、消費者による損害賠償請求であろう。

　アメリカ法では、詐欺的行為（に限らず不法行為）を行った企業は消費者が被った損害を賠償するだけでなく、詐欺的行為を将来において抑止する目的で懲罰的損害賠償という法理により、莫大な損害賠償額を負担することを求められる[13]。詐欺的行為の発覚により、こうした費用を負担しなければならないと考える企業は、詐欺的行為へのインセンティブを低下させることができる可能性がある。しかし損害賠償額の法理は、国によって異なる。日本の裁判においては、懲罰的損害賠償という法理は採用されることはない。代わりの法制度というわけではないが、平成18年4月1日より、**公益通報者保護法**が施行された。「国民の生命、身体、財産その他の利益の保護」に関わる法律に規定された罪を犯している、あるいは犯そうとする企業等を、密告（通報）する者を保護する法律である。企業の不正行為、詐欺的行為を企業内部から告発させるための法律である[14]。企業の不祥事続きの日本においては、注目するべき新しい試みであろう。

　ここに挙げた要因は、企業の詐欺的行為を減少させるのに十分なわけではない。次節では、別の視点から企業行動を論じよう。

結語に代えて

　Darby and Karni（1973）、Kerton and Bodell（1985）は、もう1つ重要な要因を挙げている。それは、詐欺的行為が発覚したことによる将来収入の減少である。

　詐欺的行為が発覚すると、企業はそれまでの顧客を失ったり、消費ボイコットにより売り上げを落とすことになる。しかし、逆に見ると、将来においても消費者を確保することができれば期待利潤を増加させることができる。すなわち、消費者の繰り返し購入を確実にすることである。

消費者の繰り返し購入を導く企業の戦略は、Shapiro（1983）は「評判」への投資であると指摘した[15]。Shapiro（1983）によれば、ある企業の財・サービスを購入したことがある消費者の「評判」を確立することで、その消費者の周りにいる新たな消費者（友人、家族、親類等）は品質についての情報を持たないとしても購入するであろう[16]。そして、評判への投資、蓄積の結果、企業は超過利潤として評判プレミアムを獲得することができる[17]。これは企業の詐欺的行為とはまったく逆の企業行動を説明しようとするものである。

　本書は、大学の2年生向けに書かれたものである。読者の多くは、初級ミクロ経済学程度は履修済みと考えられる。本章は、Darby and Karni（1973）に従い、初級ミクロ経済学で説明される企業行動を若干修正することで企業の詐欺的行為を説明することができることを示した。さらに、中級ミクロ経済学、ゲームの理論を学習していけば、Darby and Karni（1973）、Shapiro（1983）等の先駆的研究以来、発展された多くの研究に触れることができるであろう[18]。

注
1)　2004年7月、長野県白骨温泉において名物の白濁した湯を保つために入浴剤を使用していた問題が発覚。同年11月、香川県において県が開発した「さぬきの夢」小麦を偽装した讃岐うどんの不当表示事件。長期間行われた三菱自動車のクレーム隠しなどである。
2)　詳細についてはNelson（1970）を参照。また、丸山・成生（1997）は、探索財として衣料品、経験財として食品を挙げている。丸山・成生（1997）、pp.154-156参照。探索についての考え方、特に、購入前に何回探索するかについてはStigler（1961）を参照。探索財についての最近のサーベイ論文は、小西（2005）を参照。
3)　例えば、消費者が盲腸の手術を受けたとしても、その手術が必要なものであったかどうかについては、専門的知識がない限り知ることができない。Darby and Karni（1973）、p.69参照。
4)　Darby and Karni（1973）が指摘しているように、信用財と経験財の間に明確に区別することが困難な場合がある。財・サービスを消費することでその品質を知ることができるとしても、それには長い期間を必要する場合には、信用財として定義することも可能である。
5)　自動車の部品性能が良質であれば、修理に対する需要はそれだけ少ないものになる。
6)　Darby and Karniは、この利潤の定義において固定費用は排除している。したがって、

この利潤は短期利潤を表すものである。
7) これを証明するために、均衡条件（5）式をパラメータVに関して微分して、次を得る。

$$\frac{dy}{dV} = \frac{H'(y)}{-C''(y)(1-F(y))-2[p-C'(y)]F'(y)-[p\cdot y-C(y)]F''(y)-V\cdot H''(y)}$$

分子は正であり、分母は2階の条件により負である。したがって、$dy/dV<0$ である。
8) 妊娠初期に使用したことで奇形の胎児が生まれ、世界中で大きな社会問題となった。現在では、製造・販売が禁止されている。
9) Kerton and Bodell（1995）は、隠蔽は広告活動、マーケティングを通じて行われるという。特殊調製粉乳などは、看護士の制服を着てなされるマーケティングは、消費者に勘違いさせる効果があり、隠蔽の費用（看護士の制服購入代金）は比較的安のものと指摘している。
10) 証明については、Darby and Karni（1973）、pp.75-76を参照。
11) Allen and Faulhaber（1988）によれば、生産される財・サービスの品質は投入物の品質に依存する。消費者は、この投入物の品質について、確率的に学習する。すなわち、消費を通じて事後確率を改定することで、企業の期待利潤に影響を与える。詳細については、Allen and Faulhaber（1988）を参照。
12) 日本においては、国民生活センターが実施した商品テストとその結果をインターネットで公表している。http://www.kokusen.go.jp/test.html を参照。健康食品の安全性等については、独立行政法人国立健康・栄養研究所がインターネットで情報を提供している。http://hfnet.nih.go.jp/ を参照。その他消費に関わる財・サービスの安全性に関わる情報は、当該の省庁の各機関を通して入手することができる。

しかし、こうした情報も消費者が積極的に情報を入手しようとしない限り、消費者の知識改善にはつながらない。また、財・サービスの品質に関する規制は国によって異なる場合があり、詐欺的行為を働こうとする企業は規制が緩やかな国へ輸出をし、利益を上げようとすることをKerton and Bodell（1995）は指摘している。
13) 最近になり、日本においても「法と経済学」の研究が進んでいる。法と経済学の標準的教科書として、Cooter and Ulen（2003）を参照。
14) 詳細については、http://www5.cao.go.jp/seikatsu/koueki/index.html を参照。
15) 「評判」についての経済分析は、Shapiro（1983）以外にAllen（1984）、Klein and Leffler（1981）等が先駆的研究を行っている。
16) これは、「口コミ（word of mouth）」の経済効果について論じたものである。「口コミ」効果についての研究も多い。例えば、Ahn and Suominen（2001）、Dellarocas（2003）を参照。
17) 「評判」の確立は、ブランドの確立としても理解することができる。最近では、ブランドをめぐり企業買収も行われる。そういう意味では、買収企業にとっては「評判」への投資を行わなくとも市場から手に入れることができる。こうした企業行動の詳細については、

例えば、Mailath and Samuelson（1998,2001）、Tadelis（1999）を参照。
18) 例えば、Ely and Valimaki（2003）も興味ある分析を提示している。

参考文献

小西秀男（2005）「第2章 消費者のサーチ行動と情報の仲介業を考える」（大竹文雄編『応用経済学への誘い』日本評論社、所収。

丸山雅祥・成生達彦（1997）『現代のミクロ経済学―情報とゲームの応用ミクロ―』創文社。

Ahn, Illtae and Matti Suominen (2001), "Word-of-Mouth Communication and Community Enforcement," *International Economic Review*, vol.42, no.2, pp.399-415.

Akerlof, George A. (1970), "The Market for Lemons: Quality Uncertainty and the Market Mechanism," *The Quality Journal of Economics*, vol.84, no.3, pp.488-500.

Allen, Franklin (1984), "Reputation and Product Quality," *RAND Journal of Economics*, vol.15, no.3, pp.311-327.

Allen, Franklin and Gerald R. Faulhaber (1988), "Optimism Invites Deception," *The Quarterly Journal of Economics*, vol.103, no.2, pp.397-407.

Cooter, Robert and Thomas Ulen (2003), *Law and Economics*, Fourth Edition, Addison-Wesley（太田勝造訳（1997年）『法と経済学』（第2版）、商事法務研究会）。

Darby, Michael R. and Edi Karni (1973), "Free Competition and Opimal Amount of Fraud," *Journal of Law and Economics*, vol.16, no.1, pp.67-88.

Dellarocas, Chrysanthos (2003), "The Digitization of Word of Mouth: Promise and Challenges of Online Feedback Mechanisms," *Management Science*, vol.49, no.10, pp.1407-1424.

Ely, Jeffrey C. and Juuso Valimaki (2003), "Bad Reputation," *The Quarterly Journal of Economics*, vol.158, no.3, pp.785-814.

Kerton, Robert R. and Richard W. Bodell (1995), "Quality, Choice, and the Economics of Concealment: The Marketing of Lemons." *The Journal of Consumer Affairs*, vol.29, no.1, pp.1-28.

Klein, Benjamin and Keith B. Leffler (1981), "The Role of Market Forces in Assuring Contractual Performance," *The Journal of Political Economy*, vol.89, no.4, pp.615-641.

Mailath, Geroge J. and Larry Samuelson (1998), "Your Reputation Is Who You're Not. Not Who You Would Like To Be," CARESS Working Paper No.98-11, University of Pennsylvania.

Mailath, Geroge J. and Larry Samuelson (2001), "Who Wants a Good Reputation?" *Review of Economic Studies*, vol.68, pp.415-441.

Nelson, Philiip (1970), "Information and Consumer Behavior," *The Journal of Political Economy*, vol.78, no.2, pp.311-329.

Shapiro, Carl (1983), "Premiums for High Quality Products as Returns to Reputation," *The Quarterly Journal of Economics*, vol.98, no.4, pp.659-679.

Stigler, George J. (1961), "The Economics of Information," *The Journal of Political Economy*, vol.69, no.3, pp.213-225.

Tadelis, Steven (1999), "What's in a Name? Reputation as a Tradeable Asset," *The American Economic Review*, vol.89, no.3, pp.548-563.

第5章

企業と情報をめぐる倫理

はじめに

「インターネットで友達とメールのやりとりをしていたら、そのうちメールの内容に関係した広告のメールが知らない企業から送られてきた。しかも外国から。どこでメールの中身を見たんだろう？」、「コンビニで会員カードを作ったら、ある日、その会社から500円分の商品券が送られてきた。なんか、会員の登録情報が大量に漏洩したおわびだって。私の個人情報の価値って500円なの？」…これらはいずれも実際にわれわれ身近に起こっていることである。

近年、われわれの社会は「情報」というものに対して、以前とは比べ物にならないほど敏感になってきた。情報ひとつで巨万の富を得る者が出現する一方で、情報の扱い方を間違えたばかりに倒産の憂き目に会う者もいる。情報をめぐって社会が大きく変わろうとしている。同時に情報通信技術（ITCまたはIT[1]）の飛躍的発展とその普及は、「情報」に対してわれわれに従来では想定しえなかった倫理的判断を求めるようになった。それは個々の人間のみならず、企業と社会についても同様である。

いわゆる「情報倫理」の問題について経営情報関係の学問領域においては、主に米国を中心に1980年代中頃から活発に議論されるようになってきた。[2] 本章では、まず、進展するIT化が企業にもたらしている変化について概観する。次に、情報に関わる倫理的諸問題が企業倫理としてどのような意味を持つのかを考える。最後に、企業における情報倫理をいかに確立するかについてその具体的方策を検討する。

1. IT化は企業にいかなる変化をもたらしたか

(1) 企業の情報化の進展と情報管理

　1940年代に発明されたコンピュータは、当初は軍事目的や科学技術計算、統計処理を中心に導入が進んでいったが、1950年代になると企業への導入が始まり、1960年代になると日本の企業にも盛んに導入されるようになっていった。さらに、1970年代後半から1980年代になると、公衆回線や専用回線を利用したデータ通信が開始され、コンピュータは単体として計算機として使われるだけでなく、離れた場所との情報のやりとりに欠かせないものとなった。そして1990年代になるとインターネットの商用利用が始まり、コンピュータと通信は一体化し、企業のみならず個人においても日常的に利用する環境を手に入れた。さらに90年代中頃からインターネットの商業利用が本格的に進むにつれて、企業のビジネス・プロセス革新は、個別企業を中心とした情報システムから企業間、企業と顧客の間などさまざまなコミュニケーションネットワークを前提として実現されるようになってくる。たとえば、原材料や部品の調達から最終顧客までの製品やサービスの流れを一つの供給の連鎖（サプライチェーン）として考え、その連鎖の全体最適を実現するため構成企業間で取り交わす情報をベースに製品やサービスの流れを統合的に管理するSCM（Supply Chain Management）[3]、詳細な顧客データベースによって顧客との長期的な関係維持や強化を行うための仕組みであるCRM（Customer Relationship Management）[4]、さらには、ERP（Enterprise Resource Planning：企業資源計画）[5]、DWH（Data Warehouse：データウェアハウス）[6]といったITを利用したさまざまなビジネス・プロセス革新の概念が登場してきている。

　企業におけるIT利用は、適用業務と適用範囲（組織）の2つの軸で広がり続けてきた。（図5-1）適用業務の面では、当初は単なる計算業務にのみ使われていたものから、業務効率化、バックオフィスの効率化、プロセスの最適化、コミュニケーションや社外連携の最適化へと広がってきた。また、適用範

囲（組織）の面では、当初は一部門のさらに特定の業務を対象にしていたものが、部門全体、企業全体へと広がり、さらに企業の壁を越えた利用へと広がっている。これからは、個別企業の枠をますます超えて、社外との連携を強め企業群として「共同体」としての最適化、競争力強化をめざすIT活用が増加するであろう。

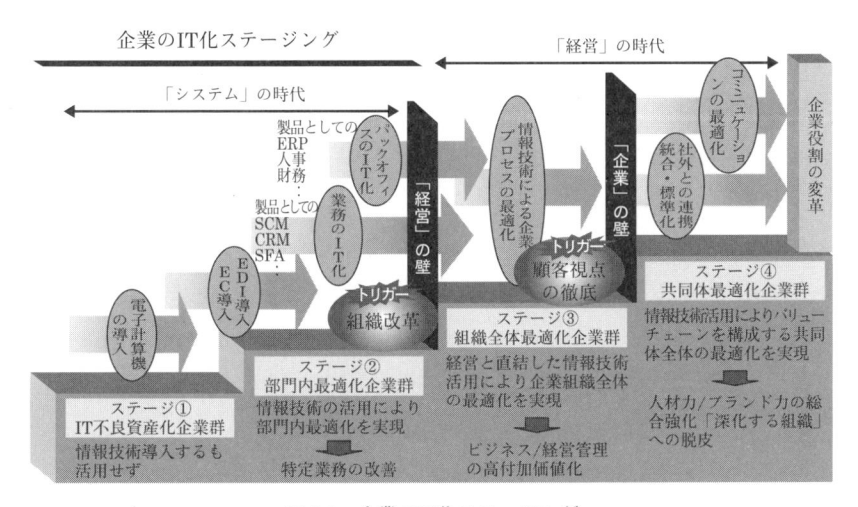

図 5-1 企業のIT化ステージング
（出所：経済産業省「企業のIT化ステージング図」（2003年10月））

（2） ITの経済社会的インパクト

ITの急速な発展と普及は、社会や経済システムにおけるさまざまな機能のITへの依存度を高めることとなった。今や、ITを利用しない企業活動を見いだすことは困難になりつつある。とりわけ、インターネットを中心とする情報通信ネットワークの拡大と普及は、そのスピードにおいて過去に例がない勢い[7]であり、それゆえに社会のさまざまな「仕組み」がそれに追いついていかないのが実態である。2005年11月に発生した東京証券取引所を中心とするシステムトラブル（株式の取引停止）、あるいは2002年4月に発生したみずほ銀行のシステムトラブル（ATM停止、公共料金引き落とし不能など）に代表さ

れるように、情報システムの障害に起因する企業の過ちが大きな社会的混乱を招く事態が発生している。また、2004年5月に発生したNTTコミュニケーションズにおける配電盤の火災事故は、その情報通信システムを停止させ、その結果、関東地方の官公庁で印鑑証明や登記簿謄本が発行できなくなり、気象庁の天気予報システムにも一時影響が及んだ。

　これらのことは、地理的に離れている情報通信インフラの事故が、一見、通信とは無関係に見えるさまざまな業務にまで影響を及ぼした例といえ、改めて今日の企業活動、社会生活がITに深く依存していることを実感させた。ITの急速な進歩と普及は、従来の機械の登場と普及がそうであったように産業や社会に不可逆な変化をもたらす。このITへの深い依存状態を脱して、IT抜きの社会や経済システムを元のように構築しなおすことは現実にはもはや不可能であり、むしろその依存がますます進んでいるのである。IT利用は今後、企業や商取引における利用にとどまらず、個人の生活や安全を支える社会・経済・国民生活のライフラインとしてますます利用されていく（図5-2）ことが予想され、それに合わせた安全性・信頼性が担保されなければならない。

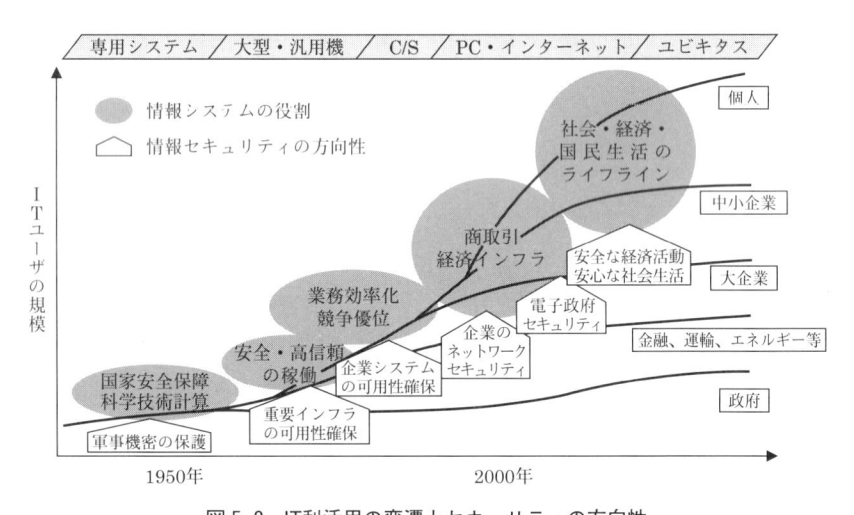

図5-2　IT利活用の変遷とセキュリティの方向性
（出所：経済産業省「情報セキュリティ総合戦略」（2003年10月）p3）

（3） 企業の情報の関係

企業と情報の関係を、ここでは、情報の利用者、発信者、流通者の3つの立場から概観する。

1） 情報利用者としての企業

IT化の有無に関わらず、すべての企業は情報を経営資源の一つとして利用している。かつては企業の経営資源として、ヒト、モノ、カネの3つが挙げられてきたが、近年は加えて「情報」を資源として挙げることが普通になってきた。それだけ、経営における情報の価値が高まり、その活用いかんで経営のパフォーマンスに差が出ることが明らかになってきたことを意味するのである。企業は、よりよい意思決定を行うために情報を集め、活用し、判断の助けとする。ここで利用される情報は、広く公開されている情報もあれば、提携先などと交換される限られた範囲でのみ共有することが認められている情報、あるいは、独自に集め限られた利用目的を約束している顧客情報などがある。当然のことながら企業はより質の高い情報を利用したいと考えるが、であるからといって違法な手段による入手やステークホルダーとの信頼を損ねるような情報の利用は結果的に企業の価値を低下させることになる。情報の利用における倫理的規範の確立が必要とされるのである。

2） 情報発信者としての企業

多くの企業は情報を資源として利用するのと同時に、自ら発信もしている。情報そのものを商品として発信しビジネスを行っているマスコミュニケーション産業や出版産業はその典型であるが、そのようにビジネスとしてではなくても企業は自らの商品、活動、業績、理念などを市場に発信している。消費者、株主などステークホルダーは企業から発信される情報を参考にしながらその企業を評価する。それゆえ、発信すべき情報を隠蔽、あるいは歪めることは、ステークホルダーの利益を損なうことになり、倫理的にも許されない。情報の発信元である企業は、発信する情報の内容に責任を持たねばならないのである。

一方で、CSRの観点から見ると情報化の進展はインターネット等を使った電子情報開示の充実をもたらし、企業が自社の情報を開示するのにあたり、公平性、即時性、同時性および透明性を実現しやすくした。以前は、企業の情報

開示といえば有価証券報告書を中心に制度で定められた最低限必要な「データ」を投資家に文書で開示するのが普通であった。1990年代に入ると各企業は投資家だけでなくステークホルダーや社会全体に対してその活動の実態を積極的に発信、公開することが一層求められるようになってきた。そこでは、情報に対してそれぞれ異なる要求をもつ利用者ごとに最適化された情報を、最適な（通常は可能な限り早い）タイミングで提供することが必要となり、おりしも急速に普及しつつあったインターネットは、この役割を果たすメディアとして活用されるようになっていく。その結果、1990年代後半には多くの企業で自社のWebサイト上にIRやさまざまな活動を広く社会に知らせるためのページが用意されるようになった。インターネットを利用した情報開示は、多くの関係者に内容や開示のタイミングなどで差がつかないよう、同時、かつ即時に同じ内容の情報を伝達できる点から、市場参加者に公平性（フェア）を担保することが可能となると同時に、誰もが比較的安価に容易に多くの情報にアクセスできるようになったことで透明性の確保の一助となっている。

3）情報流通者としての企業

いくつかの企業は情報の流通・仲介を行うことによってビジネスを成立させている。データ回線など情報通信インフラ（伝送路設備）を自ら保有して情報流通をビジネスとする通信事業者（いわゆる、通信キャリア。電話会社、通信サービス事業者）はその代表例である。また、自前で伝送路設備を持たなくても既存の回線を利用し、情報流通をビジネスとする通信事業者（ISP〈インターネットサービスプロバイダ〉、VAN〈付加価値通信網〉提供会社など）も存在する。これら情報流通そのものをビジネスとする通信事業者には、そこで流通させる情報に対して法で決められたさまざまな義務を果たさねばならない。例えば、電気通信事業法は、通信事業者とその加入者との間において、加入者の通信の秘密やプライバシーを保護する義務を課している。[8]

上記のような通信事業者ではなくても、情報の流通や仲介、マッチングを行うことでビジネスを行う企業も存在する。例えば、さまざまな物品を扱うオークションサイトや宿泊施設の予約サイトなどは売り手と買い手の情報をマッチングするビジネスの例といえる。こうした情報通信ネットワークを利用した新

たなビジネスの主催者に対してどのような法的義務を課すべきなのか、また、ビジネスを行う上での倫理的規範がどのようなものであるべきなのか、については十分にコンセンサスが確立しているとは言い難い。[9]

以上、情報の利用者、発信者、流通者としての企業は、それぞれが個別切り離されて存在しているわけではない。実際、多くの企業は情報の利用者でありながら、同時に発信者としての役割も行っているのである。

2. 企業倫理としての情報倫理

(1) 社会的存在としての企業情報システム

前節で、東京証券取引所やみずほ銀行、NTTコミュニケーションズの例を示して、情報システムの障害が与える社会的影響の大きさに論及したが、一企業の情報システムの障害が、社会や経済システム全体に大きな影響を与えるのは金融機関や情報通信インフラに限らない。ほかにもJRや航空会社の座席予約や運行管理システムの停止、航空管制システムの障害など、情報システムの範囲の拡大（広域化）と情報システムの適用分野・領域の拡大（すべての仕事が情報システムを前提に動いている）によって、さまざまな企業や組織の情報システム障害がわれわれの日常生活に深刻な影響を与える時代になっている。実際、多くの企業にとって情報システムの停止は事業の停止に直結している。なぜなら、すでにほとんどの企業にとって日常の業務と情報システムは切っても切れない関係にあり、それはネットワーク化されたITの基盤の上で日々営まれているからである。しかも多くの業務はその一つの企業内で完結しておらず、その川上・川下の企業と相互に密接な関係を持っている。そのため、ある一社でシステム停止が発生し情報の流通が滞ると、そのことが関連する別の会社の事業の停止を引き起こし、さらに別の会社へとドミノ倒しのように波及することで社会全体に大きな影響を及ぼす可能性がある。そうした意味では、ネットワークで接続されている現代企業の情報システムは単に一企業のものではなく、もはや社会的な存在として位置づけられる。本来は純粋に私的財である企業の情報システムが、その及ぼす影響の大きさから公共財的な性格を帯び

ることになるのである。
　システムが障害を起こす原因は、突然襲う地震や水害などの自然災害、ウイルス攻撃やソフトウェアのバグ、ハードウェア故障、人的破壊行為などさまざまなものがあるが、システムの停止が社会に多大な影響を及ぼすことから、政府はこうした災害に対する企業の備えを評価する「事業継続計画（BCP：Business Continuity Plan）」のガイドライン制定を検討し、その対応レベルによって企業を「格付け」することも考えられている。このように、すべての情報システムがその社会的責任を問われる時代になっているのである。

（2）　企業倫理と個人情報保護
　2004年2月、ISP大手のソフトバンクBBから451万7039件の顧客（登録会員）情報が流出した。流出した情報の内訳は会員のメールアドレス、住所、氏名、電話番号などであったが、ソフトバンクBBはお詫びとして流出の有無に関わらず全登録会員に対して500円相当の金券等を送る事態となった。[10] さらに、2006年6月、通信大手KDDIのISPであるDIONの登録会員情報399万6,789人分の氏名、住所、電話番号、メールアドレス、生年月日、性別が流出し、信頼を損ねることとなった。
　これら国内で起こった大量データ流出事件では、流出した情報が不正利用されるといった二次被害はほとんどなかったが、2005年6月に米国で発生した不正侵入によるクレジットカード情報の流出事件では、多くの被害者が出た。この事件ではクレジットカードの利用明細を中心に約4,000万人分以上の個人情報が流出、日本のカード利用者の中からも7万6,864人分のデータが流出した可能性があり、822件、約1億2,900万円の不正使用の被害が出た。この事件はネットワーク化された現代の情報化社会では事故や犯罪の被害、影響、そしてそれへの対処が国境を越えてボーダレスに拡散せざるをえないことを示した。
　「情報漏洩やウイルス発生といったIT事故は、自社のみならず、インフラや社会全体に影響を及ぼす恐れがある。もはやセキュリティ対策は環境問題と同じように、企業の社会的責任ではないか」、「情報セキュリティ対策は企業の社

会的責任であり、それを全うすることによって企業価値は向上する」[11] 21世紀に入り、情報システムの障害、顧客情報の流出、外部からのサーバー攻撃など企業の情報管理に関する好ましからざるニュースを目にすることが増えてきた。こうしたニュースに触れることが多くなったのは、もちろん企業の情報化が進行しているということが大きな理由であるが、一方で、社会が企業にコンプライアンス（compliance 法令遵守）やアカウンタビリティ（accountability 説明責任）を厳しく要求することを含め、CSR（企業の社会的責任）が重視されるようになったことが挙げられる。以前であれば、情報システムのダウンや個人情報の漏えいなどが発生したとしても、企業は外部に公表せず内々で隠して処理するようなことも多かったが、現在では、隠したこと自体が厳しく指弾されるようになってきた。企業は被害者に対して多額の損害賠償責任を負うばかりでなく、企業の社会的信用とブランド・イメージを大きく損ね、企業の存続さえも危うくしかねないのである。

　2005年4月より「個人情報の保護に関する法律」（いわゆる**個人情報保護法**）が本格的に施行された。これにより、人々は自らの個人情報の価値をより深く認識するようになり、個人情報に対する関心は飛躍的に高まった。一方で、その価値の高さを知ることで、個人情報の漏洩や売買、あるいはそれを用いた脅迫といった犯罪を誘発している面もあろう。そうした状況の下、各企業にはその扱うデータの量や質に応じて前にも増して厳しいセキュリティマネジメントが要求されるようになってきた。法的に社会から義務付けられている規定や関連法令の遵守はもちろんであるが、それだけではなく社会から期待されるレベルの倫理的責任を果たすことが求められているのである。ともすればセキュリティ問題は技術的側面が強調されるきらいがあるが、企業で発生しているこれらの問題の多くは、人為的・組織的な原因による。情報を扱う仕事が重層的な下請け構造の中で外注化され、管理の目が行き届かなかったり、過酷な労働条件の下で職業的な倫理意識をもてない状況におかれたりしていることが、情報漏洩につながっていくケースも多い。それゆえ、情報に対する倫理意識を高めるためには、ITがもたらす労働の変化、そこで働く人間の職務満足度への影響なども把握する必要がある。単に情報システムを導入しても、それ

に対する人的・組織的な対応が遅れると職務に対する自律性が低下し、システムそのものへの評価も下がり、これらが職務そのものの満足度を低下させることになりかねない。それが労働に対するモラルの低下を招き、ひいては情報漏洩やセキュリティに対する不完全な対応を導きかねないのである。

（3） 企業における情報倫理の戦略的意味

企業が自らの組織構成員に高い情報倫理意識を持たせ、同時に、さまざまな仕組みを構築するということは単に事故や犯罪を未然に防止するという防御的な意味だけではなく、長い目で見れば市場における企業間競争を有利に進める戦略的な意味をあわせて持つと考えられる。

情報の管理を安全かつ適切に行うために所要のコストを支出することは、一見すると企業の競争力を低下させるように思われるが、長期的にはそうした取り組みを行う企業の姿勢と情報を安全に管理しているという実績が顧客をはじめ社会全体で評価されるようになり、結果的に顧客などの情報収集にかかるコストや資金調達のコストなどが低く抑えられるようになる可能性が高い。よく言われていることであるが、信頼や信用を築き上げるのには長い時間とコストがかかるが、それを失うのは一瞬であり、再び前と同じような信用を社会から得ようと思えば、以前にかけたコストの数倍を要することが普通である。逆に言えば、企業が仕組みとして強いセキュリティ対策を進め、組織構成員もまた安定的に長期にわたって高い倫理意識を持っているならば、そのこと自体が企業の信頼・信用、さらには評判を高め、結果的には他社に対して差別化し持続的な競争優位をもつことにつながるのである。

（4） コーポレート・ガバナンスとITガバナンス

企業がITを適切に利用するための方向付けや仕組みの構築がITガバナンスである。ITガバナンスはコーポレート・ガバナンスの一部として議論されることが多い。コーポレート・ガバナンスは、一般には「企業統治」と訳されることが多く、企業の内部牽制の仕組みや不正行為を防止する機能全体を指す。コーポレート・ガバナンスが議論されることになるきっかけは、頻発する企業

による不正があった。90年代以降、経営者や企業の不正行為を防止するために、役員（取締役）会だけにまかせるのではなく株主を中心とするステークホルダーがいかに企業統治に関与すべきか、ステークホルダー全体の視点からアプローチするというのが流れとなっている。そのように企業におけるガバナンスがステークホルダーの相互作用によって企業活動を調整、規律づけるものと考えるならば、ITガバナンスもまた、単に経営者やCIO（最高情報責任者）が上から一方的にITや情報管理に関する規則やポリシーを押し付けるだけのものであってはならない。企業内の情報システム利用者や情報に関与するあらゆる人が、情報を扱うためのルールの構築や情報システムのあり方を決めることに主体的に加わるといった、合意形成のプロセスとしてガバナンスが機能しなければならない。[12]

（5）　内部統制とIT

　経営者や組織構成員の倫理意識のみに頼って企業が常に正しい道を進むことは残念ながら保証の限りではない。実際には何らかのチェック機能が必要とされる。**内部統制**（internal control）とは、企業の内部において違法行為や過失が起こることなく、経営と業務が正しく（合法的で有効・効率的である）遂行されるように所定のチェック機能を働かせるための仕組みを言う。旧来からある商法においても、取締役の善管注意義務は定められていたので内部統制にあたる概念がなかったわけではない。しかし、1990年代に入ると会計上の統制だけではさまざまな不祥事の発生を止めることができないことが多くなり、コンプライアンスをはじめとするルールの遵守やリスクマネジメントなど、コーポレート・ガバナンスの一環としてより広い見地で統制を行うことが求められるようになってきた。

　1985年に粉飾決算をなくす方法を検討する組織として立ち上げられた米国のトレッドウェイ委員会組織委員会（COSO：The Committee of Sponsoring Organizations of the Tread way Commission）は1992年に内部統制に関する報告書「Internal Control - Integrated Framework（内部統制－統合的枠組み）」を発表し、内部統制の新たな枠組み（COSOフレームワーク）を示し

た。これは世界的にも受け入れられることになり、以降、各国においてこの枠組みに沿った法整備等が進められていくこととなる。(表5-1) COSOは、内部統制の構成要素として「統制環境」「リスクの評価」「統制活動」「情報と伝達」「監視活動」の5つを挙げ、これらを内部統制を評価する際の基準として位置付けており、特に内部統制を実施する上で、ITもしくはそれを利用した情報システムの活用が重要であることを指摘している。いわゆる**日本版SOX法**における内部統制においても、2005年11月の第12回内部統制部会で、ITは「(企業の)内部統制の目的を達成するために不可欠な要素」であり「内部統制の有効性に係る判断基準」として明確に位置付けられ、これにより、国内企業においてもITを中心とした日本版SOX法への対応が必須の課題になった。[13]

表5-1　内部統制に関わる基準・法令等の国際比較

	日本	米国	英国
法律	金融商品取引法(日本版SOX法) 新会社法	SOX法	
内部統制の枠組み	基準案 実施基準	COSO COSO ERM	
ITの枠組み	管理基準 監査基準	COBIT COBIT for SOX	ITIL

(出所:経営情報学関連学会「内部統制」タスクフォース編『内部統制Q&A』p.11)

従来は、ある担当者の作業を別の担当者が目でチェックするヒトによる相互牽制が内部統制の基本であったが、ERPに代表されるようなビジネスプロセスを支援するソフトウェアを用いることで、情報システムへの入力と承認(およびその記録)を前提とした内部統制の仕組みを構築することができる。あるいは、社内外のさまざまなドキュメントを管理するソフトウェア、設定範囲を超えた異常値を入力できないようにした会計システム、権限のない人間がデータに不正にアクセスすることを防ぐシステム、情報漏洩を防止するセキュリティ関連ソフトウェアなども内部統制におけるITの活用として挙げることができる。しかし、こうした情報システム自体もまた高い安全性や信頼性が保た

れていなければならないのであり、その点については、次節でさらに述べたい。

3. 企業における情報倫理確立の方策

前節で企業における人間の行動を内部的に統制するためにITの利用が重要であること、また、その情報システム自体も安全、信頼のおけるものでなければならないことを指摘した。では、具体的にどのようにしてそれらを確立、維持していくのかを技術とヒトの側面から見る。

(1) 技術的対応

現代の企業情報システムが安全性や信頼性の観点から直面している問題はセキュリティの問題である。市場調査会社のIDCによれば2001年末の時点で、インターネットに接続可能なコンピュータは世界全体で約3億7700万台、2005年には7億400万台に達した見通しである。すなわち、それだけセキュリティ攻撃を受ける可能性があるコンピュータが増加するわけで、被害の総額＝発生確率×1台当たりの平均被害額×被害を受ける台数とするならば、攻撃発生が横ばい、もしくは微減になったとしてもトータルな被害額はより大きくなっていくことが予想される。

このように発生する被害や影響の大きさを考えるならば、情報セキュリティとリスク管理の問題は、もはや一企業の問題ではなく社会全体の秩序を維持する上で、たいへんに大きな課題となっていることが理解できる。しかも、自社のコンピュータが被害を受けるだけでなく「踏み台」にされてウイルスや個人情報を撒き散らしたり、よそのコンピュータへの不正侵入に使われる可能性も高くなってきた。2001年、世界中で感染が広がったCodeRedやNimdaといったいわゆる「複合型（Blended Threat）」と呼ばれるウイルスは、感染したコンピュータ上のデータを消すといった行為だけでなく、そのコンピュータを踏み台にして別のコンピュータへと被害を拡大させた。踏み台とされた企業は、被害者であると同時に加害者にもなってしまうのである。米国のセキュリ

ティ業界では、このような「踏み台」にされたコンピュータのことを「ゾンビ」と呼ぶが、今後、セキュリティ対策を怠っていたために「ゾンビ」を生み出した場合には、そのコンピュータの保有企業に加害者としての責任が生じ訴訟の対象になる可能性があるとの警告が発せられている。もはやネットワークにつながっている以上、企業がセキュリティ対策を講じることは倫理的に見ても最低限の義務であり、重要な社会的責任なのである。

では、企業において情報セキュティはどのように確保されねばならないのであろうか？情報システムの全般的なセキュリティ技術についてISO（国際標準化機構：the International Organization for Standardization）とIEC（国際電気標準会議：the International Electro-technical Commission）の合同技術委員会（JTC）がまとめたISO/IEC JTC 1/SC 27 Technical Reportによると、情報システムのセキュリティは下記の1)〜6)の諸点にわたって確保されなければならないとされている。

1) Availability（利用可能性）
2) Confidentiality（秘匿性）
3) Integrity（一貫性）
4) Accountability（遡及説明可能性）
5) Authenticity（真正性）
6) Reliability（信頼性）

具体的には、バックアップ、暗号、鍵管理、認証、アクセス権設定、改ざんの検出といったシステムそのものに関する技術から、行為者の特定、本人であることの保証、システムを利用することによって得られる結果を信頼できることの保証といったある種の社会的な関係を伴う技術まで広い範囲で技術の確立と適用が求められる。とりわけ、インターネットは利用者に匿名性を与える要素が多く、また、相互接続の巨大な集合体というその元来の設計思想からネットワーク全体を単一のシステムとして制御するという点でセキュリティの確保を難しくしている。

(2) 情報を扱う企業人としての倫理観形成

　企業の情報システムを構築する人々の状況を例に、職業的倫理観の形成について見ていく。大規模な情報システムの開発は建築や建設に似ていると言われている。その作るプロセスもさることながら、システム開発業界自体もまたさまざまな類似点を持っているからである。例えば、よく言われるのは、①請負による仕事が基本、②多重に階層化された下請けによって仕事が成り立っている、③労働集約的な産業構造、④多くの場合、国内市場で仕事をしていてグローバルな競争にない、⑤実際の作業だけではなくプロジェクト管理が重要である、といった諸点である。しかし、建設・建築業界とシステム開発業界が大きく異なる点も多い。その代表的なものが「認可」、「検査」の有無である。

　大きなビルを見るまでもなく個人で家を建てる場合でさえ、建設・建築業界では実際に工事を始める前に、建築基準法に代表されるようなさまざまな法や規則で定められた許認可を受ける必要があり、また、工事の途中や竣工後にも検査を受ける。そして、その設計・施工も一定の技能を持つことが公的に認証された人々（建築士や施工管理技士）に限定されている。それに対して、情報システムの開発は基本的には特別な免許や資格を持たなくても従事することができ、システムそのものも許認可を受ける必要がない。極端な話、誰でも何でも作ってよい（しかも、ネットワークで外部とつないでよい）、という状態のまま放置されている。しかも一度構築されたシステムは法的な監査が義務付けられているわけでもない。

　建築業界では耐震偽装の話が世間を賑わせたが、SI業界は偽装以前に、明確な設計基準や積算基準、第三者による検査すらないのが実態である。前述したように、多くの情報システムがネットワークで相互に接続される現在の状況の下では、ある一つのシステムが起こすトラブルは予想もしない範囲に大きな影響を及ぼしかねなくなってきている。いわば、適当に日曜大工で作った犬小屋が実は大きな屋敷の重要な一部を成していて、そこから泥棒に侵入された、みたいな話になりかねないのである。そうなると、従来のように誰でも勝手に作れる、で果たして安全性や信頼性は保障できるのかという疑問がわいてくる。少なくともネットワークで外部と接続される一定規模以上のシステムは、公的

にその技術が認証された専門家が安全性・信頼性・効率性を考慮した設計を行い、それを第三者機関が検査・許認可し、一定の技術水準を認められた業者が開発する、といった一連のプロセスを確立すべきであろう。規制緩和・自由化の流れと逆行するが、社会が情報システムへの依存度をますます高めていく状況の中では、何らかの社会的な仕組みを作る必要がある。

　仕組みと同時に、システム開発に従事する人々も変わるべきである。たとえばシステムのテストを考えてみる。あるプログラムにバグ（Bug：欠陥）があることは示せてもバグがないことは証明できないので、手間と時間をかけた入念なテストは、高い品質を保証するためには欠くことのできない工程である。であるにもかかわらず、「建築屋は鉄を、システム屋はテストを削る」とささやかれるように、一部では、テストを「簡略化」することでシステムの表に見えない形で工数を減らしコストと納期を縮めたりする（発注者側の要望であることも多いが）こともある。そこで、情報システムアーキテクトとして職能を資格（免許）化し、それぞれの仕事に応じた高度なスキルを身につけると同時に、法的にも仕事の責任を負うルールを作る。それを通じて、社会的に責任の重い仕事に就いているという強い職業的倫理観を持たせるのである。不正な、不誠実な行為を行う、あるいは黙認したアーキテクトは法的、社会的に制裁を受けるようになる。大切なことは、いかなる仕事であってもその倫理的な基盤を支えるのは仕事に対する誇りと責任感であって、法律に触れていないか、ルールを守って仕事をしているか、ではない。「倫理的に振舞うということはマナーやルールの設定や遵守に還元できない問題なのである」（村田2004、p.154）であるならば、情報に携わって仕事をする人々—もはやほとんどの職種がそれに該当するのであるが—の職業的な誇りの確立こそが、企業における情報と倫理の関係に重要な意味を持つのかも知れない。

表 5-2 情報倫理問題

	ICT に関わる行為および現象					
		情報の獲得／情報へのアクセス	情報の蓄積・利用・共有	情報の創造および発信	ICT/IS の開発・利用	企業情報化	情報社会
尊重すべき価値	プライバシー	個人情報への不正アクセス；子供からのデータ入手	プロファイリング	他者の個人情報の発信	RFID	ハイテクモニタリング；個人情報共有にもとづくビジネス手法	
	知的財産権	リバースエンジニアリング；P2P データ配信		コンテンツパイラシー	ソフトウェアパイラシー；知識ベースシステム；オープンソーシング		
	機会均等	デジタルデバイド	パブリックツリート；遺伝子差別		ジェンダー	パーソナルマーケティング	ICT 教育；デジタルデバイド；南北格差；サイバーコロニー
	表現／言論の自由	プログラムコードによる規制；個人情報保護		知的財産権保護；ブロッキング技術	ブロッキング技術		
	人間の尊厳		遺伝子情報；医療記録	成りすまし		ハイテクモニタリング	
	公正な競争	デジタルデバイド	パワーソースとしての情報；サイバースクワッティング		標準技術；パワーソースとしての ICT/IS		
	生活の質（QOL）		データ管理責任	ジャンク／スパムメール	IS の信頼性	ICT ワーカーの学習圧力；BPR；ハイテクモニタリング；テレワーク	
	技術的進歩・発展			情報開示	標準技術	技術ハイプ	技術ハイプ
	安全で快適な社会	データの盗用、破壊、改竄；成りすまし；アイデンティティセフト	データ管理責任	ウイルス；DoS；サイバーストーカー；サイバーテロリズム	プログラムコードによる規制；IS の信頼性；兵器の情報化	ICT 専門職倫理綱領；情報倫理教育；セキュリティ；システム管理者責任	ICT 依存社会の脆弱性；情報倫理教育；セキュリティ；システム管理者責任
	社会・経済の進歩・発展			情報開示	民主主義の変容；資本主義の変容；標準技術		文化の変化；価値の変化

(出所：明治大学商学部村田潔 HP「ビジネス情報倫理「情報倫理問題の分類」http://www.kisc.meiji.ac.jp/~kmurata/ethicalissues.pdf）

注

1) 近年は通信ネットワークのコミュニケーション機能の拡大を受けて ICT: Information and Communication Technology という言い方も増えてきている。例えば、2004（平成16）年 8 月に総務省が発表した「平成 17 年度 ICT 政策大綱　ユビキタスネット社会の実現へ向けて」の中で、「増大するコミュニケーションの重要性に鑑み、「IT 政策大綱」から「ICT 政策大綱」へ名称変更」としている。本章では、歴史的な流れをふまえ、IT でそろえている。（http://www.soumu.go.jp/s-news/2004/040827_7.html）

2) この時期の代表的な論説としては、ムーア（J. H. Moor）の「方針の真空状態」（Moor[1985]）、メイソン（R. O. Mason）の「PAPA」（Mason[1986]）などがある。また、村田潔は情報倫理の諸問題を前頁の表 5-2 のように分類している。

3) 在庫や仕掛品の削減、品切れ防止、生産や供給のリードタイムの短縮によりキャッシュフローの面で効果を持つ。

4) 商品の売買から保守サービス、問い合わせやクレームへの対応など、個々の顧客とのすべてのやり取りをきめ細かく一貫して管理することで、顧客の満足度を高め、常連客として囲い込んで収益率の極大化を図る。

5) 企業の経営資源を統合管理し全体のプロセスで最適化することで、経営の効率化を図るための手法・概念。具体的には、企業活動全体にわたる業務データを統合データベースを介して有機的に結合、一元管理する。

6) 情報（Data）の倉庫（Warehouse）の意味で時系列に蓄積された大量の業務データの中から、各項目間の関連性を分析するシステム。DWH の特徴は、時系列の、しかも伝票・明細レベルの膨大な量の生データを蓄積し、さまざまな検索手法を駆使（データマイニング）することで、従来の単純な集計では明らかにならなかった各要素間の関連を洗い出すことにある。

7) 世帯普及率 10% に達するのに電話は 76 年、携帯・自動車電話は 15 年であったがインターネットは 5 年である。（資料：郵政省編『情報通信白書』平成 16 年版）

8) 電気通信事業法第 3 条（検閲の禁止）、第 4 条（秘密の保護）など。ISP の場合、電気通信事業法の義務の一方で、プロバイダー責任制限法によって Web ページや掲示板への書き込みが名誉毀損、プライバシー侵害、著作権・商標権侵害にあたる場合、発信者情報を開示できることが定められている。

9) ネットオークションの世界では現実にさまざまなトラブルが発生している。たとえば、2006 年 12 月、日本における大手ネットオークションサイトのひとつである Yahoo! オークションストアで販売業者「家電ドットコム」がお金を払い込んだ落札者に商品を発送しないということが多数発生していることが判明した。被害は件数で約 1,000 件、被害総額で約 8,800 万円に達した。オークションサイトの主催者であるヤフーには、販売業者に対して審査を実施したうえで出店許可を与えていたため、被害者からのクレームが集中した。事態の収拾のため、ヤフーは従来からある補償規定（5,000 円以上の落札商品を対象として

1年に1回のみ50万円を限度に落札価格の8割まで）を超えて全額を被害者に補償することとなった。
10) ソフトバンクがこの問題を処理するのにかかった費用は30億円を超えると推測される。また、この流出問題では、その後、顧客3人が運営会社のソフトバンクなどに対して顧客情報を適切に管理する義務を怠っていたとして、1人当たり10万円の慰謝料支払いを求めて提訴した。この裁判は2006年5月に大阪地裁で判決があり、1人当たり6,000円の賠償命令が出た。
11) 経済産業省の田辺雄史（当時、情報セキュリティ政策室課長補佐）「情報セキュリティガバナンス時代に向けて～情報セキュリティと企業価値～」情報処理月間2004記念式典の講演（2004年10月1日）
12) 企業におけるITガバナンスの確立の責任がどこにあるのかについては議論がある。ITガバナンスに関する世界的な団体であるITガバナンス協会は一義的には取締役会にあるとしている。「ITガバナンスの確立は、取締役会および経営陣の責任である。それは企業統治を構成する不可欠な一部分であり、組織のITを維持し、その組織の戦略および目的を保持し拡張することを保証するリーダーシップおよび組織的な構造、プロセスから成る」（IT Governance Institute[2001]p.9）また、経済産業省（旧・通商産業省）は、ITガバナンスを「企業が競争優位性構築を目的に、IT戦略の策定・実行をコントロールし、あるべき方向へ導く組織能力」（通商産業省［1999］）と定義し、その責任主体については言及していない。
13) 2005年12月8日に公表された金融庁企業会計審議会内部統制部会「財務報告に係る内部統制の評価及び監査の基準のあり方について」では、内部統制を4つの目的（1. 業務の有効性及び効率性、2. 財務報告の信頼性、3. 事業活動に関わる法令等の遵守、4. 資産の保全）の達成のために企業内すべての者によって遂行されるプロセスと定義し、それは6つの基本的要素（1. 統制環境、2. リスクの評価と対応、3. 統制活動、4. 情報と伝達、5. モニタリング、6. ITへの対応）から構成されるとしている。

参考文献

梅本吉彦編著（2002）『情報社会と情報倫理』丸善株式会社
岡本大輔・梅津光弘（2001）『企業評価＋企業倫理　CSRへのアプローチ』慶應義塾大学出版会
越智貢・土屋俊・水谷雅彦編（2000）『情報倫理学：電子ネットワーク社会のエチカ』ナカニシヤ出版
岸真理子・相原憲一（2003）『経営情報論』有斐閣
経営情報学関連学会「内部統制」タスクフォース編著（2006）『内部統制Q&A』日経BP社
鈴木秀一・齋藤洋編著（2006）『情報社会の秩序と信頼』税務経理協会
総務省編（各年版）『情報通信白書』ぎょうせい

前川良博（1989）『情報処理と職業倫理』日刊工業新聞社

水尾順一・田中宏司編（2004）『CSR マネジメント―ステークホルダーとの共生と企業の社会的責任―』生産性出版

水谷雅彦・越智貢・土屋俊編著（2003）『情報倫理の構築』新世社

村田潔編　経営情報学会情報倫理研究部会著（2004）『情報倫理　インターネット時代の人と組織』有斐閣

日本情報処理開発協会編（各年版）『情報化白書』コンピュータエージ社

情報サービス産業協会編（各年版）『情報サービス産業白書』コンピュータエージ社

日経コンピュータ編（2002）『システム障害はなぜ起きたか　みずほの教訓』日経 BP 出版センター

Kizza, J. M., (1998) "Ethical and Social Issues in the Information Age" 1998, Springer-Verlag New York Inc.

（邦訳　大野正英・安永幸正監訳（2001）『IT 社会の情報倫理』日本経済評論社）

第6章

現代の企業と環境倫理

はじめに

　21世紀の人類社会と企業のあり方を規定する決定的に重要なファクターとして地球環境問題を挙げることができよう。地球環境問題は、国や地域を超えた地球規模の課題であり、先進国と発展途上国との間に横たわる南北問題も絡めたグローバルな視点からとらえていくことが必要である。また、大量生産・大量消費・大量廃棄を前提とした経済・社会システムそのものを変革し、ライフスタイルを環境負荷の少ないものへと変化させていくこと、いわばリサイクルを基調とする循環型社会への移行が求められているという視角からのアプローチが重要であろう。

　したがって、その解決のためには、経済活動の主体である市民、企業、行政があらゆる場合に環境に対して責任ある行動をとることが必要である。とりわけ今日の経済社会に対する影響力の大きさからみても、企業の果たす役割はきわめて大きい。企業も「宇宙船地球号」の乗組員として、地球市民として環境保全に対する社会的責任を果たさなければならない。

　しかし、企業は、それが資本主義企業であるかぎり、あくまでその根本的な目的は最大限の利潤ないし利益の獲得である。これは企業の存立基盤ないし存立条件である市場での競争によって規定されている。この企業活動の根本的な原理である営利原則と、地球環境問題の進展によって、いわば外部からの社会的強制によって余儀なくされる「環境倫理」の確立、社会的責任の実行ということは一見矛盾した事柄である。企業はどのような経過でこのような矛盾を抱

えることになったのか。また、企業はいかにしてこの矛盾の解決を図っているのか。

1. 企業の営利原則と環境倫理

(1) 企業活動の継続性と営利原則の長期化

　一般に、企業の目的は最大限の利潤ないし利益の獲得であるとみなされている。経営学ではこれを企業の指導原理として、利潤極大化の原理、あるいは単に**営利原則**と規定している。このことは、企業の存立基盤ないし存立条件である市場での競争によって規定されているといえよう。しかし、この企業の指導原理としての営利原則も、その企業のおかれた歴史的条件（歴史的発展段階）や社会的環境によって、一定の変容を遂げるものと考えられている。

　第1に、資本主義の発展によって、存立基盤である市場競争のあり方そのものが変化する。すなわち、19世紀末以降、巨大な企業が成立し、それが属する産業ないし業種において圧倒的な地位を占め、市場に大きな影響を及ぼすようになったことである。これらの巨大企業は、そのほとんどが株式会社制度を採用し、大規模な資本を、とりわけ機械や設備などの固定資本の形態で集積した。また、巨大な企業は、当然、きわめて多数の労働者を雇用する。

　このような巨大な固定資本と大規模な雇用は、企業の存続・維持の意味自体の重要性を強く意識させることになる。そこで、企業の目的を、企業の事業活動それ自体の維持・発展であるとする「**ゴーイング・コンサーン**」（going concern 継続企業）のような概念が提起されてきた。しかし、このことによって、企業の目的である「最大限の利潤ないし利益の獲得」を否定したり、過小評価することは誤っている。それは、むしろ「長期的利潤極大化の原理、あるいは営利原則の長期化」と理解すべきであろう。そして、このような「**営利原則の長期化**」は、企業の利益獲得能力、すなわち市場競争能力を維持し、かつ拡大・強化することによってのみ可能となることを意味しているのである。

　日本における経営学の泰斗とみなされている藻利重隆は、すでに1956年において、P.ドラッカーの「企業の持続的存立・発展」の主張を内在的に批判

し、次のように述べていた。「企業は営利原則をその指導原理とする。企業が資本主義経営であり、資本主義社会における商品生産組織体であることを承認するかぎり、このことは否定せられえない。だが、その具体的内容は、これを、企業の歴史的・社会的発展のうちに理解することを必要とする。そして、この場合に、われわれの第1に注意するべきは、今日の企業が持続的な存在をなすことであろう。(中略)さて、企業が持続的存在であることは、必然的に、そこに働く営利原則そのものもまた、持続的なものでなければならないことを要請せられることを意味する。(中略)企業における利潤追求括動は、まさに、長期的・持続的な最大利潤の追求を意味するのである。しかも、この場合に、企業の持続性、したがって、また、利潤追求の持続性を要請するものが、企業における人的・物的資源の固定性に由来することは、見落とされてはならない」(藻利、1956、264-265頁)。

「資本主義経営たる企業の指導原理に関して、営利性、利潤動機、ないし、収益性を否定することは、現実的には無意味であることを銘記すべきであろう。われわれは、逆に、これを積極的に肯定するとともに、その具体化・内在化を企てなければならないのである。そして、営利の持続性のうちにこそ、企業がみずからの要求において積極的に追求せざるをえないところの、社会性、公共性、奉仕動機ないし経済性を取り上げなければならないのである。それらは、営利原則の持続性のうちに包摂せられるものとして把握せられるかぎりにおいてのみ、現実的でありうるのであり、また、積極的意義をもちうるのである」(同上、266-267頁)。

(2) 企業の「環境倫理」と社会的環境

第2に、企業の指導原理としての利潤極大化の原理、ないし営利原則を規制し、変容をせまる要因は、企業の存立基盤である市場の外部の要因としての社会的条件である。それは、いわば企業の経営環境としての市場の条件に対して、社会的環境ということもできよう。いま本章の課題である環境問題にひきつけていえば、それに取り組む主要な主体として、市民・企業・行政(国・自治体)をあげることができる。企業にとって、市民と行政がその外部にあっ

て、社会的環境を構成する主体であるといえる。

　ここで注意を要するのは、しばしばそれら市民・企業・行政が「三位一体」としてその解決にあたらなければならないと言われている。しかし、市民・企業・行政（国・自治体）は、それぞれその役割と責任において大いに異なる存在である。「三位一体」(the Trinity) とは、そもそもキリスト教でいう創造主としての父なる神と、贖罪者キリストとして現れた子なる神と、信仰経験に顕示された精霊なる神とが、唯一なる神の3つの位格（ペルソナ）であるとする説である。これでは、3つの要素がお互いに結びついて、本質においては1つであること、3者が協力して一体になることが一方的に強調され、その対立的・対抗的側面が看過されてしまう。環境問題に取り組む3つの主体の間の関係については、やはりその対立的・対抗的側面と、協調的・提携的側面の両面から見ていく必要があろう。

　市民は、時には産業公害反対運動に見られるように、地域住民、いわば生活者として登場し、時には消費者として、環境によい製品の購入者である**グリーン・コンシューマー**（緑の消費者）ともなり、企業や行政に大きな影響を与える最も重要な存在である。そのような意味で、市民の環境問題への意識や行動・運動が一つひとつの社会や国、ひいてはグローバルなレベルでの環境問題に関する社会的環境を根底から規定しているのである。したがって、「**環境倫理**」という一つの規範的理念が社会的に確立するためには、環境問題への市民の意識の高まりや、実際の行動としての大きな運動の昂揚が必要であった。

　行政は、しばしば産業公害問題に見られるように、企業よりの態度をとることも多いが、一方では、公共性の立場から企業に対して、法律や条令などを通じて法的な強制力を伴った規制を行なうことのできる主体であり、また、財政資金の援助などによって企業の環境問題の取り組みに対する支援を行える立場にある存在である。しかし、実際には、産業公害問題やさまざまな環境問題の歴史的経過にみられるように、上記のような環境問題への市民の意識の高まりや、実際の行動としての大きな運動の昂揚があってはじめて行政は、環境倫理を社会の規範的理念として認知し、企業などへの規制や支援という動きを示しているのである。

企業は、このような市民の環境問題への意識や行動・運動や、行政による規制や支援という、いわば企業にとっての社会的環境によって、環境問題への取り組みを余儀なくされるのである。また、そのような形で余儀なくされた環境問題への取り組みを内在化して、エコビジネス（環境産業）としてむしろ積極的に展開することも可能なのである。

(3)「環境倫理」と企業の社会的責任

ところで、「環境倫理」という理念が、環境庁（当時）の『環境白書』にはじめて登場したのは、平成5年版（1993年）においてである。そこでは次のように述べられていた。

「問題点を乗り越えて、社会全体の協力を確保するためには、個々の者の意識面での変革や社会経済システムの変革が必要であり、それぞれの問題の性格に応じた様々な努力が求められよう。

まず、基盤として、環境を守るための新たな責任の考え方の枠組み、『環境倫理』ともいうべきものを確立し、社会に定着させていくための努力が求められる。これには、環境の状況や価値について明らかにするための調査研究を進め、その内容を広く普及させていくことも求められよう。次に、対策の実施を求めるルールや、対策をとることが経済的に不利にならないようにすることなどの社会的な枠組みの構築、公共的施設の整備により、個々の者の意識に頼るだけでなく、意識によらずとも結果として一致協力した取組が誘導されるようにすることが重要だろう。さらに、各主体の取組を助長していくための情報提供、技術提供、また資金協力などの支援策も積極的に求められるだろう」（『環境白書（平成5年版）』、246-247頁）。

ここでは、個人の意識および社会経済システムの双方の変革が必要であり、そのための社会的規範としての「環境倫理」の確立の必要性が述べられているのであるが、「いうべきもの」といった表現にはいささかためらいも感じられる。

しかし、翌年の『同白書』平成6年版になると、何らのためらいもなく、むしろ堂々とした主張となっている。

「環境と人間との係わりに関する新たな認識を反映した人間の生活行動全般を律する規範として『環境倫理』を構築しようという考え方も出てきている。アメリカの環境保全運動は環境倫理の構築に大きな役割を果たしたと言われており、開発により原生自然が失われていく中、19世紀半ばから自然保護のためのさまざまな考え方が提唱された。（中略）

その後、環境倫理に関しては現在世代が未来の世代の生存の可能性を保証する責任があるという世代間倫理の考え方や有限な地球生態系と人間活動の関係等種々の論点について議論が深められている。

環境倫理については、我が国においても様々な検討が進められている。環境庁の『環境と文化に関する懇談会』では、人文、社会、自然の各科学の第一人者、さらには産業界、労働界、民間団体などから幅広い参加を待て、広く環境と文化について検討を行い、平成3年4月に報告書『環境にやさしい文化の創造を目指して』が提出された。（中略）これは、（中略）環境基本法の3つの理念にも生かされている。

国際的にも、1991年（平成3年）10月に、国連環境計画（UNEP）国際自然保護連合（IUCN）、世界自然保護基金（WWF）が発表した『新・世界環境保全戦略』では、持続可能な生活様式のための世界倫理が提案された。持続可能な生活様式のための世界倫理を構成する要素として、人間が現在の世代、将来の世代及び自然界とを結ぶ共同体の一部であるという認識、人間の基本的な人権の尊重、全ての生物の尊重、人間が自然に及ぼす影響への責任、資源利用の恩恵と代価の共有等が挙げられている。環境倫理はこれまでの経済性、効率性といった我々の価値判断の基準を環境の観点から考え直そうという一つの取組として、今後の発展が期待される」（『環境白書（平成6年版）』、131-132頁）。

このように、「環境倫理」が社会的規範として確立すると、それは企業にとって、地球環境問題への企業の社会的責任となって現れてくる。ここで、地球環境問題への企業の社会的責任とは、企業が環境に配慮しながら製品を作り、製品そのものも環境に負荷を与えず、製品生命を終え廃棄物になった場合もその回収・リサイクルに対して責任をもつということである。

このような考え方は、近年、**拡大生産者責任**（EPR：extended producer

responsibility）という言葉で表現されている。それは製造過程や企業の提供する製品やサービスの使用価値（消費者にとっての有用性）のレベルばかりではなく、その使用後の段階（廃棄物）まで責任をとるということであり、いわゆる動脈経済から静脈経済までの全循環過程がその対象範囲になるということを意味している。また、消費者が財の使用を終え、排出した後の回収・リサイクル最終処分の責任を、その製品の生産者に負わせることで、減量やリサイクルを考慮した製品設計やシステム作りへの動機付けを与えようとする考え方でもある（植田、2001、257-265頁）。

また、他面では、企業は地球環境問題の解決にとって決定的に重要な要素である技術力・技術開発能力を有している主体である。ここに、地球環境問題における**企業の社会的責任**の理念的根拠ばかりではなく、その物質的な意味での根拠を見いだすことができよう。

2. 産業公害問題と地球環境問題の展開

（1） 産業公害問題から地球環境問題へ

1960年代70年代にかけての高度経済成長期に熊本・新潟の水俣病、富山のイタイイタイ病、四日市ぜんそくの**4大公害**裁判に代表される産業公害が大きな社会問題となるとともに企業の社会的責任が厳しく問われた。水俣病は、視野狭窄、難聴、運動失調、異常知覚、その他精神障害等の中毒性神経疾患（主として脳症）を引き起こすもので、それぞれ熊本県のチッソ水俣工場と新潟県の昭和電工加瀬工場の排水に含まれる有機水銀が原因であった。イタイイタイ病は、富山県神通川流域の住民に発生した、激しい痛みと病的骨折を起こし、全身衰弱から本来なら軽い余病の併発でも死にいたる病気であるが、これは三井金属神岡鉱業所（現・神岡鉱業）から排出されるカドミウム等の重金属による汚染がその原因であることが明らかになった。三重県四日市市では、空気中の粉塵、亜硫酸ガスによって大気が汚染され、多くの住民が慢性的閉鎖性肺疾患、重症呼吸病、いわゆる四日市ぜんそくを引き起こしたが、これも中部電力、三菱油化、三菱化成、三菱モンサント等石油コンビナート各社の工場が排

出する煤煙によることが確定された。

　当時の**産業公害問題**は、大気汚染、水質汚濁、土壌汚染、騒音、振動、地盤沈下、悪臭（典型7公害）など多様ではあったが、ほぼ特定の地域に限定され、加害者である企業の活動、とりわけ工場における生産活動と公害の発生との因果関係を明瞭にとらえることが比較的容易であった。したがって、その対応には法律による有害物質排出などの直接規制、いわゆる公害防止対策が可能であり、それが効果を発揮した。67年には公害対策基本法が制定され、その後、無過失責任を定める大気汚染防止法、水質汚濁防止法が制定されるなど、公害防止の法体系が整備されていった。また、企業の社会的責任についても、公害健康被害補償法のように公害による健康被害補償の資金は公害の原因となる事業者から賦課金を徴収してまかなうという「汚染者負担原則」も採用されるなど、法律による規制が中心であった。しかし、78年版『環境白書』が「もはや公害は終わった」と発表したのを機に、81年には環境アセスメント法案が産業界などの反対で廃案になるなど日本の公害行政は後退を重ねていった。公害の原点ともいわれる水俣病についても、未認定患者の救済問題の解決が95年の村山内閣による政治決着にまで持ち越された。しかも、それは救済対象者を水俣病患者と明確に位置付けず、原因企業の賠償責任もあいまいな内容であった。このように日本における公害行政や企業の社会的責任論が後退を見せていた、まさに80年代後半から世界的に地球環境問題がクローズアップされるようになってきた（企業環境学研究会、1995、111-116頁）。

　地球環境問題をどのように規定するかについては諸説があるが、『環境白書』等では被害・影響が一国内にとどまらず国境を越え、ひいては地球規模にまで広がる環境問題という視点から①地球温暖化、②オゾン層の破壊、③酸性雨、④森林、特に熱帯林の減少、⑤砂漠化、⑥野生生物の種の減少、⑦海洋および国際河川の汚染、⑧化学物質の管理と有害廃棄物の越境移動、⑨開発途上国の環境汚染の9種類の現象を挙げている。

　これらの環境破壊問題は、第1に、従来の公害が一定の地域に限定されるものであったのに対して、国や地域を超えた地球規模の課題であり、先進国と発展途上国との間に横たわる南北問題も絡めたグローバルな視点からとらえてい

くことが必要である。第2に、従来の公害問題では特定の発生源と被害との間の因果関係を見出し、発生源の責任を法律による直接規制によって対処することが非常に重要であったのに対して、大量生産・大量消費・大量廃棄を前提とした経済・社会システムそのものを変革し、ライフスタイルを環境負荷の少ないものへと変化させていくこと、いわばリサイクルを基調とする社会への移行が求められている。したがって、その解決のためには、経済活動の主体である市民、企業、行政があらゆる場合に環境に対して責任ある行動をとることが必要である。とりわけ、今日の経済社会に対する影響の大きさからみても、企業の果たす役割が大きいことはいうまでもない。企業も「宇宙船地球号」の乗組員として、いわば地球市民として環境保全に対する社会的責任を果たさなければならない。

最も、地球環境問題に対する社会的責任というと、きわめて高次元の事柄のようであるが、その原点としてまず地域社会に対する社会的責任を果たすことがその第一歩となる。また、地球環境問題と公害問題の違いにもかかわらず、当然、共通する面もある。例えば、「大都市の窒素酸化物等による大気汚染を防止するために自動車交通量を削減するというような公害対策は、二酸化炭素の排出量も同時に削減することを意味するから、地球環境汚染の対策につながるのであって国内の足元の公害対策を地球環境保全に連係していくことが重要である」（植田、1994、5頁）。

なお、環境問題には地球環境問題以外に、廃棄物問題等の都市型・生活型環境問題等があり、これを区別して取り扱うことが適切なこともあるが、問題を単純にするため地球環境問題に代表させて論ずることとする。

（2） 地球環境保護運動の展開

ここで、地球環境問題への問題関心と取り組みを簡単にふりかえってみよう。環境問題や環境保護運動に対する関心はかなり以前にさかのぼることができる。例えば「環境思想の系譜」をまとめたリチャード・エバノフ・阿部治両氏は現代の環境保護運動は、環境問題のバイブルともいわれるレイチェル・カーソン『沈黙の春（Silent Spring）』（邦訳、新潮文庫）の1962年の出版と

ともに始まったと述べている（小原、1995、27頁）。しかし、それがまさに地球環境問題として国際的に重大な問題（イッシュー）として意識されるようになるのはきわめて近年のことである。例えば、やはり米国の女性化学者であるシーア・コルボーン等が『奪われし未来（Our Stolen Future）』（邦訳、翔泳社）を1996年に出版し、内分泌系攪乱物質（いわゆる環境ホルモン）の危険性についての警鐘を鳴らし、国際的な話題となったのは、『沈黙の春』の出版から30年以上も後のことである。多くの国が急遽ダイオキシンやPCB（ポリ塩化ビフェニール）などの対策に追われ、日本でも旧型や小型のごみの焼却施設などの閉鎖、新型・大型への切り替えなどの処置を全国的に実施したのは、1990年代も末のことであった。

　米国の環境行政の権威とされるコードウェルによれば、環境問題に対する国際的な取り組みが具体化するためには次の2つのことが進展することが必要である。すなわち、第1は政府が環境イッシューを公的関心事として認知し、国のレベルにおいて環境政策が正当化されることである。第2に、地球環境問題が人類共通の関心事であるという意識と、それへのグローバル・アプローチの適用可能性や有効性についての認識が世界各国に広く受け入れられることである（宇都宮、1995、5-6頁）。第1の点でまず大きな役割を果たしたのは、1972年に「かけがえのない地球」（Only One Earth）をキャッチ・フレーズにスウェーデンのストックホルムで開催された国連人間環境会議であろう。同会議では人間と環境との関係に影響を与える政治的・経済的要因に国際的配慮を促す「**人間環境宣言**」（**ストックホルム宣言**）が採択され、それに基づいて環境保護を目的とする国連の専門機関であるUNER（United Nations Environment Program 国連環境計画）が設置された。また、世界各国も環境問題に関する国内法を整備するとともに、それらを実施するための環境行政組織を設けた。日本でも、前年の71年に環境庁が設置されている。

　さらにこの時期、国際的環境問題に対処するグローバル・アプローチの先駆的なものとして、いくつもの国際条約が結ばれている。例えば、71年にイランのラムサールでの会議で、多様な生態系を持つ湿地を保全する目的で「特に水鳥の生息地として国際的に重要な湿地に関する条約」、いわゆるラムサール

条約が採択された。翌77年には世界的に重要な自然、文化遺産を保護するために「世界遺産条約」がユネスコ総会で採択されている。また73年には、先のストックホルムでの国連人間環境会議で必要性が提案されていた「絶滅のおそれのある野生動植物の種の国際取引に関する条約」（ワシントン条約）が採択されている。このような自然環境保護の動きはまだ地域的ないし課題別の限定をもってはいたが、地球環境問題への認識の高まりに影響を与えた。

　一方、急速な経済成長・工業化や人口増加と資源の枯渇・環境の悪化を取り上げたのは、71年に発表されたローマ・クラブの画期的リポート『成長の限界』（邦訳、ダイヤモンド社）であった。同リポートは経済成長そのものに警告を発し、人類の危機を訴えて注目を浴びるとともに大きな議論を巻き起こした。さらに、環境問題に対する人類共通の意識の形成に大きな影響をあたえたのは、79年にカーター大統領に提出された米国政府特別調査報告書『西暦2000年の地球』（邦訳、家の光協会）であった。同報告書はローマ・クラブの『成長の限界』が提起した問題を詳細かつ具体的に分析し、地球環境の危機を強く訴えた。しかし、その後世界の主要諸国の政府、特に「小さな政府」を標榜する米国のレーガン政権や英国のサッチャー政府はこの警告をほとんど無視し、環境政策を後退させてしまった。この間、緑の運動など市民レベルのいわゆる草の根の環境運動が活発に展開され、80年代後半には地球環境に対する危機意識が急速に高められた。

　また、86年にソ連（現ロシア）のチェルノブイリで原発事故が発生し、環境保護に非常に熱心な国と評されるスイスの化学工場から流出した有毒物質によってライン川が汚染する事故が起きたことは世界に大きな衝撃を与えた。翌87年には国連の決議に基づいて設けられた「環境と開発に関する世界委員会」が『われわれの共通の未来』（邦訳『地球の未来を守るために』福武書店）と題する最終報告書をとりまとめたが、同報告書のキーコンセプトであり、その後の地球環境問題にとって中心テーマとなるのが、「**持続可能な開発（発展）**」（sustainable development）の概念である。そこでは、「人類は、開発を持続可能にする能力を有している。持続可能な開発とは、将来の世代が自らのニーズを充足する能力を損なうことなく、現在の世代のニーズを満たすことであ

る」と定義されている。

1972年にストックホルムで開催された国連人間環境会議の20周年にあたる92年6月にブラジルのリオデジャネイロで開催された**「環境と開発に関する国連会議」**、いわゆる**「地球サミット」**は、70年代からの地球環境問題の取り組みのひとつの集約点であるとともに、新たな出発点ともなった。会議には、183の国・地域・機関が参加したが、103か国からは首脳が集まり史上最大の首脳会議でもあった。さらに、世界中から約8,000に及ぶNGO (non-governmental organization 非政府組織) の代表が集まり、全参加者は4万人を超える空前の規模となった。会議では、「地球環境に対して世界全体が責任をおっている」とする先進国と、「ここまで地球環境を悪化させたのは先進国の責任であり、発展途上国はこれから経済発展する権利がある」と主張する発展途上国が鋭く対立し最後まで難航したが、「持続可能な開発」の基本理念を共通の認識とし、「世界環境新秩序」ともいうべき骨組みができあがった。

まず、21世紀に向けて地球環境を守るための世界憲法とでもいうべきものである**「環境と開発に関するリオデジャネイロ宣言」**（リオ宣言）を採択し、次いで地球の温暖化の進行を食い止め、長期的な気候の安定化を図るための**「気候変動枠組み条約」**、および生物の多様性の保全とその持続的利用、生物の遺伝子資源からえられる利益の公正で公平な分配を目的とする「生物多様性条約」に参加国の多くが調印した。また、熱帯林・温帯林を含むすべての森林の保全と開発に関する「森林宣言」を採択した。さらに、リオ宣言の理念を実行に移すため行動計画である**「アジェンダ（Agenda）21」**を採択している。

この地球サミットでは、リオ宣言の積極的な内容にもかかわらず、ストロング事務局長が閉会後述べているように、例えば温暖化問題などについて目標値と達成時期が明記されなかったように、宣言を達成するためのシステムが明らかでないとか、「アジェンダ21」実施のための財源対策が確定しなかったなどの問題が残された。しかし、地球環境問題を人類が当面する最も重要な課題の一つであるという立場から、世界各国や各分野の人々がその解決に積極的に取り組む第一歩となったことは確かであろう。

その後、1997年12月に、地球サミットで採択された「気候変動枠組み条

約」(通称、「地球温暖化防止条約」)に実効性を持たせるために、京都で第3回締約国会議(COP：Conference of Parties 3)が開かれ、いわゆる京都議定書(Kyoto Protocol)を採択した。この議定書では、二酸化炭素(CO_2)、メタン、亜酸化窒素、代替フロンのHFC(ハイドロフルオロカーボン)、PFC(パーフルオロカーボン)、SF6(六フッ化硫黄)の6種類の温室効果ガス(GHG：greenhouse gas)の排出を、2008年から12年の間に先進国全体で5.2%削減することを決めた。国ごとに削減率は異なり、日本6%、米国7%、EU8%、ロシア0%、などとなっている。しかし、開発途上国には排出削減を求めていない。その達成のために、京都メカニズムと呼ばれる排出量を売買する排出量(権)取引、国外で対策をとった削減分を自国分にカウントできるクリーン開発メカニズム、共同実施、森林の二酸化炭素吸収をカウントする吸収源(シンク= sink)、遵守制度、などが盛り込まれた。

その後、具体的な措置は各国の国益が絡んで難航し、2001年3月には米国が離脱した。しかし、同年11月にモロッコのマラケシュで開かれたCOP7で、他の締約国の間で、その運用ルールなどについて合意に達した。EUは2002年5月に、日本は翌6月に批准し、2004年になってロシアがようやく批准したことにより、2005年2月16日に発効した。

しかし、前述したように世界最大のCO_2排出国(国別シェア24.4%)である米国が参加しておらず、第2位の中国(同12.1%)も開発途上国であるとして削減義務がないなど、大きな問題を残している。また、1990年比6%削減義務を持つ日本(同5.2%)も、現状では8%も増加しており、合わせて14%の削減は大変な課題となっており、その実現には大胆かつ画期的な対策が求められている。

3. 地球環境問題と企業の環境管理

(1) 環境管理の国際標準化

地球サミットに代表される地球環境保護の世界的な波が形成されてくる中で、企業にとっても環境問題への取り組みが経営活動の避けて通れない課題と

なっている。たとえば、90年11月に国際商業会議所の常任理事会で決議され、91年4月の「環境管理に関する第2回世界産業会議」で採択された「持続的開発のための産業界憲章（環境管理の原則）」では、16の環境原則の第1の原則として、「企業における優先的配慮」を挙げ、次のように述べている。「環境管理は企業の最優先事項の一つであり、持続可能な発展にとって決定的な要因であると認識する。環境面で問題の生じないやり方で事業活動を行なうための方針、計画及び実務慣行を確立する」（丹下、1995、47-49頁）。この産業憲章はさらに従業員教育、事前評価、消費者への助言、定期的な環境監査、情報の公開などの重要性を掲げるとともに、第3の原則において「同一の環境基準を国際的に適用する」ことを指摘するなど、ISOでの環境管理に関する国際規格にも大きな影響を及ぼしている（監査法人トーマツ、1995、25-26頁）。

ところで、ISOの国際環境管理の規格化の動きは、前記の地球サミットと密接な関係がある。すなわち、地球サミットの準備過程でストロング事務局長が産業界からの積極的参加を得ることを目的にスイスの資本家シュミドウハイニー氏に協力を依頼したが、これを契機に同氏を中心に世界27か国のビジネス・リーダー50人からなる「持続可能な開発のための経済人会議」が創設された。同会議では、地球サミットへの提言を議論する中で、持続可能な開発を行うためには世界の企業が環境面でも同じ土俵に立って競争することが必要であり、またビジネスにおける持続可能な技術（sustainable technologies）の導入と推進のために環境パフォーマンスの国際規格を作ることが重要であるという認識に達し、ISOに対して企業の環境管理に関する国際規格の検討を要請した。ISOはこれを受けて、IEC（International Electro-technical Commission 国際電気標準会議）と共同で「環境に関する戦略的アドバイザリー・グループ」を91年7月に設立したが、同グループは92年10月の第3回会議においてISO理事会に環境管理に関する規格を作成する専門委員会の設置を勧告し、93年2月に同理事会はその設置を決定した（監査法人トーマツ、1995、44-45頁；大橋、1994、14-15頁）。

「このようにISO/TC207の**環境管理の国際標準化**づくりは、地球サミットとその精神である"持続可能な開発"のコンセプトと根っこのところで深く連

動しているのである」（大橋、1994、14-15頁）。したがって、環境管理の問題は企業にとって、けっして一過性のブームのようなものではないし、経営管理の1部門の問題でもなく、まさに経営戦略の中心に位置づけなければならない課題なのである。いいかえれば、今後21世紀に向けて地球環境問題を企業経営の根幹に据えて取り組まなければ、企業そのものの存立を左右する重大な条件になるということを意味している。ここに近年、いわゆる企業の「社会的ビジョン」や「社会戦略」などがクローズアップされている最も大きな理由があるといえよう（丹下、1995、8-17頁；森本、1994、314-334頁）。

（2）バルディーズ号事件とセリーズ原則

ところで、前出の国際商業会議所の「持続的開発のための産業憲章」を作成するきっかけともなったのは、米国の環境保護団体や投資関係団体などからなる連合組織セリーズ（CERES：The Coalition for Environmentally Responsible Economies 経済に責任をもつ経済のための連合）による企業の社会的責任を環境の観点から求める「**セリーズ原則**」である。1989年3月に大手石油会社エクソン社の大型タンカー、バルディーズ号がアラスカ湾沖で座礁して原油が大量に流出し、ラッコや海鳥など約100万頭の海洋動物が死滅する史上最悪ともいえる海洋汚染事故が発生した。エクソン社はこの事故に対して損害賠償や浄化費用として25億ドルを支出したが、環境保護団体から事故後の対応の遅さを厳しく批判されるなど、巨額な負担以上に環境問題を軽視する会社としてその企業イメージをダウンさせたといわれている（丹下、1995、41-47頁）。

これがきっかけとなって、同年9月、セリーズは「企業による利潤追求は、それが地球の健康状態と保全を損なわない限度で行われるべきであると信ずる。企業は、次世代が生存に必要なものを手に入れる権利を侵害するようなことは、決してしてはならない」（柴田、1994、42頁）という理念をもとに、企業行動の規範として次のような10か条の原則を公表し、タンカーの船名にちなんで「バルディーズ原則」と名付けた。①生物圏の保護、②天然資源の持続可能な利用、③廃棄物の削減と適切な処理、④エネルギーの保全、⑤環境リス

クの削減、⑥安全な製品とサービスの提供、⑦事故を起こした場合の環境の回復、⑧情報公開、⑨経営者の環境政策への参加と責任、⑩監査と報告の10原則である。

　セリーズは、米国では比較的容易に行使できる株主総会での株主提案権を活用し、企業に対してこの原則への署名を求める活動を続けている。署名企業はこの原則にそって活動するばかりでなく、その進展状況について、いわゆるセリーズ・リポートを作成しセリーズ本部に提出するが、一般にも公開することになっている。一方、セリーズは投資家の団体である「社会的投資フォーラム」を母体としており、これらの企業のリポートをもとに環境に優しい企業を選んで資金を投下し、収益性のみでなく社会的要因をも考慮した社会的投資、または社会的責任投資を推進している（柴田、1994、62-63頁）。

　セリーズは、92年にその原則の内容を若干緩和・修正し、名称も「セリーズ原則」と改めたが、それ以降、署名企業は増加しセリーズの運動も活性化した。93年2月には、米国の大手の石油精製・販売会社であるサンがセリーズ原則を採択するとともに、同社独自に「健康、環境および安全に関する原則」をも採択した。当時、「これは企業の社会的責任という重要な領域においてリーダーシップとビジョンを示すものである」と高く評価されたという。また、同社は93年12月に、最初のセリーズ・リポート（92年版）を公表したが、翌94年に発表された「健康・環境・安全に関するプログレス・リポート」（93年版）では、同社がセリーズ原則を採択することによってえた恩恵（benefits）として、次の3点が指摘されているという（丹下、1995、83-88頁）。

　「①環境保護に関する新しい見解を知ることができた。②コスト面で効果的な健康・環境・安全に関する解決策の必要性を認識できた。また、これにより当社は競争の激しい事業において成功を収めることができるであろう。③健康・環境・安全に関するパフォーマンスの面で躍進をとげる際に克服しなければならない問題点を議論できた」。

　94年2月には世界最大の自動車メーカーであるGM（General Motors）がセリーズ原則を採択し、環境リポートを作成したが、同年8月時点でセリーズ

原則を採択した米国企業は 80 社に上っている。なお、90 年には日本でも「バルディーズ研究会」が発足し、さまざまな活動を行なっているが、91 年 6 月の東京電力の株主総会において、当時のバルディーズ原則を同社の定款に記載することを要求する株主提案が行われている（日経ビジネス、1991、133-141 頁）。この株主提案は否決されたが、その後同社では環境庁 OB、NGO 代表、地方自治体 OB、医師、マスコミ出身者等外部の専門家で構成される「環境顧問会」を組織し、その意見を採り入れた「環境レポート」を毎年発表している（大橋、1994、184-185 頁）。

4. エコビジネスとエコファンド

（1） 日本におけるエコビジネスの展開

日本企業の環境に対する取り組みを見ると、まず 1960 〜 70 年代には、「受け身」の環境対策として、公害対策投資などが義務的に実施された。80 〜 90 年代前半になると、環境リスクが企業経営にとっての大きな課題となり、「予防的措置が経済的」との意識から、ある程度自主的に環境対策が講じられてきた。

91 年 4 月には日本の財界の総本山とみなされている経団連（現・日本経団連）が「企業も世界の『良き企業市民』たることを旨とし、また環境問題への取り組みが自らの存在と活動に必須の要件である」という認識にたって、「地球環境憲章」を制定し、次のような基本理念を掲げた。「企業の存在は、それ自体が地域社会はもちろん、地球環境そのものと深く絡み合っている。その活動は、人間性の尊厳を維持し、全地球規模で環境保全が達成される未来社会を実現することにつながるものでなければならない。

われわれは、環境問題にたいして社会の構成員すべてが連携し、地球的規模で持続的発展が可能な社会、企業と地球住民・消費者とが相互信頼のもとに共生する社会、環境保全を図りながら自由で活力ある企業が展開される社会の実現を目指す」（日経ビジネス、1991、207 頁）。

これを契機に日本の産業界では大企業の環境憲章の制定があいついで行な

われた。91年には松下電器産業、住友化学工業、京セラ、NTT、NEC、旭化成工業、サッポロビールが、92年にはトヨタ自動車、大成建設、資生堂、クボタ、富士通、大阪ガス、さらに93年にはコクヨ、日産自動車、ヤマハ、三菱レイヨン、中部電力、新日本製鉄がそれぞれ制定した。日本企業の特徴としてしばしば指摘される横並び方式であるが、「地球環境問題」という世界的な波に乗り遅れまいとする日本の大企業の姿勢がうかがえる。しかし、このような憲章がたてまえとしての企業理念ではなく、実際の企業行動の中で示されているかどうかが問題であろう。

90年代後半以降には、ISO14001の認証取得事業所件数の飛躍的な増大、環境報告書を作成する企業の増加、EUなどの先進的な環境配慮型市場への企業グループとしての対応など、環境経営の進展が見られる。また、この時期に各種の環境関連法が整備され、消費者のグリーン・コンシューマーとしての意識の高まりもあり、環境対応をビジネスチャンスと捉え、経営戦略に位置づけて、積極的に**環境産業（エコビジネス）**を展開する企業も数多く出現してきた。

日本における環境ビジネスの市場規模は、2003年で約48兆円と推計され、2010年には約67兆円に拡大すると予測されている。雇用規模についても、同様に約136万人から約180万人になると予測される。この予測は、経済産業省の産業構造審議会環境部会によるものだが、同部会は、1994年に出した報告書『産業環境ビジョン』では、市場規模について、現状約15兆円、2000年約23兆円、2010年約35兆円と予測していたから、まさに予測をはるかに上回るスピードで市場が拡大しているといえよう。

環境ビジネスの分野としては、現状では、廃棄物処理・リサイクル、公害防止、土壌改良などの環境修復・環境創造などが大きいが、今後は、風力発電・太陽光発電・燃料電池などのクリーンエネルギー分野や、ハイブリット自動車などの低公害車のような環境調和型製品、あるいはエコツアーなどの環境関連サービスも注目されている。

ここで、自動車産業について、トヨタの取り組みの事例をみることにしよう（青山、2003、4-5頁参照）。完全なゼロ・エミッション・カー、「究極のエコ

カー」として注目を浴びているのが燃料電池自動車である。しかし、燃料電池自動車の本格的普及の時期については、2010年ごろという見方が多い。しかし、実際にはクリアしなければならないさまざまな問題があり、さらに多くの年数がかかるという見方もある（三崎、1998、178-197頁）。

そこで、燃料電池自動車のような本格的な次世代車への過度的存在として、最近急速に注目を浴びつつあるのがハイブリッド・カーである。トヨタ自動車は最も先行しているハイブリッド技術を武器に自動車業界におけるデファクト・スタンダードを握るべく攻勢をかけはじめている。トヨタのハイブリッド・カー、「プリウス」はそれがエコカーとして華やかな脚光を浴び世に喧伝されている割には、当初、販売台数はあまり伸びていなかった。しかし、2000年5月に燃費、加速・走行性能を向上させた新型プリウスを国内で発売し、7月に北米、9月に欧州に導入している。2002年8月には5人乗りで1リットル当たり31kmの低燃費を実現した改良車（第二世代プリウス）を発売した（『日本経済新聞』2002.7.31夕刊）。さらに、2001年6月には「エスティマハイブリッド」を投入、8月には簡易型のマイルド・ハイブリッド・システムを搭載した「クラウン」を発売した。トヨタはこれでスモールカー、高級車、ミニバン・RV系と「ハイブリッド三兄弟」が揃い、「大体の車種をカバーする体制はできた」とし、今後の積極的展開によって2005年にはハイブリッド車の国内販売台数を30万台までもっていくのが目標であるとしている（トヨタ自動車、2002、17頁）。

従来、欧米の自動車メーカーはハイブリッド車にあまり積極的な取り組み姿勢をみせていなかったが、近年は状況が大きく変わりつつある。フォードは、トヨタ系の部品メーカーであるアイシン・エイ・ダブリュが開発したハイブリッド・システムの採用を検討しているといわれている。GM、ダイムラー・クライスラーも近くハイブリッド車を商品化するとしている。また、このような動きとの関連で、三洋電機や松下電器グループなどの日本の電機メーカーはしばしば自動車メーカーと協力・提携しながらニッケル水素電池などのいわゆる二次電池の開発において世界をリードしているが、この技術は燃料電池自動車の要素技術としてきわめて重要なものであり、ここでも日本メーカーの優位

性を見ることができる（『日経エコロジー』2001.8.;『NIKKEI BUSINESS』2001.8.27.）。

（2） 日本のエコファンド

近年の大きな注目を集めているものに、**エコファンド**がある。エコファンドとは、環境に配慮した企業の株式を組み込んだ投資信託のことである。投資信託は多数の投資家から委託された資金を株式などにまとめて運用し、収益を投資家に還元する仕組みである。欧米では、80年代初頭から、新しい投資のあり方として、**社会的責任投資**（SRI：Socially Responsible Investment）が盛んになってきた。SRIとは、社会的に見て、好ましい企業に積極的に投資を行い、問題があると見られる企業には投資しない、というように投資銘柄の選定に倫理的基準を用い、利益だけでなく、社会に対する責任まで考慮した投資である。

90年代に入ると、SRIの大きな柱として、環境に配慮した企業を積極的に支援するエコファンドがクローズアップされてきた。スイスのUBS（スイス・ユニオン銀行）の調べによると、エコファンドの規模は、90年代末で、アメリカが約2兆3000億円、ヨーロッパが約3900億円程度と見られている。

日本のエコファンド第1号は、99年8月に発売された日興澄券の「日興エコファンド」（設定・運用機関は、日興アセットマネジメント）であった。申し込み単位は1口50万円で、上場企業の株式約90銘柄を組み込んでいる。銘柄を選別するための基準となるスクリーニング項目として、「エコノミック」面では、時価総額、企業規模、財務内容などを、「エコロジカル」面としては、環境マネジメントシステムの構築、情報開示に対する姿勢、製品・サービスに対する配慮、LCA（Life Cycle Assessment）への取り組み、省エネルギー・省資源対応などを審査している。当初50億円程度集めるのが目標だったが、締切日には230億円近くが集まった。また、購入者の99％、金額ベースでも約90％までが個人で、これまでの投資信託の購入者とはまったく違っている。これまで投資信託にあまり縁のなかった女性の購入者も多かった。2002年6月6日現在で、純資産が638億円となっている（産業構造審議会環境部会産業

と環境小委員会、2003、40頁）。

　「日興エコファンド」発売の翌9月には、安田火災海上が「グリーン・オープン（愛称：ぶなの森）」（2002年6月6日現在で、純資産が93億円）を、10月には、第一生命が「エコファンド」（同上、89億円）を、UBS・住友銀行が「UBS日本株式エコファンド（愛称：エコ博士）」（同上、52億円）を発売している。2000年に入っても、UFJ銀行の「エコ・パートナーズ（愛称：みどりの翼）」などの発売が続き、2002年6月時点で、約1,000億円を超えており、日本でも環境経営のあり方が企業の株価や資金調達条件に影響を与えつつある。つまり、エコファンドに組み入れられる企業は、「環境格付け」の高い企業という評価を受け、市場価値が高まる可能性が強いわけである。一方、どの金融機関が売り出すエコファンドにも組み込まれない企業は、逆に環境に不熱心な企業というレッテルを貼られ、市場価値を落としてしまうことになる。

5. 廃自動車処理とリサイクル対策

（1）　日本における廃車リサイクル

　近年、日本における廃棄物処理とリサイクル対策に関する一連の法律が次々と成立してきている。1993年11月に「環境基本法」が制定されたのをはじめ、95年6月には「容器リサイクル法」が制定され（97年4月一部施行、2000年4月完全施行）、98年6月には「家電リサイクル法」が制定された（2001年4月施行）。2000年5月には「循環型社会形成推進基本法」（同年6月公布・施行）をはじめ、いくつかのリサイクル関係法（「改正廃棄物処理法」「改正資源リサイクル法」〈2001年4月より「資源有効利用促進法」〉「建設工事資材再資源化法」「食品循環資源再生法」「グリーン購入法」）が一斉に成立した。これにより、日本での廃棄物処理とリサイクルに関する一連の法律がほぼ出揃う形になったといわれている。しかし、なお残された重要な課題の中でもとりわけ緊急を要するものとして、廃棄自動車（以下、廃車と記述する）の処理とリサイクルなどの問題が残されていた。

　このうち、廃車の処理とリサイクルについては、2002年7月、「使用済自動

車の再資源化等に関する法律（いわゆる**自動車リサイクル法**）」が成立し、2005年から施行されている。同法では、まず廃車のシュレッダーダストやフロン類、エアバックの3品目を解体業者らから引き取ることをメーカーに義務づけている。また、メーカーはリサイクル費用を車種ごとに設定し、新車の場合は消費者が購入する際に徴収、すでに乗っている車は車検時に徴収する。新車販売時などに徴収する費用は車種などによって異なるが、平均約1～2万円程度である。この費用は公的法人が保管し、廃車時にメーカーが受け取って解体業者などに支払う。これにより、解体業者らのコストが軽減されるほか、費用を価格に上乗せすることになるメーカーは、よりリサイクルしやすい車を作ることが期待されるという。リサイクル費用の総額は、現在、国内には約7000万台の自動車があることから、最大で1兆数千億円程度と見られている（寺西、2004、2-26頁）。

（2）　日本とドイツにおける自動車リサイクルの比較

この「自動車リサイクル法」は、これまでドイツをはじめとするEU諸国の先駆的な取り組みに対して大きく立ち後れていた日本における廃車処理とリサイクルについて、その克服を図り、その水準を一段と引き上げようとするものである。しかし、その内容はドイツやEUと比較してもいくつかの重要な問題点が含まれていると思われる。

1998年4月から施行されているドイツの廃車処理とリサイクルの現行制度は、ドイツ自動車工業会（VDA）を中心とする自動車関連業界16団体による自主規制（「循環経済および廃棄物法に基づいた廃車の環境に適合したリサイクルへの自主規制」1996年2月政府と合意）をメインフレームとし、この自主規制を「廃車政令」（「廃車の適正処理と道路交通法の諸規程への適合に関する政令」、とくに同第1章「廃車の引渡しと環境適正処理に関する政令」1997年5月成立）という法律によって補完されている。その基本的枠組みは次のようになっている（FOURIN、1996、68-81頁、FOURIN、1998、148-159頁；FOURIN、2001、66-73頁；レナーツ、1998、178-179頁；植田、2001、91-118頁）。

① 廃車の回収・リサイクルの責任は、基本的に自動車メーカー等の関連業者にあることを明確にした。その具体化として、国内全地域をカバーする廃車引き取り・回収ネットワークの確立というインフラ整備を柱とする廃車引き取りシステムを構築した。その際、メーカーは最終ユーザーから自社ブランド車を市場価格で引き取るか、処理費用がかかるものの場合でも、以下の3条件に合致する場合は無償で引き取り処理費用を負担する義務を負う。①1998年4月1日以降に製造された車、②車齢12年以内、③重大な破損や改造がない車。

② リサイクル目標値を明確にし、非リサイクル物を現行の重量比25％を、2002年までに15％以下に、2015年までに5％以下にする。

③ 環境問題に配慮した廃車処理作業を確保するために、廃車引き取り業者、解体業者、シュレッダー業者の認定は、資格をもった監査人が行うなど、廃車処理を認定業者に限定する制度を構築した。

④ 廃車の登録抹消要件にリサイクル証明を加えることで、適正処理ルートへの廃車流入を誘導する仕組みを構築した。

EUにおける自動車廃棄物対策の枠組みは、2000年10月21日に正式に発効した「自動車リサイクルに関するEU指令」において示されている。同指令は環境問題に配慮した廃車処理とリサイクルを推進し、自動車メーカーにリサイクル特性の優れた車の開発を促すことを目的としている。その何よりの特徴は自動車メーカーに廃車の無償引き取り義務を課していることにみられるように、廃車の回収・リサイクルの責任が行政ではなく自動車メーカー等の生産者サイドにあるとする「生産者責任の原則」の考え方を明確にしたことにある。その基本的枠組みは次のようになっている。

① 生産者責任の原則に基づき、廃車の回収システムは関連事業者（自動車メーカー、自動車部品・素材メーカー、販売業者、解体業者、シュレッダー業者、リサイクル業者）が構築する。

② 廃車の処理費用は自動車メーカーおよび輸入業者が負担し、ユーザーの費用負担はない。ただし、その適用開始時期については、すでに市場に投入されている現存車の取り扱いの問題とともに、欧州自動車工業会と欧州

委員会との間で激しい対立があったが、次のような運用で決着している。① 2002年7月1日以降、それ以降に市場に投入された車に適用する。② 2007年1月1日以降、すでに市場に投入されている車も含めて、すべての車に適用される。

③　リサイクル率の目標値としては、重量比で2006年1月1日までに85%以上に、2015年1月1日までに95%以上にする。

④　有害物質の環境への放出や埋め立て処分を回避するために、自動車に使われる有害物質を減らす。とくに、特定された条件での例外を除き、自動車の構成素材や部品のなかに、鉛、水銀、カドミウム、六価クロムを含有してはならないとして、自動車の製造段階において有害物質の使用を制限する方針を明確にしている。

以上見てきたようなドイツやEUでの廃車の回収・リサイクルの制度・システムに照らして、いま日本政府によって準備されている「自動車リサイクル法案」とそれによって構築されようとしている日本の廃車の回収・リサイクルの制度・システムは、次のような問題点をもっていると思われる。一つは、メーカーが解体業者らから引き取ることを義務づけられているのは、廃車のシュレッダーダストやフロン類、エアバックの3品目に限られており、廃車全体の処理責任をメーカーに負わせていないなど問題点も残されている。また、以前に施行された「家電リサイクル法」が廃棄時に処理費用を徴収するやり方であったために不法な投棄が多く見られたことへの反省からか、新車購入時または車検時に費用を徴収することにしたとも思われるが、根本的な問題は、報道によれば同法案も「拡大生産者責任」の考えに立つとしているにもかかわらず、リサイクル費用の負担についてはドイツやEUではメーカーの負担となっているが、日本の場合は消費者の負担となっていることである。このような事実に照らしてみれば、いま日本政府が準備している法案の問題点とともに、それが日本の自動車メーカーの環境問題へ対応する開発戦略への影響も考慮せざるをえない問題を含んでいると思われる（植田、2001、109-111頁）。

この処理コストの生産者責任について、欧州自動車工業会との論争において、欧州委員会の環境コミッショナーMargot Wallstromが次のように主張し

ているが、問題の本質をついていると思われる。「メーカーのコスト負担は製品価格に転嫁されるため、結果的には消費者と分担したことになる。欧州委員会としては、この負担額を新車価格の1％以下であると試算している。この指令が採択されずに環境が悪化すれば、その修復コストはもっと大きな金額になる。われわれは、環境にやさしく燃料消費量の少ない自動車を求める消費者の要望に応える必要がある。この指令によって、EUの自動車産業は環境にやさしい車の生産で先駆的な立場に立てる」。また、この論争の過程で、欧州自動車工業会側も一方では現行車の巨額なリサイクル費用をメーカーが負担することは、欧州自動車産業界の競争力を損なう問題であると主張しつつも、他方では、自動車メーカーにリサイクル処理コストを負担させることは、新規開発車のリサイクル設計には推進力となることは認めていたのである。

　ドイツやEUの廃車処理とリサイクル・システムは、なおさまざまな問題点も指摘されているが、現在、世界で最も進んだものと言えよう。また、このようなシステムが造り出される過程において、欧州自動車工業会と欧州委員会との間において激しい対立・論争が存在したこともまた明記されるべきであろう。そして、処理コストの生産者責任を明確にすることを主張した欧州委員会の背後には、環境マインドの高い欧州市民の存在があったことも強調されるべきであろう。ドイツの自動車メーカーをはじめとする欧州自動車工業会側も、国際競争力の弱化を理由として現存車の処理費用負担には厳しい態度をとったが、生産者責任の原則に基づいて、一定の期間を置いて実施することに同意せざるをえなかったのである。ここにも、市民の環境マインドやそれへの行政の対応も含めた、いわば環境問題解決のための「社会的環境」が大きくかかわっているのではないだろうか。

おわりに

　英国の科学者ラブロックは、1979年に発表した『ガイア（Gaia）―地球の生命への新しい見方』において、地球に豊富な生命があるのは、単に化学的・物理的環境が生命に好都合であったからだけではなく、生物自身が地球の特殊

な資源を用いて、生物が住めるような環境に作りかえたからだと主張した。すなわち、生物圏としての宇宙船地球号は、一つのトータル・システムであり、生物と非生物的環境が有機的に結びついた一つの生命体とみなしたのである。彼は、この仮説を古代ギリシアの地球の女神ガイアの名をとってガイア仮説と呼んだ。ガイア仮説の評価は賛否が分かれているが、地球環境問題を考える場合、きわめて示唆に富んでいると思われる。このような視点からすれば、地球汚染とは、地球自体が滅びるのではなく人類が滅びるのかもしれない危機のことであるということになる。こういった地球環境危機から抜け出すには、人間中心主義の開発文明パラダイムから自然と人間が共生できる新しい地球文明パラダイムへの転換を図らなければならない。すなわち、大量生産・大量消費・大量廃棄社会から循環型社会へのパラダイム転換が必要である。

　日本企業の地球環境問題への取り組みの現状をその「社会的環境」をも含めてみると、ドイツなど環境先進国と比較するやはりかなり立ち遅れていると言わざるをえない。ドイツでは環境問題への対応が社会システムとして法律・制度化されているばかりでなく、市民がグリーン・コンシューマーとして環境調和型のライフスタイルを徹底させる条件が形成されている。また、市民運動からスタートした「緑の党」の活動もあって、キリスト教民主同盟やドイツ社会民主党といった既成政党においても環境問題の重要性が共通の認識となっている。そのような社会的背景のもとで、ドイツ経団連をはじめドイツ企業は全体として環境問題に積極的に対応している。

　よく知られているように、1991年に公布された「包装廃棄物規制令」は、製造業者、流通業者および輸入業者を包装廃棄物発生の原因者として、これらの回収・リサイクルの義務を負わせ、これに違反すると多額の罰金と関係商品の押収という厳しい刑罰を課している。それに対して企業側はDSD社を設立し、包装廃棄物の回収・リサイクルのシステムを構築し、エコロジーとエコノミーを両立させたといわれている。このような傾向はすでにみた廃車処理とリサイクル・システムについても明確に現れていると言えよう。

　地球環境問題に対する日本企業の社会的責任をより一層明確なものとし、その実践を保障するには、市民レベルでの行動や政治・行政レベルでの対応がき

わめて重要である。まず、市民が生活者として日常生活において地球環境にやさしく振る舞うばかりでなく、消費者が個人レベルでグリーン・コンシューマーとして行動するなどの地球環境保全の立場からの消費選択行動をはじめ、NGOやNPOあるいは生活協同組合などを通じて、その組織的・社会的活動を展開し、社会的・経済的規制を追求することが大切であろう。また、労働組合などによる企業・産業レベルでの経済民主主義に基づく参加と規制も重要である。そのような活動を受けた行政のサイドからの法律や経済政策などによる社会システムとしての規制・誘導が必要不可欠である。このような活動を通して形成される環境調和型経済社会をめざす社会環境のもとで、地球環境問題に対する企業の社会的責任の実践もまた強固なものとなりうるであろう。

参考文献

青山茂樹（2003）「日本自動車産業と地球環境問題―自動車メーカーの環境対応戦略を中心に―」静岡大学『経済研究』7巻3・4号

植田和弘監修（1994）『地球環境・キーワード』有斐閣

植田和弘他監修（2001）『循環型社会ハンドブック』有斐閣

宇都宮深志（1995）『環境理念と管理の研究―地球時代の環境パラダイムを求めて―』東海大学出版会

大橋照枝（1994）『環境マーケティング戦略―エコロジーとエコノミー調和―』東洋経済新報社

岡島成行（1990）『アメリカの環境保護運動』岩波新書

小原秀雄監修（1995）『環境思想の系譜（1）環境思想の出現』東海大学出版会

カーソン、レイチェル（1962、邦訳1974）『沈黙の春』青木簗一訳、新潮文庫

加藤尚武（1991）『環境倫理学のすすめ』丸善ライブラリー

環境経済・政策学会（2002）『環境保全と企業経営』東洋経済新報社

監査法人トーマツ編（1995）『環境管理・監査制度のすべて』日本経済新聞社

企業環境学研究会編（1995）『企業と環境の新ビジョン―企業批判を超えて―』中央経済社

経済社会活性化研究所（2001）『燃料電池等の新エネルギー開発の日欧比較研究』機械振興協会経済研究所

コルボーン、シーア他（1997）『奪われし未来』長尾力訳、翔泳社

國部克彦他編著（2004）『日本企業の環境報告―問い直される情報開示の意義―』省エネルギーセンター

佐藤正之・村松祐二（2000）『静脈ビジネス―もう一つの自動車産業論―』日本評論社

産業構造審議会環境部会産業と環境小委員会（2003）『中間報告』参考資料集
柴田武男（1994）『企業は環境をまもれるか』岩波書店
丹下博文（1995）『検証・地球環境志向の潮流―21世紀企業へのプロローグ―』同文舘
谷本光男（2003）『環境倫理のラディカリズム』世界思想社
寺西俊一他編著（2004）『自動車リサイクル―静脈産業の現状と未来―』東洋経済新報社
トヨタ自動車株式会社（2002）『環境報告書（2002年版）』
日経ビジネス編（1991）『環境に良い会社―地球に優しい経営の条件―』日本経済新聞社
FOURIN編（1996）『1996世界自動車産業を取り巻く環境・安全・情報通信の現状と将来展望』FOURIN
同社編（1998）『世界自動車産業の21世紀の環境対策』同社
同社編（2001）『21世紀の環境・安全・通信技術』同社
三崎浩士（1998）『エコカーは未来を救えるか―新世代自動車の可能性と限界―』ダイヤモンド社
藻利重孝（1956）『経営学の基礎』森山書店
森本三男（1994）『企業社会責任の経営学的研究』白桃書房
レナーツ、ゲオルグ（1998）「ドイツ"新"自動車リサイクル法を考える―日本への提言―」『判例タイムズ』No.979（1998年10月1日号）
『日経エコロジー』2001年8月号、特集記事「狙われる日本車―トヨタ、ホンダの快進撃をささえる環境技術に世界が注目―」
『NIKKEI BUSINESS』2001年8月27日号、特集記事「日本発クルマ革命―環境・ITで世界を席巻―」
環境庁編『環境白書』（総説・各論）各年版
環境庁編『循環型社会白書』（総説・各論）各年版

第7章
人材多様化戦略と企業の社会的責任

はじめに

1990年代後半から企業は従来の正社員型の働き方ではなく、雇用形態、人事評価、労働時間、就労場所などの多様な選択肢を提供・整備し、個人の能力を十分発揮することができる**ダイバーシティ（人材の多様化）**を活かす経営を進めてきた。この考え方を企業戦略の一環として組み入れることが、長期的に見て、高い創造力を持つ人材を育成し競争力の高い企業の基盤をつくるとされてきた（日本経団連経営労働政策委員会、2006）。

ただし、従来の正社員とは異なる多様な働き方が増加することは、一方で時間外労働の規制から外れた長時間勤務正社員を生み出し、他方に長期雇用から外れた不安定非正規労働者を増大させ、労働市場における二極化をもたらしたのである。

少子化の進行は、歯止めがかかるどころか一層加速している。労働市場における二極化が少子化に拍車をかけ、結果として経済社会の停滞を招きかねないとの危惧が高まっている。さらに、派遣やフリーターなど若年非正規雇用の急増が日本の貧困率上昇の要因として注目されている。**ワーキングプア**という言葉が一般化し、雇用の非正規化が今後長年にわたり日本の社会基盤を崩していく危険性が指摘されている。

こうした背景には日本企業が基本においてきた労働に対する企業倫理が転換してしまったことがある。企業が自社の持続的成長のためだけでなく、企業の枠を越えて果たすべき企業の社会的責任が新たに問われている。

1. 正社員の変容と雇用の多様化

(1) 正社員（正規雇用）＝従来の日本社会のモデル

日本の雇用システムがどう変わってきたかを検討するにあたり、まず、正社員（正規雇用）の定義を確認し、非正規雇用との違いを明確にしておこう。

正社員（**正規雇用**）とは、「従属的雇用」関係にあり、定年までの長期継続雇用が保障され、年齢に応じて上昇する職業上の地位と家族構成の変化に応じた賃金が支払われ、解雇は制限され、整理解雇や早期退職の場合には手厚い補償のある労働契約をいう。表7-1に示した11の条件を満たす人が日本型の典型的な正社員（正規雇用）である。これが、日本における労使関係や社会保障制度はもとより、戦後日本社会のモデルとされてきた。

表7-1　正社員（正規雇用）の要件

	正規雇用の要件	非正規雇用
①労働契約期間	期間に定めのない長期雇用（「終身雇用」）	期限付短期（有期）契約
②雇用保障	解雇制限（整理解雇4要件）	雇い止め、契約自由
③雇用関係	直接雇用	間接雇用（派遣、業務請負）
④仕事の内容	判断業務、複雑な仕事	定型業務の反復
⑤教育訓練	企業特殊熟練の形成	なし
⑥「拘束度」	勤務時間・勤務地は企業の命令次第	なし
⑦労働時間	フルタイム＋残業	「パートタイム」
⑧賃金・処遇	年功的家族賃金（生活給） 職能資格制度 賞与・退職金	時間給（家計補充） 「基幹労働力化」 なし
⑨社会保険	職域の厚生年金・医療保険	適用外（被扶養）
⑩企業内福利	家族手当、社宅、企業年金など	なし
⑪家庭責任	男性は「会社人間」 女性は仕事と家庭の二重負担	

長期雇用の保障を基本要件とし、ライフサイクルに応じた年功給や企業内福利による生活保障を特徴とするのが日本の正社員である。この原型は1950年代半ばに成立した。当時、日本の企業が国際競争力を高めるには、労使対立を避け労使協同で生産性向上に取り組む必要性があったことがその背景にある。過剰人員の解雇を回避する、また、生産性向上の成果は経営者だけでなく労働者（企業別労働組合）との間で公正に分配するという「生産性向上運動の原則」[1]に、この時期の企業倫理が明文化されている。

　こうした正社員を中心とする従来の日本的雇用慣行を企業内で支えてきたのが、定年までの長期継続雇用の過程で配置転換を経ながら徐々に昇進する**内部昇進制**であり、その実態が昇格と昇進を分離した**職能資格制度**である。日本の昇進、異動の特徴は、①トーナメント方式による内部昇進、②学歴別年功的昇進管理（学歴別昇進コースを設定し、年功に重きを置き昇進を決定）、③遅い選抜（同一年次の従業員間は、入社10〜15年間は処遇上大きな格差をつけない）、④特定部門内での異動、にあると言われてきた（今野・佐藤、2002、137頁）。正社員の賃金制度は、ライフサイクルによる生活ニーズの高まりにこたえた年功給・生活給である。これは勤続年数に比例して正社員が蓄える潜在的能力（企業特殊熟練）の高さに応じたものと解釈されてきた。

　また企業内だけでなく、学校と企業とが作り出した「新規学卒者定期一括採用方式」が従来の日本的雇用慣行を外から支えてきた。日本的雇用の入り口で学歴（「学校歴」）に基づく企業と学校の実績関係により、人事部が新卒生徒・学生を毎年4月に定期的に一括採用してきた（苅谷、1991）。人事システムと学校教育システムとの相互関係は強かった。

　ただし正社員は男性による家族扶養を前提にした男性専用であり、女性はそこから基本的に排除されてきたことを忘れてはならない。正社員は残業や勤務地などを企業から強く拘束されるばかりか、正社員本人の側からも「会社人間」として企業への内的な拘束（＝コミットメント）が高いことを特徴としてきた。

（2） 正社員の変容

　正社員はビジネス・リーダーとして管理職へと昇進していく。経営トップに昇り詰める人もいるが、多くは中間管理職になる。正社員は1997年をピークに減少に転じた。「平成不況」のもと、中高年男性正社員層の過剰雇用を解消するため希望退職の募集や早期退職優遇制度の拡充が行なわれ（「リストラ」）、他方で新卒採用が抑制された。正社員の減少に伴い中間管理職のありかたも大きく変容した。

表7-2　中間管理職の割合の変化

	部長	課長	係長	非職階	全労働者
1991年	38,561 (2.4)	89,451 (5.6)	82,897	1,242,213	1,590,857
1996年	36,732 (2.4)	89,984 (5.8)	84,451	1,181,760	1,542,634
2001年	38,241 (2.7)	85,653 (6.0)	80,067	1,085,119	1,420,985

出所：佐藤（2004、31頁）

1）　中間管理職のプレーイング・マネジャー化

　管理職としての部長、課長とも人数自体は減少しているが、従業員中に占める割合は増加してきた（表7-2）。新規採用の抑制により若手社員（非職階層）が減少し、非職階層が中間管理職を上回って減少したため、90年代には管理職の割合がむしろ増加したのである。

　部下（係長＋非職階）の人数を課長数で割った値をみると、91年14.8人、96年14.1人、2001年13.6人と、部下の数は徐々に小さくなっている（佐藤、2004、31頁）。中間管理職は管理の役割だけでなく実務もこなすことが要請されている（プレーイング・マネジャー化）。係長、主任クラスは実務の第一線であり、加えて非正規労働者や外部人材（派遣や請負スタッフなど）を管理する役割が出てきた。人事制度上は課長でないがパートを多数管理する店長などがその典型例である。正社員の部下をもつのではなく、長時間残業で実務をこなしつつ、非正規社員を指揮・監督するのが、新たな正社員像となりつつある。

2） ビジネス・リーダーの早期選抜

正社員の中から入社後3～5年の短期のうちにビジネス・リーダーとなるべき人を選抜し、FTP（ファスト・トラック・プログラム）という特別のキャリアプログラムに組み入れ、昇進させるというアメリカ型昇進制度への転換も図られてきている。

他方で、パート等非正規社員で管理的職務を担う人が増加し、パートの「基幹労働力化」が進んでいる（武石、2006）。非正規社員が非正規社員を管理監督するという状況が広がっている。正社員と同じ仕事をしている非正規社員が増加しているわけであり、そうなると正社員が担わなければならない職務はいっそう限定されることになる。

ビジネス・リーダーに選抜されなかった人や選抜されたが結果が出せずに降格させられた人は企業外へ流出することが暗黙の了解となれば、FTPに乗らない人が正社員として働き続けられるかどうかは非常に不安定になる。

3） 成果主義賃金の導入

正社員にとって何よりも大きな変化は、1990年代後半から、短期の業績を評価して処遇に反映させる**成果主義賃金**が広がったことである。企業によって多様な形態で運用されているが、共通するのは年功給的性格の強かった基本給において年齢給部分を縮小廃止し、業績・成果給を導入し、脱年功主義化を進めたことである。また、賞与（ボーナス）は一律部分が縮小され、個人業績に応じて大きな格差が生じるようになった。成果・業績を評価するため、目標管理制度が導入されている。

成果主義賃金によって、同一部門・課長レベルの正社員の間で年収においてどの程度格差がでているのか、制度上の格差についてみると、平均を100とすると最低は81.3、最高は121.9、また、実際の運用上の格差は、最低85.5、最高117であり、上下に15％以上の格差がついている（労働政策研究・研修機構編、2006、49頁）。1999年までに成果主義を導入した企業では格差が大きく、2000年以降成果主義を導入した企業では格差が小さい。成果主義は一時期より格差の小さい「マイルドな成果主義」となってきた。（同上、55頁）

(3) 非正規雇用の急増と多様化

1) 日本の非正規雇用の特徴

　正社員を代替して非正規雇用が急増してきた。正規雇用と非正規雇用の比率は、労働力調査によれば3,400万人：1,700万人となっている（2006年7～9月期）。非正規化の傾向が顕著なのは、女性、若者、高齢者である。失業率が急上昇した1990年代末以降、女性の非正規化が一段と進んだ。同時に、非正規雇用に就く若年男性も急増した。15～24歳層においては非正規雇用が雇用者全体の3分の1を占めるにいたっている。改正高年齢者等雇用安定法にもとづき65歳までの継続雇用が進められている。65歳まで定年を延長するのではなく、60歳定年制のまま、定年を迎えた人を非正規社員として雇いなおすという企業が広がっている。

　非正規雇用は、その年齢や性別によって、パート、アルバイト、フリーター、契約社員、嘱託など多様な名称で呼ばれているが、雇用期間に定めがある短期雇用契約という点で共通している（**期限付き雇用、有期労働契約**）。日本の非正規雇用の第1の特徴は、期限付き短期雇用ではあるが、契約期間終了後に契約を何度も繰り返すことが常となっていることである。期限付きの雇用は本来臨時的・一時的なものであるはずだが、4～6回の更新を反復し、通算4年程度の勤続をするのが日本の平均像である（有期労働契約の反復更新に関する調査研究会、2000）。そのため「雇い止め」の問題や期限付き雇用の雇用期間上限規制の緩和（期間の延長）が論じられ、法律改正が繰り返されてきた。

　急増しているのが、**派遣労働者**である。雇用関係（労働契約）と使用関係（指揮・命令）が分かれている（「間接雇用」）。派遣に常用型と登録型があり、派遣先が決まったときだけ派遣会社に雇用される登録型派遣労働者が圧倒的に多いのが、日本の非正規雇用の第2の特徴である（脇田、1995）。なお、派遣と並び90年代後半から急速に進んできたのが、業務請負の活用である。製造業では9割近くの事業所で請負を活用し、従業員構成ではパート・臨時非正社員を大きく上回るようになってきた。

　統計上は「雇用者」と分類されるが勤務場所・時間・働き方の拘束が緩く、自営的働き方の要素の強い「自営的雇用」労働者が増えてきた。また、統計上

は「自営」形式だが、特定の発注者との関係が強い「雇用的自営」も増加している。フランチャイズ店長、広告・マスコミ業界、ゲーム業界、セールス、宅配の集配、テレワーカーなどでは、1社専属的契約をしており、従業員的性格が強い。さらに、福祉・介護・保育など今後の雇用創出の可能性が期待されている分野の「事業型NPO」を中心に、「有償ボランティア」が急増している。これらの働き方には労働者としての権利や社会保障面での改善を必要とするものが多い（労働政策研究・研修機構、2004b）。

2）「家計補充的賃金」

正社員の賃金体系が長期雇用を前提にした年功的生活給であるのと違い、非正社員には独立した生活を営むに足る賃金ではなく、一家の大黒柱が別にいることを前提とした家計補充的賃金が時給ベースで支払われてきた。非正社員に適用される最低賃金は主婦パートを前提にしてきたものであり、これで家計を営むことは難しい。確かに時給ベースでも、残業、休日出勤をするなら月収が一定額にはなる。共稼ぎなら家庭がもてないこともない。ただし、時給が勤続年数や年齢に応じて上昇するわけではなく、昇給はない。ボーナスも、家族手当・住宅手当も、退職金もない。公的医療保険や厚生年金にも包摂されていない場合が多い。年齢を重ねると心身ともに健康でなくなり、長時間就労が難しくなる。他方、教育費などの家計支出は大きくなる。子どもを早期に就職させるしかなく、子どもたちは学歴格差のために不安定就労・低所得状態にとどまることになる。本人も老後は無年金・低年金で貧困状態に陥ることが危惧される。ワーキングプアが社会問題になるゆえんはここにある。

（4） 就業パターンの変化と男女均等処遇への動き

以上で見てきた雇用の多様化は、男女それぞれの就業パターン（ライフサイクル）の変化と併行して進んできた。1980年代半ばまでは、結婚・出産による就業中断という画一的パターンが女性のライフサイクルを支配していた。結婚までの「腰かけ」を前提に、女性を補助的労働者として処遇する雇用慣行が当然とされていた。しかし1980年代以降、女性の就業機会の拡大と高学歴化によって女性が高賃金を獲得する可能性が拡大し、女性は結婚・出産を延期も

しくは回避して職場に定着する傾向が生じてきた。そうなると、企業は雇用が長期化した女性正社員に年功的な賃金を支払うことになる。企業にとって、一方で女性の仕事をより専門化し賃金に見合った内容にし、他方で定型的な仕事はできるだけ非正規従業員に代替していく圧力が高まったのである。

そうした中で、男女がたとえ入社時に別々の手続きで採用され、採用後の配置業務も別々のものであったとしても、それを男女間の顕著な昇進・賃金格差の根拠にすることはできず、現状の男女間の昇進・賃金格差は男女差別に基づくものに他ならず、「公序良俗に反する」とした司法判断が出されるなど、男女の昇進・賃金格差の是正が強く求められるようになってきた（森、2005：ワーキング・ウイメンズ・ネットワーク編、2006）。日本的雇用システムを従来のままで続けることはできない。

(5) 小括

過剰人員の解雇を回避する、また、生産性向上の成果は経営者と労働者の間で公正に分配するという1950年代半ばからの原則は、1990年代後半になると大きく崩れていく。バブル経済崩壊以降の日本経済の長期低迷の構造要因として、日本的雇用慣行の非効率さが批判の的となった。企業活動は従業員重視ではなく、株主重視へと転換した。団塊の世代の過剰人員を企業が抱え込んでいることが構造転換を遅らせ、失業を深刻にしている要因だという言説が広がり、大規模な「リストラ」が実施され、解雇規制の撤廃が労働法制改革における課題にあげられた。年功賃金ではなく、出した結果に応じて賃金額を決めることこそ効率的であり、公正でもあるという意識を多くの人が持つようになった。労働に対する企業行動倫理の転換が、正社員の変容と多様な非正社員の拡大をもたらしたのである。

2. 人材多様化戦略の検討

日本企業のコーポレート・ガバナンス（企業統治）は、従業員と金融機関のコントロール権が強い日本型構造から株主重視へと転換してきた。企業戦略に

必要な人材の獲得・育成を課題とする人材マネジメントは、正社員だけでなく、ダイバーシティ戦略として多様なタイプの人材を組み合わせて、企業戦略の達成を図るようになった。人的資源の内部調達（内部化）と、外部調達との最適の組み合わせを図り、人材活用の効率化と柔軟化を進めるのが「雇用ポートフォリオ」である。では長期雇用正社員を活用するのか、非正規化・外部化を図るのか、その境界、また組み合わせの比率はどのように決まるのであろう？

（1） 総額人件費の削減・柔軟化

企業が雇用の多様化を推進する要因は、グローバル化に伴う企業間競争の激化と労働分配率の上昇を背景に、総額人件費の抑制と人件費の柔軟化（柔軟な要員管理）を行う必要性が高まったことである。

> 「グローバル化のもとで、企業は価格競争などを背景とした売上高の減少、これに伴う付加価値の減少と労働分配率（付加価値に占める人件費の割合）の上昇という厳しい事態に陥っており、『売上が落ちても付加価値が減らない経営』を実現する必要がある。したがって、生産量や収益の動向、労働者のニーズなどに応じて、柔軟な要員管理と人員配置を行うことが不可欠になっており、パートタイム、フルタイムの有期契約労働者など、いわゆる非正規従業員の活用の重要性がますます高まっている。」（日本経団連、2004）

給与体系を年功賃金から成果主義へ変えるという流れはこの枠内で具体化された。また、現金給与以外の労働費用としては、法定福利費や法定外福利費の負担が問題とされてきた。法定外福利費の削減策として、従業員の生活ニーズの多様化や企業の労務管理政策の変化、公的制度・企業福祉と自助努力のバランスといった観点から、「カフェテリア・プラン」の導入が進んできた。

問題は、総額人件費の削減というコスト面からだけ従来の雇用慣行を変え非正規化・外部化を徹底するなら、企業の短期的効率性の上昇につながるとしても、長期的かつ組織次元で成立する企業競争力を損ねてしまうことである。効

率化のために企業内の雇用に関する既存のルールを変更し、新たなシステムを作ろうとしても、その目的が最終的に実現されるかどうかは、労働の側に依存せざるをえない。ルールの変更が労働の側に受け入れられる「履行可能性」に、効率化の成否がかかっている（労働政策研究・研修機構、2004）。

　従来、誰が非正規の外部化された補助的仕事につくかの判断は性差別を前提として行なわれてきた。採用の手続や採用後の業務配置が性別によって異なるのは当然とされていたのである。しかし先に述べたように女性差別への批判が高まり、男女雇用機会均等、男女均等処遇が大きな流れとなった中で、従来のルールの変更が求められている。しかも、男性正社員（中間管理職）の仕事の変容を背景に、男性においても早期選抜される正社員と、その他の非正規社員との二極化が進んできた。正社員はもちろんのこと、多様な非正規社員をも納得させることのできる「ジェンダー・フリー」の処遇や、透明性の高い査定・人事考課システムを作り上げることが課題となっている。

（2）　定型的職務と非定型的職務の区分

　日本経済団体連合会（日本経団連）は、多様な雇用形態の従業員の間で、「公正性」、「納得性」を高めるには、「仕事・役割・貢献度」と処遇の整合性を確保することが何よりも重要だとして、従来の全社一律型の人事・賃金管理ではなく、「複線型・多立型の人事・賃金管理」への転換を提唱している。「仕事」と「期待される役割」によって職務を分類し（表7-3）、それに従事する人の雇用形態と賃金体系をはじめとする処遇全体を変えるということである。

> 「企業内の仕事と役割の分類にはさまざまな方法がある。仕事の面では、定型的な仕事、非定型的な仕事といった分類があろうし、役割の面では、権限と責任、経営・業績への影響度による分類に加えて、将来的に経営幹部として育成されていくことが期待されている人、もっぱら専門能力の発揮を期待されている人、実務担当者としての一定の貢献が期待されている人など、期待される役割に着目した分類などがある。
> 　このような分類ごとに、賃金体系、賃金カーブの形と水準、昇降給の基

準など賃金制度を設計することで、従業員の公正感、貢献感、将来期待感などを満たし、モチベーションを高めることができる。」(日本経団連、2004)

表7-3 定型的職務と非定型的職務

区分	職務（例）	組織役割	処遇決定の要素
定型的職務	一般技能職 一般事務職 販売職	定められた手順・方法、システムによる製品・情報加工、サービスのアウトプット	職務 習熟
非定型的職務	監督技能職 高度技能職	構築された諸システムの円滑運営のための調整・保守。習得困難な所定手順・方法、システムによる製品・情報加工、サービスのアウトプット	職能 役割 成果
	企画調査職 研究開発職 営業職 管理職	新たな利益につながるシステムの創造。既存システムの更新とシステム化	

出所：日経連人事賃金センター編(2002、38頁)

1) 職務群の分類

　定められた手順や判断をもとに製品やサービスなどの成果物をアウトプットする職務で、アウトプットすべき成果があらかじめ設定されていて、それを定められた手順方法に従って遂行する職務を「定型的職務群」と分類する。**定型的職務**とは、誰がやっても同じ成果となる仕事、すなわち、1時間働けば、誰もがそんなに違わない成果を出す仕事のことである。一般技能職、一般事務職、販売職や、改善指導の役割を果たす監督技能職などがここに分類される。

　成果がその人の能力によって異なり、また、成果をあらかじめ予測・設定できない仕事、すなわち、結果が出てはじめて成果が確定する仕事を、**非定型的職務群**とする。成果があらかじめ設定されている定型的職務に求められるのが「正確性と効率性」であるのに対し、非定型的職務に求められるのは「独創性と完璧性」という違いがある。

留意すべきは、この非定型的職務群をさらに2つに分類し、①職務内容が、能力段階に応じて変わる仕事を**課業柔軟型・非定型的職務群**とし、②非定型的職務ではあるが、あらかじめ職位が設定されており、遂行する能力を有するものを配置する職務を、**役割設定型・非定型的職務群**と細分していることである。

　「課業柔軟型・非定型職務群」は一般的に職能開発・育成期間にある場合が多いものであり、企画、調査、各種の折衝・調整などの職務がここに属する。「役割設定型・非定型的職務群」に属するのは、監督、管理、研究開発、訪問販売、ソフト開発などである。

　「課業柔軟型」の場合、たとえ採用初期時点においては仕事内容が高度でないとしても、長期的に雇用され、将来的に基幹的な役割を担う人材として期待され、育成される人と位置づけられているところが、他のグループと大きく異なる点である。

　2）　外部化・非正規化

　雇用形態としては、従来の正規雇用と同様、雇用期間に定めのない長期雇用となるのは、「課業柔軟型・非定型的職務」である。

　標準化・定型化できる仕事（「定型的職務群」）は、有期雇用が当然となり、できる限り積極的に非正規化・外部化が図られることになる。

　「役割設定型・非定型的職務」のうち、部下を管理する管理者や監督者については、有期雇用従業員や短時間勤務の長期雇用従業員への適応は通常なじまないので非正規化・外部化できない。しかし、研究開発やプロジェクトなどについては、他の従業員との接点や時間的拘束が希薄であり、非正規化・外部化が可能であるとしている。

　3）　処遇の複線化と公正な処遇

　「定型的職務」は、一般に課業の配分が固定的であり、その職務を速く、正確に完遂することが最高の成果であり、それを超える成果は考えられない。それゆえ、処遇制度は、時間給をベースとし、職務価値に対応して処遇を定める職務給制度とする。

　「課業柔軟型・非定型的職務」の課業配分は固定的ではなく、担当者の職務

遂行能力（発揮能力）の伸長に応じて課業も変化する。また職務遂行の手段・方法が定められておらず、職務遂行能力や意欲によってその業績（成果）が異なってくる。労働時間が同じでも、業績（成果）が同じになるわけではなく、労働時間の一律規制がなじまないとされる。労働基準法による労働時間規制をはずし、自律的な労働時間管理を可能にせよという動きはここから出てくる。処遇制度は職務（課業）および職務遂行能力に基づく職能資格制度が適用される。

「役割設定型・非定型的職務」は、与えられた役割に基づき経営目的達成のために、課題を創造し行動することが要求される職務である。ここでは遂行結果（業績）に基づく貢献度に応じて処遇することが公正性を担保することになる。したがって、「職務に課せられている会社業績に対する責任の大きさ・範囲」「役割遂行の困難度」に対する定額の「役割給」を基本とし、成果・責任の達成度に対応する「成果（業績）給」との組み合わせが望ましいとされる。

（3）　小括

以上が日本経団連の提案である。実際の運用をみると3つの形態の名称、処遇内容、それぞれへの量的配分の比率は企業ごとに異なっている。3つの間で賃金や処遇の均衡が図れているのか、3つの間を柔軟に異動できるのかなども企業ごとに異なっている。

重要なことは、「仕事・役割・貢献度」をもとに雇用形態や処遇を分けることが、企業の新たな人材活用の基本理念として掲げられていることである。すなわち、企業の人材活用の原則を、成果の現われ方や組織への貢献度は仕事（職掌・職務）および責任（経営上の役割・経営への影響度）で異なるとし、それらをもとに雇用契約形態を分け、それに見合った労働時間管理と処遇の提供を行えば、企業への貢献と責任が最も効率的に達成されるし、同時に、企業としても多様な人材の間での「公正性」、「納得性」を確保でき、企業責任を果たせるとしているのである。

3. 労働における企業の社会的責任

(1) 日本型雇用システムのゆくえ

長期雇用と、ライフサイクルに応じた年功的生活給とを基本としてきた従来の日本型雇用システムは、長期雇用の後退と成果主義の進展という方向に大きく転換してきた。雇用システムの現状は、最新の調査結果（労働政策研究・研修機構編、2006b：立道、2006、3-4頁）によれば、図7-1に示した4類型に分かれている。

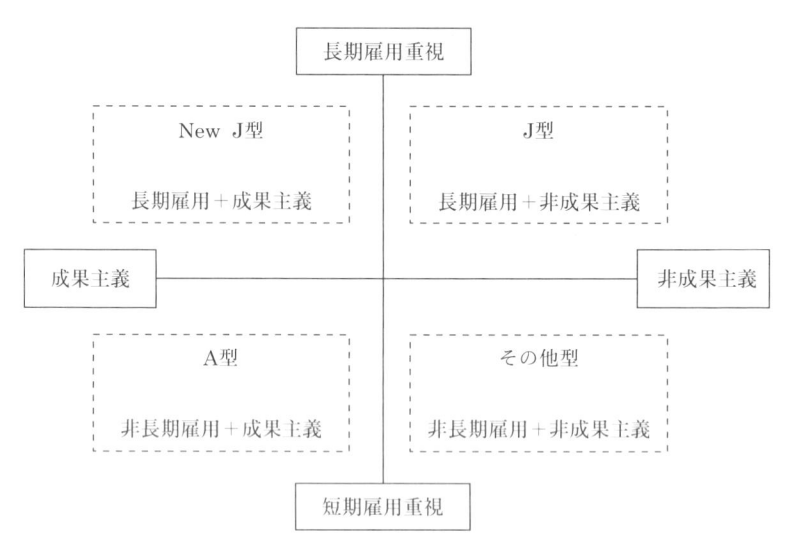

```
                        長期雇用重視
                             │
        New J型              │           J型
    長期雇用＋成果主義        │      長期雇用＋非成果主義
                             │
成果主義 ────────────────────┼──────────────── 非成果主義
                             │
         A型                 │          その他型
    非長期雇用＋成果主義      │     非長期雇用＋非成果主義
                             │
                        短期雇用重視
```

図7-1　日本企業の雇用システムの4類型
（出所）立道（2006、4頁）をもとに作成。

長期雇用と非成果（年功）主義という従来の日本的雇用慣行の特質を持っている「J(Japan)型」の企業が30%、長期雇用と成果主義を組み合わせている「New J型」企業が39%、いわゆるアメリカ資本の外資系企業のような非長期雇用と成果主義を組み合わせた「A (America) 型」企業が18%、その他型企業が12%とのことである（立道、2006、3頁）。

そのうち、New J 型企業が最も企業業績を改善させている。労働者のモラール・意欲も高く、好業績を生む組織特性を持っている。成果主義の導入と長期雇用の組み合わせが、企業のパフォーマンスに良好な影響を与えている。とはいえ、コスト削減を目的とした非正社員化や外部人材の活用など、短期雇用重視のマネジメントが企業業績に貢献している度合いも高い。それゆえ、人材マネジメントが、New J 型に収斂するのかどうかは、現時点では断定できないというのがこの調査の結論である。今後、企業が国際標準規格に基づいて経営戦略を変化させるなら、サブシステムである人事戦略はさらに大きく変化する可能性もある。

（2） 労働における企業の社会的責任
1） 労働における CSR のあり方

そうした中で、企業が果たすべき社会的責任（CSR）に関して、新しい展開がある。環境分野における取り組みが進み、社会的責任投資（SRI）も盛んに論じられてきたが、着目すべきは、労働・雇用に関わる分野における企業の社会的責任が新たな課題になってきたことである。

日本経団連は「企業行動憲章」を改定し（2004年5月）、労働・雇用に関わる企業の社会的責任を課題に挙げた。また、厚生労働省は「労働における CSR（企業の社会的責任）のあり方に関する研究会」を設置し、『中間報告』（2004年6月）をまとめた。そこでは、一般的なステークホルダーと違い、従業員という「人」に関する取り組みには特別な考慮が必要との問題提起がされている。

> 「従業員は多様な個性と能力を有しており、従業員の健康が損なわれ、消耗したからといって必ずしも代替がきくものではない。」（労働におけるCSR のあり方に関する研究会、2004）
>
> 「職業能力の蓄積なしに失業するようなことになれば、さらなる職業能力の低下を招き、無業期間が長期化しかねないが、これは従業員本人の職業生涯に取り返しのつかない損害を与えるのみならず、社会全体でみても悪影響を及ぼす。」（同上）

従業員の個性や健康に配慮し、能力発揮機会を付与することが企業の社会的責任である。これは、企業活動の基本原則を長期雇用重視に転換させ、社会の持続可能性を確保することを意味している。

　「社会的基盤の損失につながる行き過ぎた利益至上主義に対し、従業員、求職者等のステークホルダーに対する考慮を強調するCSRの考え方は、企業や市場のあり方を変革し、社会の持続可能性を保持していく上で重要性を増してきている。」(同上)

企業は非正規化・外部化を推進しているが、それはここで言われている「行き過ぎた利益至上主義」になりかねず、企業の社会的責任との間に緊張関係が生じているのである。労働における企業の社会的責任を問う流れは、2つの競争原理の並存・競合関係を鮮明に浮かび上がらせた。1つの競争原理は、「生き残り競争」のための短期利益重視、熾烈なコスト削減競争であり、もう1つは、長期利益重視(将来にわたる生き残り、持続可能性を保持する)競争である。
　『中間報告』は、「人」の立場から企業の社会的責任を問うことこそ、長期利益を重視する「サステナビリティー・マネジメント」(持続可能な経営モデル)への転換を推進するという位置づけである。環境問題において「持続可能性」が問題とされるだけでなく、労働の分野でこそ、長期利益重視の重要性が改めて問われているということである。
　労働における企業の社会的責任として企業が従業員等に対して取り組むべき重要な事項は、①さまざまな資質と才能を持った個人が、その能力を十分に発揮できるように、人材の育成、それぞれの生き方・働き方に応じた働く環境の整備、すべての個人についての能力発揮機会の付与、安心して働く環境の整備を行うこと、②事業の海外展開が進む中、海外進出先においても現地従業員に対し、責任ある行動をとること、③人権への配慮を行うことの3点を提起している。

2) 労働における社会的責任（CSR）の課題

CSR の実態調査（労働政策研究・研修機構調査部、2006a）も踏まえ、具体的に課題となっていることを整理しておこう。

① 法令遵守（「コンプライアンス」）

まず、企業が**従業員に対して果たすべき社会的責任**として、賃金、労働時間など基本的な法定労働条件を遵守することがあげられる。CSR 実態調査によれば、7 割弱の企業が労働時間管理の適正化を実施しているとのことである。ただし、その内容は「労働時間管理の適正化の周知・啓発」、「時間外労働に関する社内調査・実態把握」などであり、実効性が高いとはいえない（同上、8 頁）。「サービス残業」（不払い労働）をなくすなど労働基準法や労働安全衛生法の遵守はもとより、男女賃金差別裁判が「公序良俗に反する」と判示した男女賃金差別の是正や、全国転勤を総合職の採用や昇進の要件とする間接差別の禁止など、**コンプライアンス**の内容は社会の変化に応じて広がってきているのであり、こうした法令順守は企業活動の当然の前提である。

② キャリア権の保障

かつては長期雇用を前提に企業が人材育成投資を行ってきた。しかし、長期雇用を見込まない期限付きの短期雇用が増加することにより、企業の人材育成投資は急速に低下してきた。他方、離転職・労働移動が増加している中で、労働者自らが自己負担でエンプロイアビリティ（企業を超えた横断的な市場価値を含んだ職業能力）とキャリア形成をしなければならなくなっている。しかし労働者が自らの時間と費用でキャリア形成投資を行うのには当然限界がある。生涯にわたる継続的な能力開発を援助し、職業生活の全期間を通じて能力開発が行われる体制を確立し、**キャリア権**を保障することが国や自治体に求められるし、当然企業にも求められるのである（諏訪、1999）。

ただし、CSR 調査によれば、社員のエンプロイアビリティの向上に実際に努めている企業は 37% である。対象は正社員に限られている。

③ ワーク・ライフ・バランスの実現

ワーク・ライフ・バランス（仕事と生活の調和）の達成を企業のミッションと位置づけて取り組んでいる企業もあれば、企業や商品のイメージアップ戦略

と位置づける企業もある。積極的な企業は、社会的要請と個別の企業戦略とを絡み合わせ、企業の社会的責任としてのワーク・ライフ・バランスの実現に取り組んでいる。CSR調査によれば、女性の管理職登用を積極的に進める**ポジティブ・アクション**に取り組む企業は多い。ワーク・ライフ・バランスをポジティブ・アクションと結びつけ、職務および組織構成を改革し、長期的に生産性の向上を目指すというのが企業に共通する位置づけとなりつつある。労働時間を短縮し、育児や介護に関する支援措置を充実し、職業生活と家庭生活・地域生活との両立を支援していくことが求められている。女性はもとより男性の育児休業取得の促進が課題となっている（佐藤・武石、2004）

ただし社会全体を見ると仕事と家庭の両立はいまだに困難であり、妊娠・出産を機に女性が仕事をやめざるを得ないという状況に大きな変化はない。育児休業を終えて職場復帰した女性への処遇に問題があるとの指摘もある（萩原、2006）。30～40歳代の正社員に仕事が集中し、週60時間以上働く者も少なくない。家庭責任を果たすことが困難になっている。成果主義の導入が長時間労働をもたらしている現状を逆手に取り、ホワイトカラーの労働時間規制をなくすという動きも出ている。現在でさえ、生活権が侵害され、日常生活ができない状態が広がっているが、これが具体化されるならワーク・ライフ・バランスのとれた働き方は一層困難になるに違いない。

（3）　小括

長期雇用と年功的生活給を基本としてきた従来の日本型雇用システムは、短期雇用と成果主義の方向へ転換してきた。そうした中で、長期的持続的経営指向を重視し、労働における企業の社会的責任を問う声も出てきた。長期利益重視の立場から、労働における企業の社会的責任の具体化に取り組んでいる企業もある。しかし、株主重視を前提とした企業が短期的にコストのかかる課題に自発的に取り組むことは難しい。企業の取り組みに大きな格差が生まれている。

バブル崩壊以降、労働者に対する企業側のバーゲニングパワーが圧倒的に強まっている。株主重視の経営姿勢への転換によって、かつて生産性向上運動の中で力を発揮した「人事部＋企業別正社員労働組合」ブロックの影響力も低下

してしまった。ワーク・ライフ・バランスの実現をはじめとする労働における企業の社会的責任を、企業の中で推進する力は弱い。短期的に利益をもたらすわけではなく、逆にコストが発生する社会的責任に関する諸課題を、すべての企業が自発的に具体化することにはならない。それゆえ企業内の正社員に対しても企業がその社会的責任を果たせるかどうかさえ危ういのが現実である。いわんや外部人材・非正規短期雇用者を対象に、労働における企業の社会的責任を果たすことは困難であろう。

　労働の二極化、ワーキングプアの広がり、仕事と生活の調和の破壊などが問題となり、個別企業の枠を越えたところから、企業の社会的責任が問われている。社会的に望ましい方向を、企業の外から明確に示さなければならない。企業の社会的責任として新たに検討すべきは、労働者に対する生活保障役割を企業がどこまで果たすべきかという根本的課題である。正社員における年功的生活給から成果給へという動きは、企業が正社員のライフサイクルに合わせた生活保障をしないということを意味している。年収が毎年変動し、家計の見通しが立たない状態が起きている。企業としてこれを当然だと言えるのだろうか。

　また、非正規雇用労働者の中に従来のような家計補充的な非正規雇用ではなく、非正規雇用で家庭を営む人が増えている。こうした人たちが現代日本における標準的な生活をおくるのに十分な賃金は保障されない。非正規・外部雇用なのだから、企業として生活を保障する義務がないと言い切ることはできない。正社員の賃金体系や評価システムの検討だけでなく、非正社員の賃金水準についても割り込んではいけない基準額についての議論が必要となっている。

　ただし、外部人材や短期不安定雇用労働者のために個別企業が可能なことは限られている。社会として受け皿を作っていくことも必要であろう。住宅手当、教育手当などで家計を補完する社会システムがないままだと、社会の格差が固定し、貧困が再生産されてしまう（布川、2005）。企業が保障すべきことと、社会的にバックアップすべきことの両者を議論しなければならない。

おわりに

　以上述べてきたように、企業が果たすべき社会的責任として、新たな課題が生まれてきた。企業の倫理が社会的に問われだしているということでもある。企業の社会的責任は、「企業のリスク要因を軽減し、また社会ニーズの先取りを可能にすることを通じて将来の利益を生むもの」(労働政策研究・研修機構調査部、2006a、9頁) と言われているが、企業が企業のリスク要因をどれだけ広く認識するかは、社会が決めるのである。

注
1) 「生産性運動に関する3原則
　① 雇用の維持・拡大
　　生産性の向上は、究極において雇用を増大するものであるが、過渡的な過剰人員に対しては、国民経済的観点に立って能う限り配置転換その他により、失業を防止するよう官民協力して適切な措置を講ずるものとする。
　② 労使の協力と協議
　　生産性向上のための具体的な方法については、各企業の実情に即し、労使が協力してこれを研究し、協議するものとする。
　③ 成果の公正分配
　　生産性向上の諸成果は、経営者、労働者および消費者に、国民経済の実情に応じて公正に分配されるものとする。」(日本生産性本部、1955)
　　1950年代末には、年功賃金・定期昇給制度が、労使 (企業人事部と企業別正社員労働組合) の妥協として受け入れられた。
　　経営者側は、勤続にもとづく経営内序列が損なわれ、査定による能率刺激を無効にしていたのに対し、これらを復活、確立させることができた。労働者・労働組合は、戦後のインフレ収束以後、定期昇給制度を年齢による生活費上昇に配慮する生活給の制度として受け止めた (仁田、2003)。

参考文献
今野浩一郎・佐藤博樹 (2002)『人事管理入門』日本経済新聞社
苅谷剛彦 (1991)『学校・職業・選抜の社会学―高卒就職の日本的メカニズム』東京大学出版会

佐藤博樹・武石恵美子（2004）『男性の育児休業』中公新書
佐藤厚（2004）「中間管理職は不要になるのか」『日本労働研究雑誌』No.525
諏訪康雄（1999）「キャリア権の構想をめぐる一試論」『日本労働研究雑誌』468、54-64
武石恵美子（2006）『雇用システムと女性のキャリア』勁草書房
立道信吾（2006）「日本企業の人材マネジメントの変貌」『ビジネス・レーバー・トレンド』労働政策研究・研修機構、2006年10月号、2-5
日経連人事賃金センター編（2002）『職務区分別人事考課の考え方と実際』日本経団連出版部
日本経済団体連合会（2004）「多様化する雇用・就労形態における人材活性化と人事・賃金管理」
日本生産性本部（1955）「生産性運動に関する3原則」
　http://www.jpc-sed.or.jp/sb1/sb115.htm
日本労働研究機構（2000）『労働力の非正社員化、外部化の構造とメカニズム』『調査研究報告書No.132』
仁田道夫（2003）『変化の中の雇用システム』東京大学出版会
萩原久美子（2006）『迷走する両立支援―いま、子どもをもって働くということ』太郎次郎社エディタス
布川日佐史（2005）「若年貧困と社会保障の課題」『社会政策学会誌』No.13、法律文化社、50-67
森ます美（2005）『日本の性差別賃金―同一価値労働同一賃金原則の可能性』有斐閣
労働におけるCSRのあり方に関する研究会（2004）『中間報告書』（厚生労働省）
　http://www.mhlw.go.jp/shingi/2004/06/s0625-8.html
労働政策研究・研修機構（2004a）『企業の経営戦略と人事処遇制度等に関する研究の論点整理』（『労働政策研究報告書』No.7）労働政策研究・研修機構
労働政策研究・研修機構（2004b）『就業形態の多様化と社会労働政策―個人業務委託とNPO就業を中心として―』（『労働政策研究報告書』No.12）労働政策研究・研修機構
労働政策研究・研修機構調査部（2006a）「企業のコーポレートガバナンスとCSRに関する調査」『ビジネス・レーバー・トレンド』労働政策研究・研修機構、2006年3月号、2-9
労働政策研究・研修機構（2006b）『現代日本企業の人材マネジメント―プロジェクト研究「企業の経営戦略と人事処遇制度等の総合的分析」中間とりまとめ』『労働政策研究報告書』No.61
脇田滋（1995）『労働法の規制緩和と公正雇用保障―労働者派遣法運用の総括と課題』法律文化社
ワーキング・ウイメンズ・ネットワーク編（2006）『男女賃金差別裁判「公序良俗」に負けなかった女たち―住友電工・住友化学の性差別訴訟』明石書店
有期労働契約の反復更新に関する調査研究会（2000）『同研究会報告』』労働省労働基準局監督課

第8章

多国籍企業の倫理

はじめに

　1990年代以降の経済を表現するキーワードとして「グローバリゼーション」が挙げられる。グローバリゼーション、グローバリズムを巡っては賛否両論あるが、これを無批判に賞賛したり、完全に否定したりすることは建設的態度とは言えない。例えば、グローバリゼーションの推進力の1つとなってきたのが多国籍企業と呼ばれる経済主体であり、その活動内容、範囲、影響はますます広範なものになってきているが、その評価もまた分かれている。一方で、多国籍企業は「成長のエンジン」と見なされ、多くの国がその誘致にしのぎを削るようになってきているが、他方で、少なからざる多国籍企業がアンチ・グローバリズム運動の標的として多様な批判を受けてもいる。[1] どちらか一方に組するのではなく、現実の影響を診ながら、その問題点や課題を検討することが肝要であろう。それ故、本章の課題である「多国籍企業の倫理」を検討することは有意義な試みと言えよう。

　ところで、多国籍企業の倫理を問う場合には2つの主張があるが、このことを認識し、両者を区別することが必要である。第1の主張は、多国籍企業が意識的、無意識的に本国と受入国で引き起こす諸問題を取り上げ、これを批判するものである。例えば、軍事政権やクーデターの支持、環境破壊、児童労働の使用、大規模かつ長期的に影響の残るような工場災害、移転価格による税金逃れなど、場合によっては、違法行為、脱法行為となるようなものに対する批判である。[2] その意味で、この主張は「最低限の義務」を求めるものである。そ

れに対して、第2の主張は、「最低限の義務」以上の行為を求めることに関連している。受入国で求められている以上の労働条件の提供、環境保護の推進、積極的技術移転といったものがこれに含まれる。この主張は、企業の社会的責任（Corporate Social Responsibility, CSR）という形で注目を集め、ある種のブームめいたものともなっている。[3] 別言すれば、第1がコンプライアンスの徹底であるのに対し、第2のものはコンプライアンス「＋アルファ」ということになる。本書では主に後者を取り上げ、多国籍企業が良識的に倫理の実践を追求しようとも、そこには解決すべき課題が多くあることを示していく。

　本章では、以下のようにして論を展開していく。まずその理論も含めて多国籍企業とは如何なるものであるのか、ということを紹介する。そして、企業の倫理について、何故それが求められるのか、その追求は企業の利害と如何なる補完緊張関係をもつのか、という一般的な問題について答えた上で、多国籍であるが故に伴う企業の倫理がどのような特殊性、特徴を持つものであるのかを検討していく。さらに、そのような（多国籍）企業の倫理追求を迫る一つの動きとしてのCSRと、それに対応した企業側からのCSR報告書の公表という大きな流れがあるが、この意義と課題を見ていく。

1. 多国籍企業の実態

（1） 多国籍企業とはなにか

　多国籍企業とは、「二か国以上にわたって事業、または、付加価値活動を管理する企業」（Jones, 2005, p.5）のことを指し、国内のみにおいて事業活動を行う企業からは区別される。より具体的には、国外で生産、研究開発（Research and Development, R&D）、販売、地域統括などを行う子会社を保有するような企業が多国籍企業となる。そして、このような企業の国際的な展開は、主に直接投資（foreign direct investment, FDI）を通じて行われるが、それはまた、新規投資、国際的合弁事業、そして、買収・合併（mergers & acquisitions, M&A）といった方法が取られる。[4] 企業が多国籍化することの理由、意義につ

いては、次節で論ずることにするが、その前に、まず世界経済における具体的な多国籍企業の実態について、各種の統計を引きながら確認しておこう。[5]

　入手可能なデータによれば、2004年時点で国外に工場や販売拠点を有する多国籍企業は、世界全体で約7万社、その子会社総数は70万社近くにのぼる（表8-1）。国連貿易開発会議（United Nations Conference on Trade and Development, UNCTAD）が毎年発表している『世界投資報告書、2005年版』（UNCTAD, 2005）による在外資産で見た世界100大多国籍企業のランキングの中には、ゼネラル・エレクトリック（米）、ヴォーダフォン（英）、トヨタ自動車（日）といった我々に馴染み深い名前が多く見られる。そして、日系多国籍企業は、約4000社で、その在外子会社数は2万社を上回る。『東洋経済』は、在外子会社数によるランキングを毎年報告しているが、2005年のトップ5は、1位から順に、松下電器産業、ホンダ、ソニー、トヨタ自動車、東芝となっている。必ずしもこれらのランキングの上位には入っていないような企業による海外進出のニュース、また、あまり聞いたことのない外資系企業の日本への参入についての報道に接することもあるかもしれない。多国籍企業と大仰に言っても、ごくごく普通の、我々の周囲に存在する企業のほとんどを含むような印象を持つかもしれない。しかし、例えば、日本国内にある企業・事業所数と比較すれば、多国籍企業に分類される企業がごく一握りのものであることは、表8-1から容易に見て取れる。すなわち、日本国内の株式会社数は世界全体の多国籍企業数はおろか、その子会社総数よりも多いのである。その意味で、多国籍企業とは比較的少数の限られた企業であることがわかる。

表8-1　世界と日本の多国籍企業（2004年）

	親会社数	子会社数
世界	69,727	690,391
日系	4,149	20,618
日本国内企業・事業所数*	693,683	1,507,245

＊：株式会社のみ
出所：UNCTAD、東洋経済、総務省統計局

（2） FDIの動向

　絶対数で言えば、必ずしも多くない多国籍企業は、それではどのように事業を展開してきているのであろうか？多国籍企業による国際的事業展開の最も一般的な指標の1つであるFDIを多面的に眺めながら、この問いに答えていくことにしよう。為替相場、物価、景気、そして、統計上の諸要因の影響はあるものの、世界全体のFDIは、急速に増加してきている（図8-1）。それは、1990年代以降より顕著な動向となっており、UNCTADによれば、2004年の対外FDIは7,300億ドルと報告されている。この数字は、確かに2000年ピーク時の1.2兆ドルから比べるならば小さくなっているが、それでも、例えば、1995年の数字と比べれば2倍以上を記録している。このようなFDIの伸張を受けて、FDI残高も大幅な増加を見せており、1990年に1.8兆ドル弱であった世界全体の対外FDI残高も、2000年には6兆ドルを超え、2004年には9.8兆ドルとなっている。

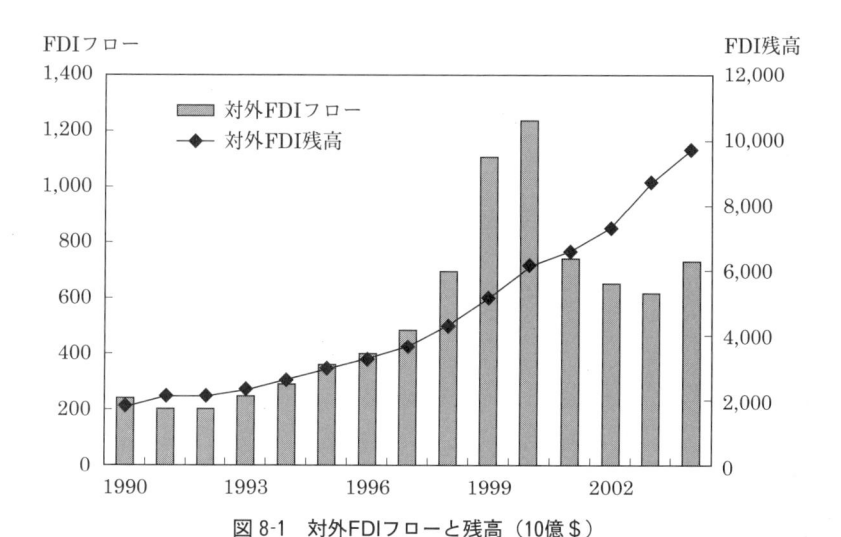

図8-1　対外FDIフローと残高（10億＄）
（出所）UNCTAD資料より作成

急速にその金額を伸ばしてきている世界のFDIは、その地理的分布や産業構成を見るならば、一定の偏りを見て取ることができる。まず地理的分布からみれば、対外FDIは先進国が87.3%と圧倒的なシェアを占めている（表8-2）。さらに、途上国グループの中で過半を成すアジアにおいても、シンガポール、香港、台湾、韓国といった、一人当たりGDPで見ればすでに先進国水準、もしくは、それに近い水準にある国々が対外FDIを先導している。他方、FDIの受け入れ面から見れば、先のような偏りは若干是正され、先進国対途上国のシェアは、58.6%対36.0%と幾分途上国のシェアが高くなっている。しかし、このような数字は、多国籍企業が低賃金労働力や緩やかな環境、その他の基準、規制に引き寄せられて途上国に向かうという一般的イメージとは異なる。多国籍企業はむしろ先進国間相互投資を行っているという色合いが強いことを示唆する。[6]

表8-2　対内外FDIフローと残高の地域構成（2004年）

	FDIフロー		FDI残高	
	対内	対外	対内	対外
先進国	58.6%	87.3%	72.7%	88.5%
途上国	36.0%	11.4%	25.0%	10.6%
日本	1.2%	4.2%	1.1%	3.8%
世界	100.0%	100.0%	100.0%	100.0%
金額（10億ドル）	648.1	730.3	8,895.3	9,732.2

出所：UNCTAD

　FDIが先進国間相互投資という色彩が濃いにもかかわらず、日本の地位は未だ低いものにとどまっている。世界全体のFDIにおける日本のシェアは、対外FDIでは4.2%、対内FDIでは1.2%に過ぎないのであり、これは世界のGDPに占める日本のシェアが10%近くであることからするなら、きわめて驚くべき数字である。日本で企業の倫理なり、CSRが語られるとき、それがしばしば国内問題として取り上げられる傾向にあることは、このような客観的事実を反映してのものであろう。例えば、静岡経済研究所（2006）による静岡

県内企業へのCSRに関するアンケート調査によれば、CSRへの取組みにおいて海外進出、途上国関連の項目を挙げている企業は、ほとんどの項目において2〜3%でしかない。

次に、FDIの産業構成を見てみよう（表8-3）。この面から見えてくる最大の特徴は、一次産業や製造業ではなく、サービス業が大きな割合を占めていることである。2001〜03年の先進国における対内FDIフローに占めるサービスの比重は、70%を越える水準に達しているのに対して、製造業のそれは20%を割り込むまでになっている。これは、1989〜91年に各々54.8%、33.7%であったことからするなら、サービス業シフトがひとつの傾向にあることを示している。そして、このようなサービス業シフトは、程度差はあれども、途上国についても言えるところである。[7] 1989〜91年に、サービス業は途上国が受け入れたFDIの3分の1程度であり、製造業のシェア、46.1%よりも10%ポイント以上低かった。しかしそれが今日では逆転現象を見せており、サービス業、製造業の割合は、それぞれ53.6%、35.7%となっている。このようなFDIのサービス業シフトは、経済そのもののサービス化と並んで、世界各国におけるサービス業の規制緩和、民営化が、その背景として挙げられよう。ここから、先の地理的分布を見た際に指摘したように、多国籍企業が低賃金労働を求めて世界中に工場を展開、移設しているというイメージとは異なる実態が確認できる。

表8-3 対内FDIフローの産業構成（上段：2001〜03年、下段：1989〜1991年）

	一次産業	製造業	サービス業	その他	総計
先進国	6.9%	19.5%	71.3%	2.3%	100.0%
	6.3%	33.8%	54.8%	5.0%	100.0%
途上国	7.6%	35.7%	53.6%	3.1%	100.0%
	10.2%	46.1%	32.8%	11.0%	100.0%
南東欧・CIS	29.6%	18.7%	44.7%	7.1%	100.0%
	n.a.	n.a.	n.a.	n.a.	n.a.
世界	7.4%	23.9%	66.0%	2.6%	100.0%
	7.1%	36.2%	50.5%	6.2%	100.0%

出所：UNCTAD

(3) FDIの意義

次に、多国籍企業が及ぼす影響について見ていくことにしよう。多国籍企業が実行するFDIは、資本の国際的移動を意味するが、これは商品の国際的移動とは異なって2つの意味を有する（Ando, 2007）。第1は、まず何よりも資本が、土地、労働力と並ぶ生産要素の1つであり、しかもFDIは当該企業が持つ技術的・経営的能力、すなわち、無形資産の移転を伴うものである点に起因する意義である。これは、当該受入国にとって成長に必要な資本や技術をFDIがもたらすことを意味する。UNCTADによれば、世界全体の対内FDI残高は、世界のGDPの2割程の水準であり、途上国ではそのGDPの4分の1を超えている（表8-4）。また、対内FDIフローが粗固定資本形成に占める比率は、世界全体では7.5%、途上国ではさらにこの比率が10.5%にも達している。その意味で、先進国、途上国を問わず、FDIは自国の経済の先行きを考える上で、見過ごすことのできないものであると言える。日本は、この面でも、唯一の主たる例外と言えるかもしれない。すなわち、対内FDI残高は対GDP比率で2.1%、2005年の対内FDIフローは粗固定資本形成の0.7%にしか過ぎないのである。

表8-4 対内外FDIフローの相対的意義（2005年）

	FDI残高対GDP比率		FDIフロー対GFCF*比率	
	対内	対外	対内	対外
世界	21.7%	24.0%	7.5%	8.7%
先進国	20.5%	27.3%	6.1%	10.3%
途上国	26.4%	12.7%	10.5%	4.2%
日本	2.1%	7.9%	0.7%	2.8%

＊：gross fixed capital formation、粗固定資本形成
出所：UNCTAD

他方で、資本は単なる貨幣ではない。FDIは有形・無形資産の国際的移転を意味すると同時に、将来の（特別）利潤に対する獲得請求権を多国籍企業に与えるものでもある。この面での統計の整備は十分進んでいるとはいいがたい

状況にあるが、G7にオランダ、スイスをあわせた9か国によるFDI投資収益は、2004年に5,000億ドルを超えている（図8-2）。しかもこの数字は、先に見たように、1990年代以降のFDIの伸びに並行して、急速に増加してきている。確かに国際収支の統計上の整備が進んできたという側面はあるにせよ、1990年前後にはこの数字が、1,000億ドル程度であったことからするなら、これが著しい伸びであることは多言を要しまい。

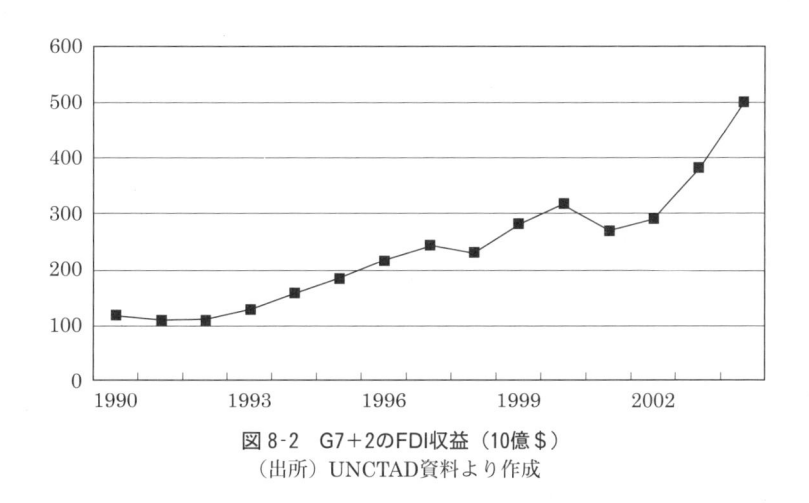

図8-2　G7＋2のFDI収益（10億$）
（出所）UNCTAD資料より作成

（4） 多国籍企業の倫理にとっての意味

さて、ここまで客観的な事実として多国籍企業の実態を簡単に見てきたが、ここで確認できたことは、多国籍企業の倫理を考察する際に、いかなる示唆を与えるものであろうか？　まず第1に、多国籍企業は少数の企業ではあるが、非常に巨大な組織であるということが挙げられる。第2に、一般的な印象に沿うように、それは先進国の企業が過半を占めている。第3に、しかしながら、受入国で見るならば必ずしも低賃金の途上国ばかりというよりは、むしろ先進国がその過半を占めている。第4に、多国籍企業によるFDIは、一次産業や製造業よりも、ますますサービス業の比重を高めている。第5に、多国籍企業はある程度「成長のエンジン」として作用している側面がある。と同時に、最後に指摘すべきことは、外国で上げた投資収益の取得という面でますます大きな

意味をもつようになってきている。このような事実確認からは、以下のようなことが言えよう。すなわち、多国籍企業の倫理問題として、しばしば途上国における低賃金労働・児童労働問題や環境問題が指摘されてきているが（林、2006）、これは多国籍企業の実態からするならば、問題を無意識のうちに大きく限定していることになる。先進国間での相互投資やサービス業への投資は、必ずしも低賃金や環境問題への否定的な影響をもたらすわけではなかろう。むしろ、より広く多国籍企業の倫理を問うていくことが重要である。

2. 多国籍企業の理論

先述のような実態を有する多国籍企業であるが、その倫理について論じる前に、本節では、以下の二つの問いに答えていく。第1に、いかなる条件に基づいて多国籍企業はFDIを実行するのであろうか？　第2に、国内に留まらず多国籍となること自体を通じて、いかなる利益がもたらされるのであろうか？[8]

先に見たような強大な多国籍企業がFDIを実行することは、ごく自然なことのように思われるかもしれない。企業が利潤の追求、最大化を目的とした組織である以上、国内投資より大きな利潤が見込まれると判断すれば外国への（直接）投資を躊躇する理由はないということになる。しかし同時に、投資を行い、しかもより高い利潤を獲得するためには、越えなければならないハードルがあることも忘れてはならない。言語や法律、労働・事業慣行から生活習慣に至るまで、本国と異なることは当たり前である。原燃料や部品などの中間財、機械やその修理点検サービスを供給するサプライヤー、日常の業務を側面支援する銀行、輸送業、その他事業サービスといった支援企業は、本国以上のものを期待するよりは、せいぜい同程度、もしくは、それ以下ということのほうが多い。つまり、多国籍企業は外国で本国以上に不利な条件に直面することを前提としてFDIの決定をしなければならないわけであるが、そうした障害を乗り越えるものは何なのか、という問いが発せられるのである。この問いに対して国際ビジネス研究において最も一般的に受け入れられている説明が、ダニング（Dunning, J. H.）の提唱するOLIパラダイムである（Dunning,

1988, 1992)。ダニングは、企業が FDI を実行し、成功するには、所有優位性、内部化優位性、立地優位性の 3 つの優位性がなければならないと主張する。この OIL パラダイムをさらに詳しく説明していこう。

（1） 所有優位性

　まず第 1 の**所有優位性**とは、通常企業の競争力とも呼ばれているものに該当するものである。先述のような不利な状況下において、進出先における競争から敗退しないためには、地元企業や他の多国籍企業に勝るとも劣らない当該企業固有の競争力が不可欠である（ハイマー、1979；キンドルバーガー、1972）。そのような競争力には多様なものがありうる。現地、本国、第三国で十分な市場を確保できるような品質・価格で財、サービスを生産する技術力、FDI を実行しうるだけの資金力等は、その代表的な例である。当該多国籍企業が固有に有している優位性ということから、ダニングはこれを所有優位性（Ownership Advantage、O 優位性）と呼んだ。

　O 優位性の具体的内容は、当該企業が事業活動を展開する競争条件、産業特性、市場特性によって多種多様なものとなる。最先端の技術知識が必要とされるような産業、例えば、情報技術産業や製薬産業においては、特許で保護されるような高度な発明、発見を継続的に行いうる研究開発力が重要である。多種多様な部品を組み立てる産業、例えば、自動車、電機・電子機器産業では、多くの熟練労働者を使いこなすための労務管理や不具合の無い部品を迅速、低廉、正確に調達するためのサプライヤー管理能力が必要となる。個人消費者の嗜好によって売れ行きが大きく左右されるような消費財産業、特に、高級ブランド品のような産業においては、商標権、著作権を有する財、サービスを生み出し、そうしたブランドの伝達・浸透・維持が企業業績にとって死活問題となる。さらに、外国への投資は国内投資以上にリスクが高く、特に、新規投資の場合には、子会社の設立から実際に事業が始まり、売上が生まれるまでには、一定の期間を必要とする。また、M&A の場合でも、株式市場における相手企業の市場価値以上のプレミアムを「ノレン」として上乗せするのが通常である。新規投資の場合の先行投資分、M&A の「ノレン」分などを賄うだけの資金力

を有するか否かということは、当該企業の競争力を左右するものである。もちろん、ここに挙げたすべてをもつ必要は無いが、いずれかが無ければいかなる国際的事業も行い得ない。そして、これらを総称したものがO優位性である。

(2) 内部化優位性

　第2の**内部化優位性**とは、コース（Coase, R.）が企業の存在理由を説明する際に掲げた「取引費用」概念を援用したものである（コース、1992）。新古典派経済学では、理念的に想定された完全競争市場こそが最も効率的に社会の資源配分を達成すると主張した。そのような市場はかなりの程度非現実的な前提、例えば、情報の対称性と確実性、調整コストや参入退出コスト、探査コストや契約実行監視コストがかからない、といったことが想定されている。しかし、現実には市場を十分利用するにはさまざまな費用、取引費用がかかる。例えば、先に見たO優位性に関連させてこのことを確認していこう。O優位性を構成するものには多様なものがあるとしたが、ここでは技術的知識、労務管理的知識を想定して考えてみよう。

　ある財・サービスの生産方法の根幹をなす技術的知識は、特許などの知的所有権によって保護され、市場での取引が可能なものである。それは確かに現実社会で市場取引が成立している。しかし、その利用は必ずしも市場で他社に売るよりも、自社でこれを活用したほうがより大きな利潤をもたらす場合もある。さらに、中長期的視点にたつなら、そのような知識を他社に売却したために相手企業の技術力が改善され、やがては自社を脅かすようなケースもありうる。[9] 他方、労働力は労働市場で売買されているが、これを例えば日常的な事業活動で必要となる原燃料や部品のような中間投入財と同じように、毎日労働市場でその必要量を調達するということは、非常に手間隙がかかる。しかもそのような場合、労働者に当初予定していたような労働成果を達成させることすらできないこともありうる。そのため、労働力の調達、利用には中長期的視点が必要であり、その下でこそ労働者の労働意欲を高めるための労務管理や社員教育を施すことが可能となる。労働者から最大限の努力を引き出すためには、市場によらないその労働管理が必要であり、しかもそのために必要となる知識

は、特許などのように形式化されたものでないため、その売買が市場で成立するものとはならない。このようにして、市場に代わって経済的取引を内部組織において管理統制することを通じて、より効率的に資源を活用できることが企業の存在理由である、というのがコースの主張である。[10] つまり、形式知、暗黙知を企業の内に取り込み、内部化する（Internalise）能力が肝要となる。企業が輸出なり、FDI なりの国際的事業を展開するためには、国際事業に関連する知識を、時に国境を越えて内部化する能力が必要になる（バックレイ＆カソン、1993）。もしそれが無ければ、当該企業は自社の商品を販売（輸出）してもらうために他社、例えば、商社に貿易を委託するなり、ライセンスとしてその知識を在外企業に販売することになる。それゆえ、知識や情報に代表されるような取引コストを十全に自社内で活用しうる能力を内部化優位性（Internalisation Advantage、I 優位性）と呼ぶ。

（3） 立地優位性

企業が O 優位性、I 優位性をもっているからといって、必ずしもそれらを FDI によって国外で活用しなければならない、という理由にはならない。場合によっては、自国で生産、輸出することも可能だからである。あえて企業が国外に自らの有形・無形の資産を移転し、当該受入国でこれを活用しようとするのは、それに伴うリスクを上回るだけの有利な諸条件、しかも、それが現地に赴かなければ得られない、という場合である（佐々木、1994：Dunning, 1998）。

国際的な可動性が無い、もしくは、低い資源を入手したり、輸送コストが非常に高くつくような市場へのアクセス、当該国に固有な支援産業、社会資本や投資支援、低率法人税などの政策的諸要因などが、現地へと行く理由にあたる。石油や鉄鉱石などに代表される天然資源の賦存状況は、世界的に不均質であり、それゆえにその獲得を目指す企業はそれらを産出する国に出向かねばならない。アパレルや靴のような労働集約的な産業では、低賃金労働力の獲得が国際競争力を左右するが、これらは容易に国際間を移動しない。新しい技術の研究開発のために国外に研究開発施設を持つ企業は急速に増えてきているが、これなども国際移動性は低いが、質の高い労働力をより効率的に確保すること

を目指してのものである。第二次大戦後、国際貿易の自由化により関税はかなりの程度低下したが、それでもアンチ・ダンピング関税や輸出自主規制などの方策によってしばしば輸出による市場アクセスが制限されることもある。また、サービスのように生産と消費の分離が困難な場合も、輸出による国際的な事業展開は制限される。このような場合には、市場確保のためには現地に赴かなければならない。他方、道路、港湾、通信網などの社会資本の整備状況は、企業の投資決定を大きく左右する。そして、政府が提供する投資インセンティブや低率法人税などは、現地で操業しない限り享受できないものである。これらの諸条件は、当該国に立地して初めて手に入れられるものであることから、**立地優位性**（Locational Advantage、L優位性）と呼ばれる。

（4） OIL パラダイムと FDI

ダニングは、以上3つの優位性が存在するとき、企業はFDIを成功裏に選択、実行できるとするOILパラダイムを提唱したのである。そもそもO優位性が無ければ、企業は国際事業を展開することはできない。しかし、たとえO優位性を有していてもそれを国際事業に利用するだけの知識・情報を持ちえていない場合、活用能力が無い場合、当該企業はそのO優位性をライセンスを通じて国際的に利用するにとどまるであろう。そして、国際事業を実行するだけの能力、I優位性があったとしても、わざわざ外国に出向くだけのL優位性が無ければ、輸出を通じた国際事業の展開を図るだけである。そして、本国にとどまる限り得られないL優位性が相手国にある際に、企業はFDIを選ぶことになる。この関係をまとめたものが、表8-5である。

表8-5　OIL パラダイム

	O 優位性	I 優位性	L 優位性
FDI	○	○	○
輸出	○	○	×
ライセンス	○	×	×

出所：Dunning (1988), p.28.

（5） 多国籍性の利益

　OIL条件を満たした多国籍企業がFDIを実行し、国外に子会社網を構築することは、国内企業には無い独自の多層的・多元的組織となることを意味し、それ自身が特異な利益の源泉となる。「多国籍性」とも呼びうるその利益は、不均質な市場・生産条件が構造的特徴である世界経済で事業を展開することから得られる。

　コグット（Kogut, B.）は、この多国籍性の利益として3つのものを挙げている（Kogut, 1983）。第1は、世界経済の構成単位である国民国家が各国内に提供する制度的枠組みが相互に異なっていることを利用することを通じて得られるもので、制度的裁定と呼ばれる。例えば、多くの国が現在FDI誘致のために各種の投資補助金を提供しているが、それを受ける際に多国籍企業は国内企業以上にその選択の幅は広く、また、交渉力も大きくなっている。第2は、情報の外部性と定義付けられたものであるが、これは異なる事業環境での経営から得られる情報・知識を多国籍企業内で共有することで達成される。自国と異なる労働習慣・環境において自国と同じ労務管理を行っても、労働者の勤労意欲を維持、高められないどころか、反発を買うことすらある。そのような問題に対処する過程で得られる解決法や経験は、本国や他国の子会社で活用できることもある。第3は、マーケッティングや製造工程での共同生産の経済性である。これは多国籍企業が多様な条件下で、総合的に大規模な事業を営むことから生まれる規模と範囲の経済によるものである。一国を超えた広告や販売促進品、生産機械などの大量生産は平均費用を低下させ、大量調達はサプライヤーからの割引を、そうでない場合以上に大きなものとする。さらに、2か国以上に生産が分散している場合、特定国における天災、事故、ストライキなどによる生産の中断の被害は、他の拠点による増産で補うことができる。以上の3つが、コグットの言うところの「多国籍性」の利益である。

　OILの優位性を備えるとき、企業は多国籍化しうる。その結果として「多国籍性」の利益を享受する組織体となる。1990年代以降、その過程は急速に進み、国外で巨大な利潤をあげうるようになってきた。このような特徴に起因する多国籍企業固有の倫理的課題は、いかなるものであろうか？　そしてそれを

形式化する動きとしての CSR ブームはどのような背景、課題をもつものであろうか？　次節以降でこれらについて考えていこう。

3. 多国籍企業固有の倫理的課題

　多国籍企業の倫理を考える際にまず問題となることは、多国籍企業を含む「企業の倫理」というものに関して一般的な合意が未だ十分形成されていない、ということである。企業倫理をめぐっては、一方でフリードマンを代表とする「シェアホルダー・アプローチ」があり、他方でフリーマンが先導する「ステークホルダー・アプローチ」がある。この両者を両極として多様な考え方、議論がある。そこで、この2つのアプローチを比較紹介したうえで、多国籍企業の倫理を考えていこう。[11]

（1）　企業倫理をめぐる2つのアプローチ

　後にすぐ見るような共通点をもちながらも、シェアホルダー・アプローチ、ステークホルダー・アプローチは、その内容において大きく異なっている。**シェアホルダー・アプローチ**の代表的論者であるフリードマンは、企業の倫理なり、社会的責任というものを最も限定的に捉えている（フリードマン、2005）。彼によれば、「ビジネスの唯一の社会的責任とは、ゲームのルールを守りながら、資産を運用して利潤を増やすことを意図した活動に従事することであり、それは言いかえるとごまかしや詐欺をすることなく、開かれた自由競争に参加することである」（フリードマン、前掲書、91頁）ということになる。彼によれば、企業の経営陣が、株主の所有権に属する利潤を直接、間接に営利目的以外に使うことは、「課税」「執行」を行っていることになり、これは「代表なくして課税なし」という民主主義原則の侵害、否定ということになる。また、社会にとって善きこと・公共善は民主的政府がこれを実行し、行うべきでないこと・公序良俗の侵害の是非は法律等によって決められるべきである、ということになる。これらの問題に企業が首を突っ込むことは、株主価値の最大化という自らの専管事項からの逸脱として咎められることになる。

フリードマンの議論の根拠は、企業は株主のものであり、経営陣は株主から経営を委託された代理人である、ということにある。しかし、株主は配当の請求権を有しており、その最大化を求める権利はあるにしても、企業そのものを所有しているわけではない。個人事業主は、自らの店のものを自由に処分できるという意味で、その店を所有している。例えば、すし屋の主人は飼い猫のエサにするために店のマグロを持ち帰ることを自分で自分に許すことができる。しかし、株主は自分が株を所有している企業に出向き、その会社にある備品などを無断で持ち帰ることは許されない。つまり、株主が企業を所有しているという言い方は、一定の条件付きなのである（岩井、2003：ドーア、2006）。確かに株主は、企業にとって最も重要な利害関係者ではあるが、唯一の者というわけではない。換言すれば、企業は株主のものであるということのみを根拠に企業倫理を限定的に考えることは許されないのである。さらに、株主が単に株価の上下動からそのサヤを取り、投機的な利益を得ることのみを求めるのでなければ、半永久的に企業の存続を想定し、そのために事業を展開することについて積極的に賛成するであろう。これは、企業の長期的な利益に供する形で配当以外に利潤を分配することは、一定の範囲内で認められうる、ということを意味する。つまり、企業倫理を考える際に、シェアホルダー・アプローチは大きな限界があるということになる。

　シェアホルダー・アプローチの対極にあるのが、**ステークホルダー・アプローチ**である。企業は、株主、従業員、サプライヤー、顧客、地域社会といった権利と義務を有する利害関係者、ステークホルダーによって関係付けられている。経営陣の役割は、株主利益の最大化ではなく、時に対立もしうるステークホルダー間の利害を調整することである、とする考え方が、フリーマンによって唱えられた（フリーマン、2005）。そして、そうした利害調整の過程を通じて、自立、連帯、公正といった概念を反映する「規範の核」を構成することができ、それに基づいて企業の価値創造活動が導かれることになる。このフリーマンの議論は**ステークホルダー・アプローチ**として知られるものである。それはまた、企業は利潤極大化のみならず、ある種の義務・権利関係を社会と結んでいるとする、「社会契約説」を根底に持つ考え方である。

シェアホルダー・アプローチとステークホルダー・アプローチは、一見すると大きく異なる考え方のように見えるが、実はそこには幾つかの共通項を見出すことも可能である。まず何よりも両者とも、企業倫理そのものを否定しているわけではなく、両者の相違はその対象、範囲の違いなのである。次に、両者とも企業倫理の担い手としての経営陣の役割を明示的に示している。企業そのものは、自らが意思決定をするわけではなく、単なる組織でしかない。ただ便宜的に「法人（legal person）」として擬人化されているだけであり、両者の指摘はこの点を想起させてくれる。第3に、どちらのアプローチも、アメリカ合衆国のような民主主義的政府が統治する国を暗黙のうちに想定し、議論を進めている。近年企業倫理が声高に言われるようになる中で、その背景としてグローバリゼーションの進展が指摘されるが、この点の考慮、分析は驚くほど希薄である。

（2） 課題その1――社会契約的配慮

第1節において多国籍企業の実態を見る中で、我々はそれが少数ではあるが、巨大な組織であることを確認した。このことは、「社会契約」的には、多国籍企業に受動的、能動的倫理を求めることになる（UNCTAD, 1994）。まず、多国籍企業が市場における支配的立場を占め、これを悪用する機会が与えられる可能性が指摘でき、この問題への対処としての自制的規範が要求される。一部の先進国では、支配的立場の乱用は競争政策によって禁止、制限されている。しかしながら、競争政策には、違反の立証が難しいという問題、たとえ違反が確認されたとしてもそれを抑止するだけの罰則が課せられない、という問題がある。そのような状況下で、支配的地位の乱用を意識的に自制するということは、重要な意味をもつ。もちろん、競争法において明確な規定が無い、確定していない場合に、事業戦略と支配的地位の乱用の間の線引きは、非常に難しい。パソコンのオペレーション・ソフトと他のソフトウェア（例えば、ホームページ閲覧ソフトや音声・動画再生ソフト等）との抱き合せ販売などは、この問題の難しさを表している。そして、サービス業、特に、ネットワーク型サービス業では、'winners take all（勝者独占）'の傾向が強いことから、そ

してFDIのサービス業シフトが認められる中、この点での配慮が一層求められよう。[12]

　多国籍企業の巨大さは、しかしながら、上述のような受動的、自制的な規範を求めるにとどまらない。むしろ、「高貴なる義務（nobless oblige）」という言葉が指し示すような、強大であるがゆえに特別な義務を果たすよう、社会から期待される。このように述べることは、多国籍企業に対して1つの行動指針を大所高所から、哲学的に諭すかに聞こえるかもしれない。しかし、「高貴なる義務」を自らの「規範の核」とすることは、多国籍企業自身にとって3つの実践的な意義を持つ（Davies, 2003）。第1に、「高貴なる義務」を意識して倫理的に経営を進めることは、当該の多国籍企業に対するより肯定的な評価が各方面から与えられることになろう。それは中長期的な利益を期待させるものであり、ある種のマーケッティング的効果からも首肯されよう。第2に、「高貴なる義務」に基づき法令遵守以上の自己規制を課す中で、未だ顕在化していない需要を掘り起こす可能性がある。倫理問題をイノベーションの文脈で再評価する時、多国籍企業は「多国籍性」を有するがゆえにより有利な立場にあろう。第3に、「高貴なる義務」の看過は、市民グループからの強力な批判となって跳ね返ってくる危険性をもつ。特に、多国籍企業はその社会的プレゼンスの大きさから、批判の矢面にたたされる傾向がある。情報化の進展によって、他国での活動すらも瞬時に伝わる現代では、そうした批判を未然に防ぐためにも、多国籍企業が積極的、能動的に「高貴なる義務」を踏まえた活動を行うことが重要なのである。

（3）　課題その2――社会の多様性

　多国籍企業が強大さゆえに「高貴なる義務」に基づく倫理的経営を引き受けるにしても、それが多数の国にまたがって事業を展開していることによって、固有の課題に直面することになる。すなわち、国境を超えて活動する多国籍企業が向き合う社会は、国内企業以上に複雑かつ多元的な性格をもつものであり、その活動の舞台である世界経済では法を含むルールが一元的に設定されていない、ということである（スティグリッツ、2006）。企業倫理を最も限定的

に規定するフリードマンですら、法令遵守は最低限の事項として認めている。しかし、世界経済を構成する国民国家は、必ずしも普遍的、標準的、均質的な単位ではない。確かに、多くの先進国では民主主義体制がとられ、当該国の社会的総意が形成される傾向はある。しかし、先進国が取る民主主義体制そのものにも多様性が見られ、一国内でも時に社会的合意形成の失敗により、暴動や争乱のような事態すら生じることがある。民主主義が未成熟な新興国、途上国、市場経済体制を指向しながらも政治的には非民主的体制をとる国、警察国家的色彩を強くもつ国々が、現に存在しているという事実を視野に納めれば、多国籍企業の直面する社会の多様性は増すばかりである。

　上記のような条件下で、多国籍企業はどのレベルで法令遵守が求められるのであろうか。多国籍企業が、投資先において当該国の法令を守ることは、フリードマンも認める最低限のところだとしても、そうした法令は必ずしも当該社会の総意となりえていない、それ以下ということもありうる。時に、受入国政府は、FDI誘致のために、より緩やかな労働条件、環境基準、低い税率などを設定する場合もありえよう（UNCATD、1999）。近隣諸国とのFDI誘致競争を繰り広げる中であれば、なおさらである。確かに、国内政治制度の堅固さは、FDIを呼び込むうえで重要な条件の1つではあるが、すべてではない。時に、汚職や賄賂のような問題を抱える国であっても、他の条件でそうした問題を補うような立地上の優位性があれば、企業はFDIに踏み切ることもある。他方、受入国の法令を守っても、本国において否定的な評価を受け、不買運動や批判の対象とされることもありうる。情報化の進展の中、特に、消費財産業においては、このようなことが多く生じている。そして、このことは中長期的に見て企業利潤を掘り崩すことになる危険性をもつ。その意味では、フリードマン流の立場ですら、受入国の法令以上の行動をとることが、利潤最大化に寄与するという意味で肯定される。

（4）　課題その3——経営者の役割

　多国籍企業は、強大さゆえに倫理的行動を求められ、多国籍性ゆえに多様な社会と直面しなければならないが、その意思決定は、フリードマン、フリーマ

ン両者がともに認めているように、経営陣の役割となる。しかし、たとえフリーマン流にステイクホルダーの利害を調整し、「規範の核」を構成し、それに基づく経営実践を能動的に図ろうとしても、大きな課題に直面せざるをえない。多国籍企業はその特質故に、本社の経営陣が一元的に倫理の実践に関する意思決定を行うことは、不可能かつ不適切だからである。多国籍企業の本社と子会社が存在する国々において、企業に対する社会的期待やその優先順位が異なっている。多国籍企業の実態を確認した際、その本国は圧倒的に先進国であることを指摘したが、このことは本社の経営陣の意識や意思決定に先進国寄りの偏りがかかる可能性を示唆する。先進国と途上国では、基準、規制に相違があり、前者におけるほうが後者よりも一般的に高く、厳しい。しかし、いたずらに前者のレベルのものを追求、強制することになれば、投資先の変更や縮小、撤退を引き起こすことになろう。FDIに「成長のエンジン」としての役割を期待している途上国にとって、これは必ずしも望むところではなかろう。

　先のような問題への対処策として、UNCTADは「補完性原理」の援用を提案している（UNCTAD、1994）。**補完性原理**とは、EUにおける意思決定の原則として特に有名ではあるが、その内容を簡潔に述べれば、意思決定の階層構造において、その影響を最も受け、かつ、他への波及効果が少ない場合には、その権限はできるだけ下層に委ねられるべきである、というものである（ペルクマンス、2004）。この原則を多国籍企業に適用すれば、その本社経営陣は、自社の倫理的規範の大枠、例えば、「企業行動要領」のようなものを定め、本社を含むグループ全体でその実践をチェックするにとどまるべきである。そして、より具体的な実践内容に関しては、各子会社レベルの経営陣の裁量に委ねられることになる。例えば、従業員教育を従来より積極的に行うという方針は本社で決めるにしても、どのレベルの従業員に、どの程度、どのくらいの期間で行うのか、ということは、子会社に任せるという場合を想起すればよかろう。これは何も新しいことではなく、通常の日常業務内容と同様に倫理問題も扱われるべきである、ということである。

(5) 課題その4——内部組織における配分

　補完性原理によって多国籍企業が直面する社会の多様性に対処するにしても、このことは同時に当該企業の内部組織における権限配分や倫理的経営実践のための内部資源配分問題を伴うものである。企業の倫理的経営がコストを伴わないものであるなら問題は生じないであろうが、現実には多種多様な形でコストを伴い、それゆえに、シェアホルダー・アプローチからの批判を浴びてきたのである。多国籍企業は、巨額の投資収益を国外であげ、本国にもたらしている。子会社の経営陣は、自国内における従業員の教育という形での還元に投資収益の再配分を要求するかもしれない。本国では、株主への配当、本国従業員の訓練、再教育等々にまわすことを主張するかもしれない。労働者の転職が活発な国では、そうでない国以上に教育訓練費用が大きくなるであろうが、その中長期的利益は教育訓練を受けた労働者が転職することによって掘り崩されてしまい、正当化やバランス調整が難しい。[13] このような状況に直面して、すべてのレベルの経営陣が納得しうる客観的な基準が存在しえないということを認識しなければならない。たとえ、事前に本社が決めたガイドラインがあり、それに従って決定がなされたとしても、それが今度は社会的に許容されるかといえば、必ずしも保証の限りではない。多国籍企業が直面する社会が多様であり、企業への期待もまた多様だからである。それゆえに、課題は単一の理想形を追求することではなく、ステークホルダー間の利害調整とそのための対話ということになる。つまり、企業が倫理的な実践を行う、若しくは、それを行わせるという目的とともに、それを実現させるための過程も重要なのである。この面では近年新しい動きが見られるようになってきている。節を改めて、この点を見ていくことにしよう。

4. CSRブームとその課題

　多国籍企業固有の倫理的課題と意義について見てきたが、近年これと関連するものとして企業の社会的責任、CSRが大きな注目を集めるようになってきた。そもそもCSRとは、「従業員、その家族、地域共同体と社会と共に彼らの

生活の質を改善するために、持続可能な経済発展に貢献する事業の取り組みである」(WBCSD, 2002, p.2)。つまり、CSR はシェアホルダー・アプローチではなく、ステークホルダー・アプローチに基づく企業倫理の考え方とほぼ同義であると言える。その意味では CSR について語るべきことは、前節で述べられている。しかしここで注目すべきことは、近年企業側がより積極的に CSR に関する活動をアピールするようになってきていることである。従来、企業は通常の営利事業活動を株主や投資家に知らせるものとしての決算報告書を公表しているが、これと並んで、CSR 報告書が公表され、メディア等も CSR ランキングを行うようになってきており、これは前節の最後に指摘した「社会契約」当事者間の対話の一形態である。そこで本節では、この問題について考えていくこととする。

(1) CSR の歴史的背景

UNCTAD はすでに、その『世界投資報告書』の 1994 年版 (UNCTAD, 1994) において、1 章を設けて CSR について論じている。そこでは、ジェネラル・ミルズ社やトヨタ自動車、その他の企業の「企業行動綱領」の一部が引用、紹介されている。その中には、キャタピラー社 (1974)、S. C. ジョンソン＆サン社 (1976) のように、すでに 1970 年代からこの問題について自社の方針を表明しているものもある。その意味で、実際の多国籍企業にとっては、企業倫理なり、CSR なりは、30 年以上の歴史を持つものと言える。このような歴史を背景として現在の CSR ブームがあり、その一環として企業自身による CSR 報告書の公表やメディアによる CSR ランキングという形での形式化が、現在進みつつある。[14] それは大きく言って、多国籍企業を巡る環境要因の変化と多国籍企業自身の内発的要請によるものである。

(2) 多国籍企業の CSR への取り組み

多国籍企業を取り巻く環境要因は、1990 年代に大きく変化した。1990 年を前後して、ソ連を中心とする社会主義計画経済体制が崩壊し、雪崩をうつように市場経済の導入が至る所で図られるようになると、資本主義体制に対する大

きな期待や楽観主義が支配的となった。しかし、FDI を含むグローバル化と情報化が 1990 年代を特徴付けるキーワードとなる中、アンチ・グローバリズム運動が高まりを見せるようになった。WTO のシアトル会議の失敗、2001 年 9 月 11 日の同時多発テロ、そして、エンロン、ワールドコム、パルマラット、カネボウなどの粉飾決算といった企業不祥事により、資本主義体制の正当性が疑いの目をもって見られるようになってきた。環境問題への関心の高まりとそれに応じたリオ・デ・ジャネイロ、京都における環境サミットの開催は、しかしながら、アメリカ合衆国の京都議定書からの脱退によって冷や水を浴びせられることとなった。このような時代背景を受けて、CSR を求める声が NGO などの市民団体から声高に聞かれるようになった。そして、情報通信技術の進歩は、そうした圧力の高まりをより強固に、そして、迅速なものにした。近年、企業が CSR 報告書などを積極的に発表するようになったのは、こうした外的環境、社会的圧力への対応という側面がある。

　他方、多国籍企業の側からのより自発的、内生的要因もある。一つには、先に見た社会的圧力の高まりに対して、CSR という自発的対応をアピールすることを通じて、多国籍企業にとってより厳しい法や規制の導入を予防するという狙いがある。法律、規制というものは、多国籍企業以外の利害も反映し、しかも、それが強制力や罰則を伴うため、それへの対応は往々にしてコスト増をもたらし、経営上の柔軟性を損なう。それに対して、CSR は自発的、自主的なものであるため、企業側の選択の幅や柔軟性がより大きい。しかもその際に、法・規制の制定が場合によってはかなりの時間を要することからも、技術進歩の早い現代においては、CSR の機動性を謳うことによって正統性が高められる。つまり、CSR への積極的対応は、自らの経営上の自由度を事前に守ることに動機付けられてもいるのである[15]。

　CSR に積極的な企業ほど一般的に株価が高い傾向にあるといわれることに示されるように、より積極的に経営戦略上の位置付けが与えられたことも、CSR 対応が活発化してきたことの一因である（Davis, 2005）。先にも触れたように、最低限の基準、規制以上のものを追求、達成することを通じて、他社に対する競争上の優位性を確保したり、未だ見出されていない需要の発掘を可

能にしたりすることがありうる。例えば、排ガス規制への対応策の1つとして生み出されたハイブリッド自動車が、環境に優しい企業というイメージをもたらし、需要を喚起した例などがこれにあたる。また、CSRの1つとして従業員への配慮は、労働意欲や生産性の向上に一役買うだけでなく、そのことをCSR報告書等で広く社会に知らしめることで、より質の高い労働力の確保が可能になる。少子高齢化問題に直面する多くの先進国で、転職率の高い国で、そして、多国籍企業が外国の企業であるが故に否定的なイメージを受ける受入国で、従業員向けCSRのアピールは大きな利益をもたらすものと期待されている。CSRがもつこのような側面への認識やコンサルタント会社の提言などを受け、近年その取り組み姿勢が活発化してきたのである。そうした中には、従来からすでに行ってきていたことを新たにCSRとして括り直し、その報告書を公表するようになったところもある。

（3） トリプルボトム・ライン

　CSR報告書の公表は、企業自らが主導しながらステークホルダーとの対話を図ろうとする姿勢の現われでもあるが、そこには固有の課題もある。1つは、決算報告書と異なり、CSR報告書はその内容ゆえに、非常に大きな多様性を含むこととなり、比較可能性が制限されるということである。企業の利潤をあらわす項目が帳簿の最下段にくることから、それはしばしば「ボトムライン」と呼ばれる。決算報告書で問題となるのは、この利潤のプラス・マイナスとその多寡であるため、「シングル・ボトムライン」といわれる。これに対して、CSR報告書では少なくとも利潤、環境、社会の3つが問題とされ、「トリプル・ボトムライン」と表現される。確かに、会計基準の国際的相違から企業利潤の国際比較には一定の難しさはあるが、「トリプル・ボトムライン」の他の二項目の間の比較の難しさはそれをはるかに凌ぐものであり、各企業のCSRをトータルに比較することには大きな制約がある。また、たとえ同一項目の比較であっても、産業特性によってその意義は大きく異なってくることもある。

　環境問題への取り組みに関するCSRを例に取り上げて、比較のむずかしさ

を考えてみよう。例えば、途上国において多国籍企業の化学製品工場がかなりのコストを投入して、本国でと同様の最先端の汚染防止装置を導入した場合、この企業は環境に配慮した経営を実践していると評価されよう。他方、国際的なホテル・チェーンを展開する企業が、ボディソープやシャンプーといった入浴関連品を使い切りタイプのものからリユース可能なボトルタイプのものに切り替えた場合、やはり環境に気を配った経営を進めていると評価できよう。しかし、この両者のCSRを同等に扱うことには無理があろう。このようにCSRの比較は決算報告書の比較以上に大きな困難に直面することになり、そのことを反映して、メディアや国際機関が発表しているCSRランキングには大きな違いが見られるのである。（表8-6）

表8-6 CSRランキング

	日本国内ランキング（2005年）			グローバルランキング（2004年）	
	日経ビジネス（2005）	東洋経済（2006）	ニューズウィーク（2005）	UNEP（2004）	ニューズウィーク（2004）
1位	シャープ	松下電器産業	キヤノン	Co-operative Financial Services（英）	GlaxoSmithKline（英）
2位	デンソー	ソニー	リコー	Novo Nordisk（デンマーク）	AstraZeneca（英）
3位	富士写真フィルム	リコー	シャープ	British Petroleum（英）	Statoil（ノルウェー）
4位	日立化成工業	東京ガス	エーザイ	British American Tobacco（英）	BHP Billiton（英）
5位	凸版印刷	セイコーエプソン	花王	BT Group（英）	Nokia（フィンランド）

（4） 互恵性問題

CSR報告書が比較困難性という問題を抱えているにしても、それは企業側からステークホルダーへの能動的働きかけであることに違いはない。その場合、ボウイ（ボウイ、2005）がいう道徳的関係における「**互恵性の原理**」を承認するならば、従来の議論で見逃されていた点がさらに浮かび上がってくる。

非倫理的企業に対する不買運動は、しばしば大きなニュースとして伝えられ、我々もよく知るところであるだけでなく、場合によってはそうした運動に参加することもある。しかし、倫理的企業に対しての好買運動といったものは、ついぞ聞いたことがない。確かに、互恵性を常に社会的に組織化する必要はなく、例えば、従業員に配慮する企業における労働者の勤労意欲の向上は、無意識的な互恵性の実践であろう。しかし、倫理を1つの「社会契約」と考えるステークホルダー・アプローチに従うならば、ステークホルダーの側からの義務の果たし方は、今後考慮すべき事項ということになる。その際、多国籍企業が他国で果たした倫理的責務に対しては、一体誰が反応すべきであろうか？当該多国籍企業の本国のステークホルダーが対応すべきなのか、それとも当該国の関係者のみでよいのか、その答えは決して簡単に与えられるものではない。

　CSRは1つのブームとなっているが、それは無制限な市場経済の広がりへの反省、並びに、CSRの取り組みがもたらす利益を踏まえてのものである。しかしながら、その比較考量は非常に困難である。同時に、企業側がCSRという形で自らの倫理的実践を図り、社会に向かってアピールするとき、ステークホルダー側の義務についても考える時に来ているのである。

むすびにかえて

　現代の世界経済における多国籍企業の重要性は、ますます大きくなってきている。多様な立地条件下において自らの所有優位性を内部組織で活用しながら、利潤極大化を図る多国籍企業は、かってのような否定的イメージのみでは語ることができなくなってきており、むしろより積極的にその誘致を図る政府が増えてきている。しかし、それが少数の巨大な企業であるがゆえに、倫理的な責務が求められるようにもなってきている。確かに、企業倫理なり、CSRなりに関しては、シェアホルダー・アプローチとステークホルダー・アプローチという相互に対立する考え方がある。たとえステークホルダーに対する配慮を企業の行動基準として設けることを主張し、企業倫理を積極的に肯定する後者の立場に立とうとも、そこには多くの論点がある。多国籍企業のように国境

を越えて事業を展開する特異な企業にとっては、通常の企業の倫理を巡る課題のみならず、多国籍であるが故の課題に直面することになる。すなわち、多国籍企業が向かい合う社会そのものが多様性を内包していること、それゆえに意思決定権限の特異な配分を行うこととそれに伴う内部資源配分問題がそれである。加えて、近年より戦略的に倫理的実践を行い、それを社会にアピールするためのCSR報告書の公表が活発化してきているが、その比較困難性が克服されねばならない。最後に、「互恵性の原理」に立てば、ステークホルダー側での責任の果たし方も考慮しなければならない課題であることが指摘された。多国籍企業の倫理という社会契約は、一般市民を含む契約当事者双方の努力を求めるものでもある。

注
1) グローバリゼーションを巡る文献は多くのものがあるが、例えば、スティグリッツ（2002, 2006）、バグワティ（2005）、アダ（2006）などを参照。
2) 多国籍企業が引き起こした多くの問題などについては、ターナー（1971）、佐々木（1986）、Hood & Young（1979）などを参照。
3) 事例紹介も含む近年のCSR関連文献としては、例えば、日本規格協会（2004）、OECD（2004）などを参照。
4) ここに挙げた以外にも、企業の国際的な事業活動には、国際的提携やアウトソーシングなどもあるが、本章では取り上げない。国際ビジネスに関する包括的な紹介入門書としては、例えば、バックレー＆ブルーク（1993）を参照。
5) 本節でのデータは、主に、UNCTADのホームページ（http://www.unctad.org）上のデータベースから収集整理したものである。
6) このことは勿論、低賃金労働獲得を目指したFDIが無いと言っているわけではない。それが必ずしも支配的要因ではないということである。
7) FDIのサービス産業シフトなり、サービス関連企業の多国籍化については、例えば、UNCTAD（2004）、関下・板木・中川（2006）を参照。なお、本章では詳しく分析する余裕はないが、このような傾向が同時に1990年代以降のFDIが主に新規投資よりは、M&Aに傾斜したものであることの背景にある。
8) 多国籍企業に関する理論的関心事項としては、ここに挙げた2つのもの以外にも多くあるが、紙幅の関係もあり、本章では取り上げない。例えば、参入方法、経営管理方法、組織論、FDIの動態などがある。バックレー＆ブルーク（1993）を参照。
9) 例えば、IBMは日本に子会社を設立する際に、当時の通商産業省の指導によりコン

ピュータ関連の特許を日本企業に公開した。それを基礎にして、その後の日本におけるコンピューター産業の興隆が見られたのである。
10) 近年、この取引費用の概念を使い、企業以外の経済事象、例えば、制度、経済史、経済発展などの説明を試みる流れもある。その代表的な例として、例えば、ノース（1989、1994）を参照。
11) 企業倫理に関しては、主にビーチャム＆ボウイ（2005）を参考にした。ここで取り上げるフリードマン、フリーマンの論稿以外にも有益な論文がまとめられており、参考にされたい。
12) 現実には、多国籍企業が自らの支配的な地位を強化するためのロビー活動を行っており、バグワティのようなグローバリゼーション擁護者ですら、この点は強く批判している。バグワティ（2005）、特に、12章を参照。
13) 例えば、Elger & Smith（2005）は、在英日系企業における労務管理上の諸問題を詳細に紹介、検討している。
14) 例えば、『ニュースウィーク』、『週間東洋経済』、『日経ビジネス』などの雑誌のみならず、国連（UNEP, 2004）もCSRランキングを発表するようになってきている。
15) このような考え方は、例えば、日本経団連などに典型的に示されている。日本経団連「企業の社会的責任（CSR）推進にあたっての基本的考え方」（2004年2月17日）（http://www.keidanren.or.jp/japanese/policy/2004/017.html）を参照。

参考文献
（邦語文献）
岩井克人（2003）『会社はこれからどうなるのか』平凡社
佐々木健（1986）『日本型多国籍企業、貿易摩擦から投資摩擦へ』有斐閣
佐々木隆生（1994）『国際資本移動の政治経済学』藤原書店
静岡経済研究所（2006）『CSRで元気の出る経営を！アンケートで見た静岡県内企業のCSRへの取組みの現状』（未公表資料）
関下稔・板木雅彦・中川涼司（編）『サービス多国籍企業とアジア経済、21世紀の推進軸』ナカニシヤ出版
東洋経済（2006）「CSR：従業員重視の経営」『週刊東洋経済』2006年1月8日号、100-117頁
ドーア、ロナルド（2006）『誰のための会社にするか』岩波書店
日経ビジネス（2005）「特集：CSRで会社を守れ、CSR2005ランキング」『日経ビジネス』2005年8月22日号26-48頁
日本規格協会（編）（2004）『CSR、企業の社会的責任、事例による企業活動最前線』日本規格協会

ニュースウィーク（2004）「世界企業ランキング、Global 500、2004」『ニュースウィーク』2005年6月2日、38-83頁
ニュースウィーク（2005）「世界企業ランキング、Global 500、2005」『ニュースウィーク』2005年6月15日号、34-75頁
林尚毅（2006）「多国籍企業の社会的責任」奥村皓一・夏目啓二・上田慧編著『テキスト多国籍企業論』ミネルヴァ書房

（邦訳文献）
アダ、ジャック（2006）『経済のグローバル化とは何か』（清水耕一・坂口明義訳）ナカニシヤ出版（Adda, Jacques (2004) *La mondialisation de l'economie; 1 Genese, 6e, La mondialisation de l'economie; 1 Problemes, 6e*, France: La Decouverte）
ビーチャム、トム L. & ボウイ、ノーマン E.（2005）『企業倫理学 1、倫理的原理と企業の社会的責任』（加藤尚武監訳）晃洋書房（Beauchamp, Tom L. & Bowie, Norman E. (1993) *Ethical Theory and Business, 5th ed.* USA: Prentice-Hall）
バグワティ、ジャグディシュ（2005）『グローバリゼーションを擁護する』（鈴木主税・桜井緑美子訳）日本経済新聞社（Bhagwati, Jagdish (2004) *In Defence of Globalization*, Oxford: Oxford University Press）
ボウイ、ノーマン E.（2005）「企業の社会的責任の新たな方向」ビーチャム & ボウイ（2005）所収、152-172頁
バックレー、P. J. & ブルーク、M. Z.（編）（1993）『国際ビジネス研究、総論』（江夏健一訳）文眞堂（Buckley, Peter J. & Brooke, Michael Z. (eds.) *International Business Studies, An Overview*, Oxford: Basil Blackwell）
バックレイ、P. J. & カソン、M.（1993）『多国籍企業の将来、第2版』（清水隆雄訳）文眞堂（Buckley, Peter J. & Casson, Mark (1991) *The Future of the Multinational Enterprise, 2nd ed.*, London: Macmillan）
コース、ロナルド H.（1992）『企業・市場・法』（宮沢健一・後藤晃・藤垣芳文訳）東洋経済新報社（Coase, Ronald H. (1988) *The Firm, the Market, and the Law*, Illinois: University of Chicago）
フリードマン、ミルトン（2005）「ビジネスの社会的責任とはその利潤を増やすことである」ビーチャム & ボウイ（2005）所収、83-101頁
フリーマン、R. エドワード（2005）「現代企業のステイクホルダー理論」ビーチャム & ボウイ（2005）所収、102-117頁
ハイマー、スティーブン（1979）『多国籍企業論』（宮崎義一編訳）岩波書店（Hymer, Stephen (1976) *The International Operations of National Firms and Other Essays*, Massachusetts, CA: MIT Press）
キンドルバーガー、チャールズ（1972）『国際化経済の論理』（小沼敏監訳）ペリカン社

(Kindleberger, Charles P. (1969) *American Business Abroad; Six Lectures on Direct Investment*, USA: Yale University Press)

ノース、ダグラス（1989）『文明視の経済学、財産権・国家・イデオロギー』（中島正人訳）春秋社 (North, Douglass C. (1981) *Structure and Change in Economic History*, USA: W.W. Norton)

ノース、ダグラス（1994）『制度・制度変化・経済成果』（松下公視訳）晃洋書房 (North, Douglass C. (1990) *Institutions, Institutional Change and Economic Performance*, Cambridge: Cambridge University Press)

経済協力開発機構（OECD）（2004）『企業の社会的責任、OECD加盟国の理念と現状』（今井正太訳）技術経済研究所 (OECD (2001) *Corporate Social Responsibility, Partners for Progress*, Paris: OECD)

ペルクマンス、ジャック（2004）『EU経済統合』（田中素香全訳）文眞堂 (Pelkmans, Jacques (2001) *European Integration, Methods and Economic Analysis, 2nd ed.*, Harlow: Pearson Education)

スティグリッツ、ジョセフ E.（2002）『世界を不幸にしたグローバリズムの正体』（鈴木主税訳）徳間書店 (Stiglitz, Joseph E. (2002) *Globalization and its Discontents*, USA: W. W. Norton & Company)

スティグリッツ、ジョセフ E.（2006）『世界に格差をバラ撒いたグローバリズムを正す』（楡井浩一訳）徳間書店 (Stiglitz, Joseph E. (2006) *Making Globalization Work*, USA: W. W. Norton & Company)

ターナー、ルイス（1971）『見えざる帝国、多国籍企業とナショナリズム』（小沼敏訳）日本経済新聞社 (Turner, Louis. (1970) *Invisible Empires, Multinational Companies and the Modern World*, UK)

（英語文献）

Ando, Ken-ichi (2007) 'Regionalisation in Europe, A Theoretical and Empirical Examination', *ISS Research Series*, forthcoming, Institute of Social Science, University of Tokyo

Davies, Robert (2003) 'The Business Community: Social Responsibility and Corporate Values', in Dunning, John H. *Making Globalisation Good, The Moral Challenges of Global Capitalism*, Oxford: Oxford University Press

Davis, Ian (2005) 'What is the Business of Business? By Building Social Issue into Strategy, Big Companies Can Recast the Debate about their Role in Society', in *The McKinsey Quarterly*, 2005, no.3

Dunning, John H. (1988) *Explaining International Production*, London: Urwin Hyman

Dunning, John H. (1992) *Multinational Enterprises and the Global Economy*, Wokingham: Addison-Wesley

Dunning, John H. (1998) 'Location and the Multinational Enterprise: A Neglected Factor?' *Journal of International Business Studies*, 29(1), pp.45-66.

Elgar, Tony & Smith, Chris (2005) *Assembling Work, Remaking Factory Regimes in Japanese Multinationals in Britain*, Oxford: Oxford University Press

Hood, Neil. & Young, Stephen (1979) *The Economics of Multinational Enterprise*, London: Longman

Jones, Geoffrey (2005) *Multinationals and Global Capitalism, from the Nineteenth to Twenty-first Century*, Oxford: Oxford University Press

Kogut, Bruce (1983) 'Foreign Direct Investment as a Sequential Process', in Kindleberger, C.P. & Andretsch, D. (eds.) *The Multinational Corporation in the 1980s*, Cambridge, MA: MIT Press, pp.38-56.

United Nations Conference on Trade and Development (UNCTAD) (1994) *World Investment Report, 1994, Transnational Corporations, Employment and the Workplace*, New York: United Nations

UNCTAD (1999) *World Investment Report, 1999, Foreign Direct Investment and the Challenge of Development*, New York: United Nations

UNCTAD (2004) *World Investment Report, 2004, The Shift toward Services*, New York: United Nations

UNCTAD (2005) *World Investment Report, 2005, Transnational Corporations and the Internationalization of R&D*, New York: United Nations

United Nations Environment Programme (UNEP) (2004) *The Global Reporters 2004 Survey of Corporate Sustainability Reporting, Risk & Opportunity, Best Practice in Non-financial Reporting*, New York: United Nations.

World Business Council for Sustainable Development (WBCSD) (2002) *Corporate Social Responsibility, The WBCSD's Journey*, Geneva: WBCSD

第 9 章

企業のグローバル化と企業倫理
―グローバル経営戦略の落とし穴―

はじめに

　近年、企業のグローバル化が急速に進展する中で、国際的にビジネスの公正さを求める気運が欧米をはじめとして強まり、企業の社会的責任（CSR：Corporate Social Responsibility）が新たな課題として浮上してきた。特に、90年代に起こったナイキ（Nike）の「スウェットショップ」問題[1]は、CSRの気運を高める契機となる。日本でも、雪印乳業、三菱自動車など多くのブランド企業で不祥事が続出し、CSRへの関心が高まっている。

　企業のグローバル化が進み、発展途上国の工場に安い労働コストと引き換えに生産を委託するメーカーが増え、委託工場での劣悪な労働条件が問題化する。80年代から90年代にかけて、ナイキ社が委託するインドネシアなど東南アジアの工場で、強制労働、児童労働、低賃金労働、長時間労働、セクシャルハラスメントの問題をきっかけに、「スウェットショップ」問題が注目を浴びた。ナイキ製品を委託生産しているインドネシアやタイの工場で、女子労働者がきわめて過酷な労働条件の下で働かされていることが明るみに出たからである。

　「エア・ジョーダン」など人気商品で世界の若者を魅了したナイキは、90年代に世界中で批判の的になっていた。アメリカを中心にインターネットを通じた反対キャンペーンが起き、オレゴン大学などではナイキ商品の取扱い中止を訴える学生デモが展開され、大学での不買運動、消費者によるボイコット運動に発展した。同時に、NGOなどが「商品はどのような労働環境で作られてい

るか」ということを問い始め、有名ブランドの委託工場の労働環境に関心を持ち始めた消費者も増えていた。そして、消費者やマスメディアの関心が「企業の労働・人権に対する配慮」に向けられ、CSRへの関心が集まるようになってきたのである。

CSRへの関心が高まり、CSR報告書を作成したり、CSR専門の部署を設立したりと、CSRに対する企業の取り組みも急速に広がりつつある。KPMGの「企業責任報告に関する国際調査」(2005年)によると、世界の大企業上位250社の52%は単独の「企業責任報告書」を発行していることがわかった[2]（「日経産業新聞」2006年6月28日字）。企業責任報告書を発行する動機は、「経済的理由」(74%)が最も多く、その次に「倫理的理由」(53%)が多かった。株主価値や市場シェア増大をめざすためにも、倫理的な価値観を明確化するためにも、企業はCSRに力を入れざるをえなくなってきている。

本章では、企業のグローバル展開が具体的にどんな問題を起こしてきたのか、またそのような問題がグローバル企業のCSR取り組みにどのような影響を与えたかを、ナイキを通して考えてみたい。まず、ナイキ社では「スウェットショップ（搾取工場）」という問題が起こされることで世界の批判を浴びていたが、その背景について検討を行う。次に、ナイキは、社会的責任を果たすためにどのような対策を講じたか、またナイキのスウェットショップ問題が、消費者、投資家、企業のCSRへの取り組みへどのような影響を与えたか、について検討を行う。

1. NIKEとアジアの委託工場

(1) ナイキの歩み

40年前に年商30万ドルにすぎなかったナイキは、プロバスケットボール協会（NBA）のマイケル・ジョーダン、ゴルフのタイガー・ウッズなどのスーパースターを使ったイメージ戦略によってアメリカ国内だけでなく日本など海外でも爆発的に売れた。創業わずか40年ほどで、スポーツ企業としてはもちろん、アパレル企業としても世界最大となった。新製品およびデザイン開発能

力、生産部門の積極的アウトソーシング、スターアスリートとの専属契約によるマーケティングなど特有の経営戦略で世界的なパワー・ブランドに成長したのである。

ナイキ米国本社会長フィリップ・ナイト氏は、大学時代の陸上選手の経験から「高品質の靴を米国で設計し、低コストのアジアで作ればビジネスとして成功する」とMBA（経営学修士号）論文に書いたが、1963年には卒業記念の旅行に日本に立ち寄り、オニツカタイガー社（現アシックス）と代理店契約をとりつけた。ソールの薄いシューズを履いたランナーが大きな大会の前に足などを痛めるケースをたびたび目にしたナイト氏は、ランナーの足を守るシューズを作るために、1964年、かつてのコーチであるビル・バウワーマンと500ドルずつ出し合って、ナイキの前身である「ブルー・リボン・スポーツ（BRS）」を共同で設立したのである。そして、初期にはバウワーマンがオニツカにアイデアを出し、それをもとに作られた数々の傑作モデルを輸入販売したのである。

ところで、1971年、オニツカ社から米国市場参入の一環としてBRS社の株を51％購入するという申し出があり、これを断った場合は取引を中断するという通告があった。そこで新しいブランドを作ろうと社内にアイデアを求めたところ、社員から、夢で見たギリシャの勝利の女神「ニケ」にちなんで「NIKE」という提案があり、スポーツ用品メーカーに勝利の女神はぴったりとしてすぐに採用されたのである。こうしてナイキのトレードマークとして「スウッシュ」[3]は71年から使用され、72年には社名もナイキに変更されたのである。

ナイキは、デザインと開発、マーケティング、販売に投資して、製品の生産は他の会社と契約を結び委託することで、企業成長を成し遂げてきた。とりわけ、時代のスター選手を広告塔に起用し、広告宣伝費に大量の資金を注ぎ込むことで、若者層のブランド支持の獲得に見事に成功したのである。2004年のスポーツウェア売上高は122億5300億ドルにのぼり、約2万4,300人の従業員を有する。また、アメリカを含めて世界中の800以上の委託工場で靴、スポーツウェアが生産され、世界50か国以上で60万人以上の人々が委託工場で

雇われているのである（NIKE, 2004, pp.2-4）。

日本のスポーツシューズ市場はこれまで、アシックス、ミズノの両社が、売り上げの約60%を占めてきた。しかし、米国での勢いが日本にも波及し、96年の「エア・マックスブーム」[4]でナイキがアシックスを追い抜き、日本市場でのシェアを30%と伸ばし首位に躍り出たのである。

（2） パートナーとしての NIES 企業

「NIKE」「Reebok」「L. A. Gear」「アシックス」などの有名スポーツブランドが、インドネシアや中国に進出している韓国企業で生産されているという事実を知っている人はまだまだ少ないかもしれない。これら有名ブランドの多くは、大手スポーツメーカー注文によって韓国で生産されていたが、コスト削減要求などで、その生産をインドネシアや中国に移さざるを得なかった。爆発的な売上を記録した「エア・マックス」の内側には、例えば「MADE IN CHINA」の文字が書かれている。ナイキの超多品種の製品は、今は、主に中国、インドネシア、ベトナムなどで生産されているのである。

韓国のスポーツ靴産業は、80年代に入り、ナイキ、リーボック、L. A. Gear、アシックスといった有名ブランドの成長とともに、急速に伸びた。とりわけ、ナイキとリーボック、L. A. Gear、アシックスなど有名7つのブランドでのOEM生産（Original Equipment Manufacturing、相手先商標による製品生産）は、81年に2億4000万ドルの水準であったものが、特に80年代後半急速な伸びを示し、90年には22億ドルに達した[5]。韓国の履物輸出総額に占める比率も、81年の23%から90年には51%にまでに増えた。韓国から輸出される履物二足のうち一足は有名ブランド名をつけて輸出されるということになったのである。

とくに韓国のスポーツ靴輸出は、OEM輸出によるものがほとんどで、そのシェアは95%にも達する。ナイキの場合、韓国での生産比率は80年代後半までは60〜70%を占めていたが、リーボックは86年には95%を占めていた。ナイキとリーボックのブランドを付けたスポーツ靴輸出は、80年代後半、米国国内のスポーツ靴市場の拡大とともに急速に伸び、90年には韓国のスポー

ツ靴輸出の40％を占めるようになった[6]。しかし、90年代に入り、リーボックブランドでの輸出は急速に減り、96年には700万ドルまでに落ちた。ナイキブランドでの輸出も急速に減っている。これはいうまでもなく、両社の委託工場であった韓国企業が東南アジアに進出したからである。ただナイキの場合は、94年から歯止めがかかって約3億ドル規模を維持している。高機能で高価格製品については、韓国の委託工場で生産されていたからである。実際、87年のナイキブランドでの平均輸出単価は10ドル90セントであったが、96年には高機能高価格化に伴い20ドル40セントへと約2倍に跳ね上がっていたのである。

　1980年代後半以降、韓国スポーツ靴企業のアジア進出は著しく、87年末までには3件240万ドルにすぎなかった投資が、94年末には80件9,650万ドルと急速に増えた。進出先を見ると、中国が38件4,400万ドル、インドネシアが12件2,300万ドル、フィリピンが9件850万ドル、タイが6件820万ドル、その他が15件1,300万ドルである。とりわけ、中国、インドネシア、タイ、フィリピンの4か国へ投資が集中しており、これら4か国でスポーツ靴企業全体の投資の80％を越えた。韓国企業の海外進出に伴って、アメリカのスポーツ靴輸入先も、韓国からインドネシア、中国、ベトナムなどに移る。アメリカの輸入スポーツ靴市場に占める韓国のシェアは1988年67％であったものが92年には35％に減少したのに対して、中国は1％から26％に、インドネシアは0.6％から16％に大幅に増えていたことがわかる（徐、1993、44頁）。

　ナイキ社の生産委託は、72年の日本を皮切りに、70年代半ばに韓国、台湾へと主力の生産拠点を移転し、80年代後半にインドネシアと中国が生産の中心となり、95年からはベトナムでの生産拡大を図った。図9-1で見られるように、99年のナイキの製品は、インドネシアで30％、中国で40％、韓国で2％、台湾で3％、ベトナムで12％、生産されていたのである。

　ナイキは、生産委託の委託工場に対して、「生産パートナー」という呼び方をする。しかし、「生産パートナー」とはいえ、所有や経営・管理は韓国企業によって行われ、ナイキは経営責任には一切かかわりをもたない。ただし、委託工場にはナイキから在外社員が派遣され、製造過程を綿密にチェックしてい

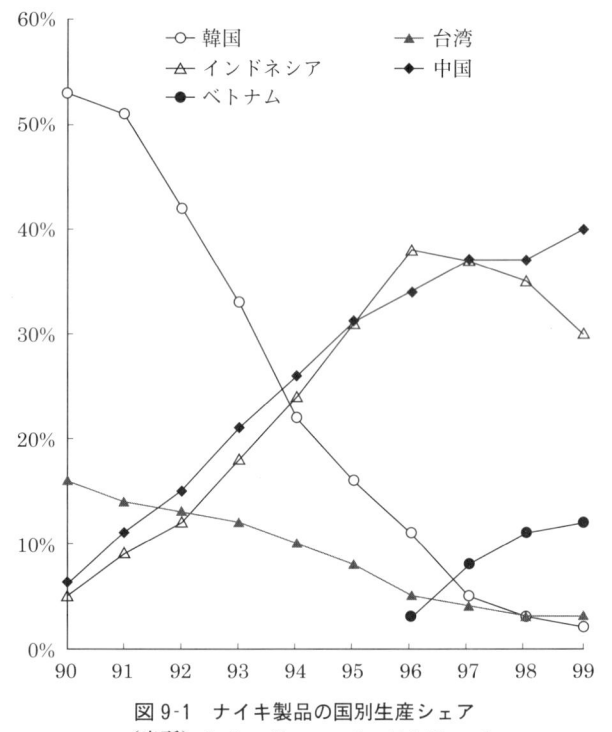

図9-1 ナイキ製品の国別生産シェア
（出所）Oxfam Community Aid Abroad
（http：//www.caa.org.au/campaigns/nike/faq.html）

る。現在、ナイキはアジア地域に、50以上のスポーツ靴の委託工場があり、24万人以上が雇用されている。また、アパレルでは300社以上の委託工場があり、25万人以上が雇用されているのである（NIKE, 2004, p.4）。

（3） ナイキの委託工場と労働搾取の問題

80年代後半から90年代にかけて、インドネシアの委託工場での低賃金に反発した労働者のストライキをきっかけに、**スウェットショップ**が問題化する。ナイキ社が委託するインドネシアなど東南アジアの工場で、強制労働、児童労働、低賃金労働、長時間労働、セクシャルハラスメントの問題があることが暴露されたからである。

第9章　企業のグローバル化と企業倫理―グローバル経営戦略の落とし穴―　199

　80年代後半から韓国企業のアジア進出に伴い、進出先の中国やインドネシアなどで労使紛争が多発した。インドネシアでは、90年に起きた労使紛争300件のうち、そのほとんどが韓国系企業で発生したといわれるほどに、韓国系企業での争議が非常に目立った。中国では、93年に天津の外資系企業で起きたストライキ10件のうち、日系企業が1件、あとは韓国系企業だった（『毎日新聞』1993年9月30日字）。ベトナムでは、ホーチミン市労働委員会の調査によると、95年～96年の2年間に、ホーチミン市で起きた労使紛争36件のうち19件が韓国系企業だという（『日本経済新聞』1993年5月11日字）。韓国の新聞でも、「ベトナム進出韓国系企業・労働弾圧トップ」『ハンキョレ新聞』（96年7月4日付）、「東南アジアの『アグリー・コリアン』」『朝鮮日報』（96年7月13日付）、「『醜い韓国人』の世界化？」『中央日報』（96年7月15日付）などが取り上げられたのである。

　ナイキの委託工場である韓国系スポーツ靴企業での労働争議について、『ジャスト・ドゥ・イット』の著者ドナルド・カッツは次のように述べている。「当初、タイやインドネシアといった生産技術に不慣れな国へは、初期段階の操業手順を指導するため、韓国人幹部が釜山の工場から送り込まれていた。（中略）一九八八年以降、新たにインドネシアに設立された工場を運営する目的で韓国から送り込まれたのは、そうした元軍人将校たちであった。（中略）特殊部隊にいたような連中が工場運営にあたり、大声で脅かしたり怒鳴りつけたりしたために、インドネシアの労働者たちはストライキを起こした。」（カッツ、1996）

　韓国企業のアジアでのトラブルが相次いでいる中、韓国の海外進出企業のモニターなどを目的とする市民団体「参与民主社会市民連帯」が95年にインドネシアで、96年に中国で実態調査を行ったのである[7]。ちなみに、インドネシアの現地調査レポートは、金ウニョン「インドネシアできらわれる韓国人」というタイトルで日本語にも訳されている（仁科・館野、1996）。韓国系スポーツ靴企業による労働者への体罰および暴力などは後を絶たず、とりわけナイキの委託工場でのトラブルは著しいものがあった。韓国のある新聞では、「韓国スポーツ靴企業監督者、ベトナムで初めての刑事裁判/労働者虐待容疑」とい

う記事を伝えた（『ハンキョレ新聞』96年7月12日付）。ナイキの委託工場であるサムヤン（SAMYANG）通商という韓国系スポーツ靴企業で起きた事件である。ベトナムに進出しているサムヤン通商では96年上半期だけでも3件の労働争議が発生して、全部で900人の労働者が解雇された。とりわけ、96年3月には韓国人管理職がミスを犯した女子労働者15人を一列に並ばせ、靴で頭や顔を殴るなど体罰を加えた事件が起こり、そのうち2人は病院で治療を受けた。この韓国人管理職は、ベトナムの刑事裁判にかけられ、労働者への虐待容疑で3か月の実刑判決を受けたほどである。

2. グローバル経営戦略と「スウェットショップ」問題

（1） スポーツシューズ戦争 NIKE VS Reebok

　スウェットショップの背後には、世界で通用する商品を、世界的に知名度の高い契約アスリートを使ってイメージ作りするスポーツマーケティングというナイキ独自のスポーツ宣伝戦略がある。その戦略を継続していくためには莫大なコストがかかる。有名スポーツ選手を使った宣伝戦略によって、宣伝広告費が収益を圧迫し、このためコスト削減を求め低賃金・長時間労働に頼ることになったのである。「ブランドイメージの定着」を目的に、ナイキがチーム・アスリート契約や広告宣伝に費やした金額は計り知れないものがある[8]。ナイキがスポーツ宣伝戦略に巨額を費やした背景には、リーボックというライバル社との米国市場で激しいシェア競いがあったのである。

　スポーツ靴を街着に取り入れるファッションが世界中の若者の間でブームとなる中で、火付け役の米国の二大スポーツシューズメーカー、ナイキとリーボックが急成長をとげた。米国市場でのシェアを見ると、96年にはナイキが44%、リーボックが16%を占めており、この2つのブランドだけで全米の60%を占めているのである（図9-2参照）。80年代初めにナイキが約50%と圧倒的なシェアを握っていた米国スポーツシューズ市場で、リーボックは女性市場に的を絞ったエアロビクスシューズなどをヒットさせ、そのシェアを著しく伸ばした。その結果、ナイキのシェアは20%にまで落ち込んでしまったの

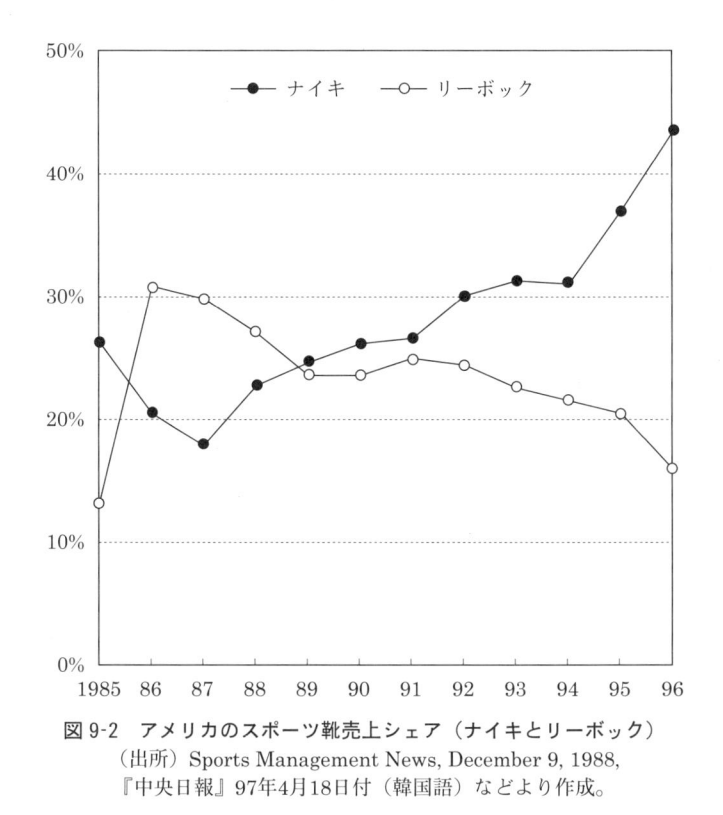

第9章　企業のグローバル化と企業倫理―グローバル経営戦略の落とし穴―　*201*

図9-2　**アメリカのスポーツ靴売上シェア（ナイキとリーボック）**
（出所）Sports Management News, December 9, 1988,
『中央日報』97年4月18日付（韓国語）などより作成。

である。ナイキとリーボック間での熾烈を極める「スポーツシューズ世界戦争」の始まりである。

　リーボックは売上を急速に伸ばし、86年にはそのシェアも30％を超え、ナイキを追い越した。リーボックの成長の最大の原動力となったのが、素材革新であった。衣料用の薄くて柔らかい革、ガーメントレザーを使い、かつファッショナブルな履き心地のよいフィットネスシューズがそれである。日本でも、宣伝を一切していないのに、品切れの店がでるほど、消費者に爆発的な人気を呼んだ。1983年、スポーツシューズ業界では初めてガーメントレザーを使った商品開発の成功により、とくに女性の間でヒット商品となり、「リーボック神話」が生まれた。リーボックは、スポーツシューズ業界に新たな一ページを刻んだのである。そしてこれは、ナイキにとってブランド戦略の再定義に取りか

かる結果をもたらした。
　リーボックにトップの座を奪われたナイキが巻き返し策として打ち出したのが、スーパー・スポーツ選手を使った宣伝戦略である。とりわけ、NBAのマイケル・ジョーダンを使ったイメージ戦略は大成功し、89年にはトップの座を取り戻した。ナイキは、このブームに乗ってタイガー・ウッズ、大リーグの野茂英雄などとも契約してさらにブームの拡大を図っていくのである。
　リーボックも手をこまぬいているわけではなかった。ナイキと比べて地味だったテレビコマーシャルでも、プロゴルファーのグレッグ・ノーマンやNBAの新鋭スター選手を相次いで起用しはじめていたのである。トップ選手を自社の「広告塔」にしようとするスポーツ用品メーカーの熾烈な戦いは、ヒートアップするばかりであった。特にオリンピックを舞台にした「広告戦略」は、熾烈な競争となった。96年のアトランタ・オリンピックで、ナイキとリーボックとの間で繰り広げられたスポーツ選手を表に出した商戦は、特に際立つものがあった。アトランタ・オリンピックでナイキとリーボックのいずれかのシューズやウェアを身に付けた選手は、総勢約4000人を数える。ちなみに、ナイキは広告とプロモーションだけで2002年に10億2800万ドルを費やした。これらの大部分が、スポーツ選手のスポンサー権や推奨取り付けの契約に使われていたのである。

（2）　スポーツ宣伝戦略とグローバル・ソーシング
　ナイキとリーボックはシェア競いが激しさを増している中、超一流選手の確保をめぐって両社間で争奪戦が起こり、巨額な契約金が乱れ飛んだ。両社とも世界のトップ選手を確保し広告宣伝に力を入れたため、広告宣伝費は高額に跳ね上がり、それは当然収益に大きく影響した。図9-3に示されているように、ナイキの販売促進および管理費は90年の20％から94年には26％に増えている。イメージ戦略を継続していくためにナイキは、製造単価の著しい引き下げを韓国の委託工場に求めたのである。しかし、韓国の委託工場にとって、製造コストを削減するためには、東南アジアに生産拠点を移すこと以外に道がなかった。ベトナムで操業する泰光ヴィナ社の幹部は、ナイキのコスト削減の要求

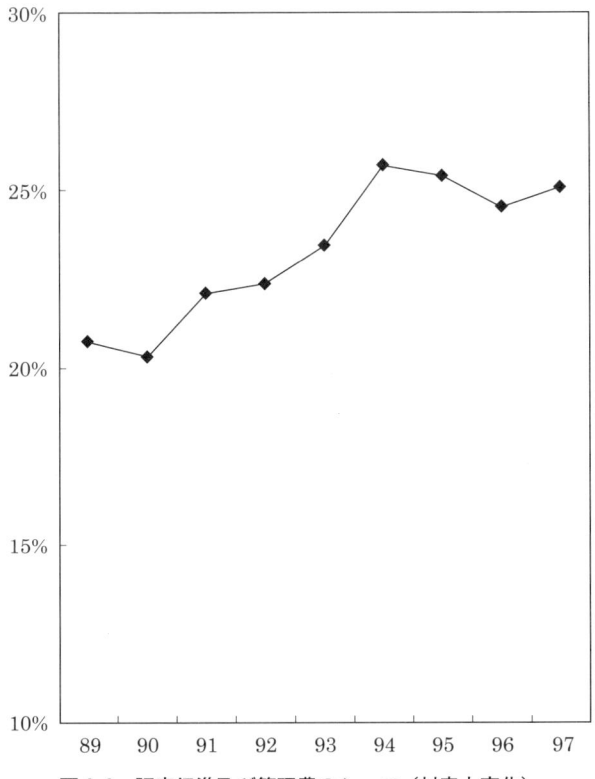

第9章　企業のグローバル化と企業倫理―グローバル経営戦略の落とし穴―　203

図9-3　販売促進及び管理費のシェア（対売上高化）
（出所）NIKE, Annual Report、各年度版より作成。

が、海外進出の最も重要な契機であったと語っていたのである。

　ナイキの『97年度年間報告書』をみると、売上高は88年の12億ドルから96年には92億ドルへと7.6倍増えたのに対して、粗利益は同期間4億ドルから36億8000万ドルへと9.2倍も増えたことがわかる。このことから製造単価の切り下げが行われたことが読み取れる。また、1989年に37％だった粗利益率も、1997年には40％に伸びたのに対して、売上原価率は、89年の63％から97年には60％に低下したことがわかる（図9-4参照）。

　韓国とインドネシアでの一足当たりの製造費用を比較してみると、韓国での製造費用は21ドル10セント、インドネシアでは16ドル80セントでとなっ

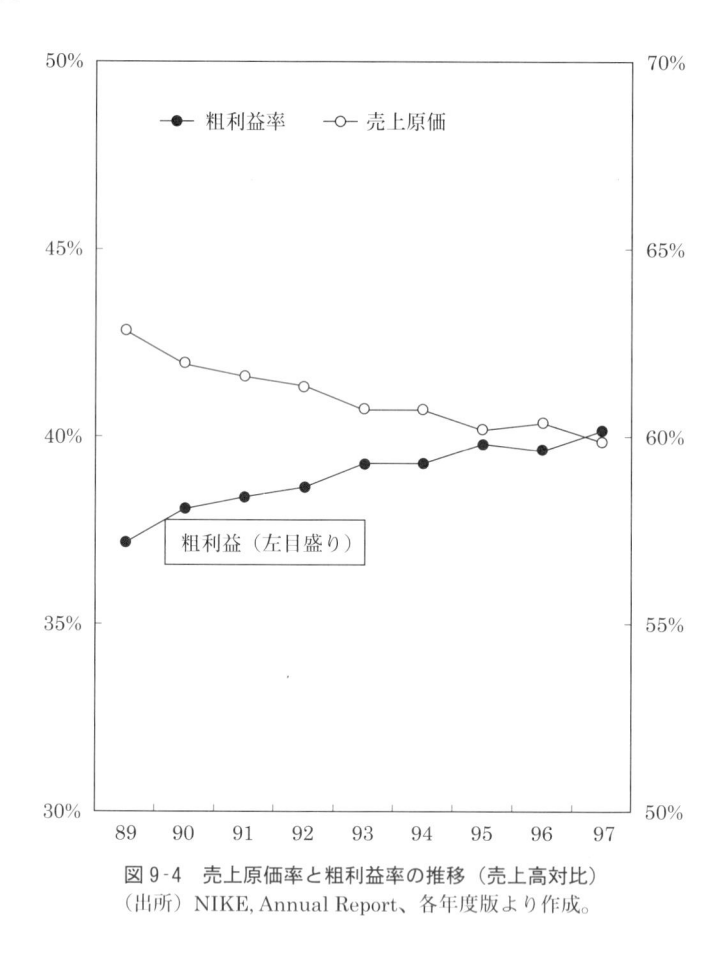

図9-4 売上原価率と粗利益率の推移（売上高対比）
（出所）NIKE, Annual Report、各年度版より作成。

ている（徐、1993、21頁）。内訳では、合成皮革などの原材料購入費が最も高く、韓国では11ドル20セントであるのに対して、インドネシアでは11ドル80セントと韓国よりも60セント割高である。製造費用に占める材料費のシェアを見ると、韓国が53%、インドネシアは70%である。インドネシアの場合、人件費のシェアは12%にすぎない。材料費の削減は難しいため、人件費を抑制せざるを得ない構造となっている。インドネシアの材料費が韓国での生産より割高になっているのは、材料の大部分が韓国から調達されているからである。ナイキの製造コスト削減の要求は、材料購入費が割高であるため、そのし

わ寄せは労働者の人件費に及び、低賃金労働が余儀なくされるのである。

（3） フューチャー・オーダー・システムと「スウェットショップ」

　90年代後半、日本ではナイキのシューズの盗難事件などが相次いだ。「少年三人組が中学生のエア・マックスなど奪い逃走」、「人気シューズで予約金預かり、商品渡さず『閉店』」、「偽『ナイキ』スポーツシューズを販売」などの見出しが新聞紙上を飾った。こうした社会問題の背景には、クールなブランドマーケティング戦略がある。「**フューチャー・オーダー・システム**」がそれである。このシステムは、計画的な生産のため半年前に注文を取り、追加生産を一切せず、しかも返品を受け付けない仕組みである。96年からは、従来の春夏、秋冬の2シーズン制を改め、4シーズン制を開始した。

　世界中のナイキのセールスマンは年に4回、6か月後に発売する予定の新製品の情報を本社から受け取り、そして受け持ちの販売店と、どの製品がどのくらい売れるか相談し、納入量を決める。発売6か月前に注文をした販売店には5％の値引きを提供する。ナイキはこれを集計し、全量をアジアの委託工場に発注する。出荷量があらかじめ決まるため、ナイキは無駄のない生産ができる。しかし、こうした取引改革は、小売り側に重い負担を強いるだけでなく、アジアでの残酷な労働をも強いるのである。生産性アップのために労働強化が強要され、ノルマの割当、暴力や非人間的な罰則などが強いられるからである。

　ナイキの東南アジアへの生産移転は、韓国から材料を調達することにより材料費を割高にしただけでなく、製品の船積みまでの期間を大幅に長引かす結果をもたらした。例えば、注文から船積みまでの期間が、韓国で生産する場合は45〜60日なのに対して、インドネシアと中国で生産する場合は90〜120日かかる。韓国よりも2倍の期間が必要になる（徐済一他、1993、p.21）。このように船積みまでの期間が大幅に伸びたため、半年前に注文を取り、そのリスクを小売業者に転嫁せざるを得なくなったのである。当然、納品スケジュールがギリギリになるため、生産工程におけるスピードアップが重要となる。膨大な量のナイキの超多品種ハイテク製品を、限られた時間の中で生産しなければならないからである。

確かに、レーザーカッターやコンピュータ制御による縫製マシーンのおかげで、シューズ生産の時間が節約されるようになった。しかし、靴の生産工程はいまだに手仕事のものも多い。アジアの女性労働者たちが手作業で25の部品を接着して一足の靴を作る、その早さだけが頼りなのである。生産工程でのスピードアップを実現するために労働者に強いられるのは、他ならぬノルマの割当である（参与連帯、1995、13-15頁）。ミスを犯しノルマの達成ができないと、平手打ち、ウサギ飛び、靴底で殴るなどの体罰や暴力が振るわれたのである。「フューチャー・オーダー・システム」を維持し、納期スケジュールを厳守するために、ノルマの達成が至上命令として下される。「フューチャー・オーダー・システム」を維持するためには、労働組合運動を厳しく規制せざるを得ず、労働弾圧はエスカレートするばかりであったのである。

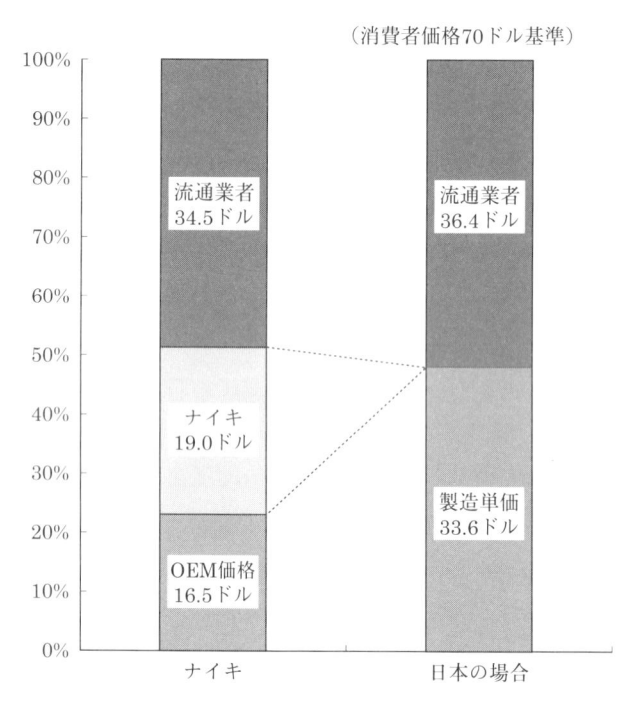

図9-5　スポーツシューズの価格構成（1足当たり）
（出所）Washington Post, May 3, 1995.

ナイキは、自分の手を直接汚さずに労働者を酷使し、消費者には高い価格で売り、膨大な利益を得ている。ナイキの収益が急増したのは、特許の「エア」テクノロジーの成功よりも、アウトソーシング戦略という名の下で委託工場から搾取しているためである。ナイキのスポーツシューズ（消費者価格70ドル）の一足当たりコストを見ると（図9-5）、製造単価は16ドル50セントであり、それを35ドル50セントで販売店に卸す。19ドルがナイキの収入になるのである。日本の履物生産の場合、消費者価格の48％を工場出荷価格としている慣例がある。業界ではこれを「ヨンパチ」ともいう。販売業者が注文する際に消費者価格を示し、生産工場ではこれに48％をかけて納品価格とし、採算があう

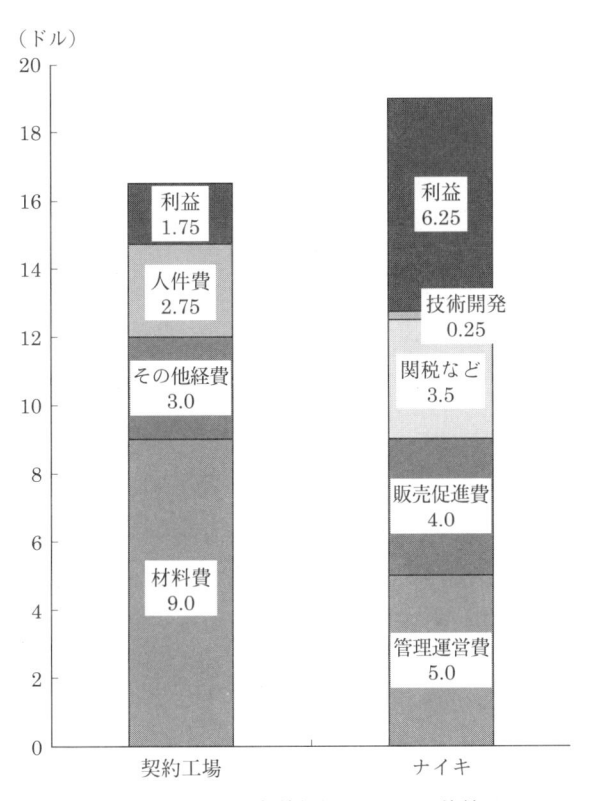

図9-6 ナイキと契約工場とのコスト比較
（出所）Washington Post, May 3, 1995.

かどうか判断する。しかし、ナイキシューズを生産している委託工場でのOEM価格は消費者価格の24%にすぎない（図9-6参照）。ナイキがいかに搾取しているのかが一目瞭然であろう。実際は、生産費以外に、ナイキの収益およびロイヤルティが加わるため、その分消費者に転嫁されて消費者価格は割高になるわけである。

　また、ナイキが委託工場に支払う16ドル50セントのうち、その17%は人件費、約55%が合成皮革などの材料購入費、15%が工場の管理費などの経費に充てられる。残る10%、つまり一足につき1ドル75セントが委託工場自体の利益となる。それをナイキは一足35ドル50セントで販売店に売る。関税と陸揚げまでの経費に3ドル50セント、管理運営費および販売促進費に9ドル、技術開発に25セントを払うと、利益は6ドル25セントになる。技術開発費はコストの約1%しか占めてないのに対して、利益はその33%も占めていることも注目に値するのである。

3. ナイキの「スウェットショップ」問題とCSR改革

（1） ナイキにおけるCSR改革

　1992年1月、ナイキは**製造運営規約**（Code of Conduct）を独自に設けた。そのきっかけとなったのは、インドネシアにおける委託工場で頻発したストライキであった。しかし、ナイキが労働条件に関して設けているこの運用規約は、対外的な宣伝活動に利用されるだけで、強制力をもっていないため、「スウェットショップ」問題はインドネシアだけでなく、中国、ベトナムの委託工場までに広まったのである。ナイキの「スウェットショップ」問題は、ニュースと論説が取り上げ、特にCBSなどによって大々的に公表されるまでにいたった。さらにベトナム工場での危険で劣悪な労働環境、長時間・低賃金労働、セクシャルハラスメントの実態が内部文書を通じて暴露され、ナイキは「非人道的な企業」の象徴となってしまったのである。

　ナイキは「発展途上国の労働問題に取り組むNGOなどから激しい批判を浴び、ナイキに対する反発が全米に拡大し、アメリカを中心にインターネットを

通じた反対キャンペーンが起き、消費者によるボイコット運動に発展した。ボイコット運動は、アメリカだけでなく、カナダ、オーストラリア、ヨーロッパにまでに拡大し、NGO などは「国際ナイキ行動デー」を決め、公平な賃金、第三者機関の工場監視などを要求を、ナイキタウンなどで直接、客に訴えたのである。最も激しい反ナイキ運動は、ナイキの地元オレゴン州（ポートランド最大の雇用主で重要な地元企業）で起こった。フィル・ナイト会長の母校であるオレゴン大学においても、売店でのナイキ商品の扱い中止を訴える学生デモが繰り広げられた。また、オレゴンの地元紙も、ナイキのスウェットショップ問題を厳しく追及したことは有名である。

　反ナイキ運動は、スウェットショップ問題がマスコミなどにぎわした時、ナイキが何の反省も見せなかったこともひと役買った。ナイキは、責任を否定しただけでなく、ジャーナリストを攻撃し、委託工場を非難し、ナイキの正しさを宣伝したからである。ナイキと同じような問題を抱えていたリーボックやリーバイスの取り組みとは対照的なものであった。まず、リーボックは1990年、他社に先駆けて途上国における委託工場に対してスウェットショップを解決するための行動ガイドラインを設け、それが遵守されているかどうかを監視するモニター活動を行った。また、「ヒューマン・ライツ・ナウ！」というコンサートの開催や「リーボック人権賞」を通じて、人権問題の意識を高めるために積極的に取り組んだのである。一方、リーバイ・ストラウス社（大手衣料品メーカー）はバングラデシュの工場での児童労働で非難された。しかし、子供たちを解雇するどころか自社負担でその子供たちを学校に通わせ、子供たちが就労可能な年齢に達したとき、改めて雇用したのである。このように子どもたちを単に解雇する一時的解決を図るのではなく、長期的視野に立って解決しようとしたことで世界から高い評価を受けたのである。

　反ナイキ運動を受け、ナイキの収益は下がり、買い手は減り、株価は落ち続けた。とりわけ、1998年に95億5300万ドルあった売上が、99年87億7700万ドル、2000年89億9500万ドルに落ち込み、1500人を超えるリストラを行わざるを得ない状態に追い込まれた（NIKE, 2001）。ナイキは、経営面での大きな影響を受ける結果となり、CSR 改革に取り組まざるを得なくなった。

第1に、ナイキでは、委託工場が規約を遵守しているかどうかを判断するために、内部と外部の両方のリソースを利用して、グローバルかつ多層的なモニタリングシステムを構築した。効果的で包括的なモニタリングのためには規約遵守において4つの対象事項でのスキルが必要だという認識した上で、①健康と安全、②給与と手当、③労働期間、④マネジメントと従業員の関係の4つを対象として取り組んでいる。また、モニタリングとアセスメントのシステムを常に見直すというプロセスを続け、中でも最も厳しいプロトコルを持つ公正労働協会（Fair Labor Association）承認のモニターによる工場の外部モニタリングを年に一度行っているのである。

　第2に、「企業責任担当副社長」という新たなポストを設けた。1998年、企業責任担当としてマリア・アイテル氏を外部からスカウトし、副社長のポストで起用した。ナイキの世界各国における企業活動の責任範囲の拡大およびその改善などに関して副社長レベルでスピーディーな意思決定を実現する体制を整えたのである。

　第3に、2001年からは、企業責任に関するさまざまな社会的要請に対して、企業責任レポートを作成した。2001年のレポートの主な内容は「環境取り組み」「労働問題」「従業員関連」「地域とのかかわり」「ステークホルダーとは」など、ナイキの取り組んでいるさまざまな課題のアウトラインを説明し、それらの活動がどのような成果を上げているかについて具体的に示されている。また、最大の課題とされている労働問題では、工場が存在する51か国における平均賃金や労働条件一覧、子供の労働に関する基準を紹介し、ウェブ上では世界中の工場の労働条件などを監査した情報を提供したのである。さらに、2004年度のレポートでは、委託工場の実態を公開し、スウェットショップ問題を初めて認めた（NIKE, 2004, pp.15-48）。例えば、委託工場の25～50%では、「作業中にはトイレの禁止や飲み水の禁止」が行われていたという。そして、西アジアの委託工場では「身体的または言葉による暴力」が行われていたのは、4分の1以上に上り、「時間外労働を拒否した場合は体罰」が行われていたのは10分の1以上であったと明らかにした。

（2） 企業のグローバル化とCSRへの取り組み

　ナイキなどの多国籍企業における経営倫理に反する行動が表面化したことで、国際社会でのCSRへの関心は一層高まった。実際にCSRを取り組む企業も急速に増えている。それは消費者が、不祥事を起こした企業の対応に注目しているからに他ならない。反対キャンペーンやボイコット運動にまで発展すれば、企業の存続にもかかわるからである。企業にとって、CSRを取り組むことは、(1) ステークホルダーとの関係が良好になる、(2) 経営リスクを軽減できる、(3) 競合会社との違いが明確になり、優位性を示すことができるなどのプラス効果がえられる。そのことで、ブランドイメージの確立、企業評価の向上、その結果として、利益の増加につながる可能性があるということである。

　消費者の関心が企業の「環境」への配慮だけでなく、「労働・人権に対する配慮」にも向けられ、「商品はどのような労働環境で作られているか」ということを問い始めた。消費者の取り組みもNGO・NPOの活動の活発化やインターネットの普及でより能動的になった。消費行動をみると、同じ商品なら社会的評価の高い企業を選ぶという消費者が多数存在する。また、不祥事を起こした企業の商品を買わない消費者も増えている。また、企業活動を監視し社会的責任を問うNGOが、社会を変える新たな主役になってきた。例えば、コーポレートウォッチは、消費者や生活者の立場を守ることを目的とし、企業の社会的責任の状況を監視する。主に多国籍企業の環境・人権問題への取り組みを監視し、ホームページ上でその動きを公開し、消費者が問題ある企業に対して反対キャンペーンやボイコット運動を起こすきっかけをつくる。NGOと消費者がより強く結ばれ、批判勢力として大きな影響力を持つようになってきたのである。

　企業活動のグローバル化に伴い、スウェットショップ問題について多国籍企業の責任が問われるようになる中、「世界経済フォーラム」（ダボス会議）のような国際的な経営者会議の場においても、CSRが議題として取り上げられ、積極的なコミットメントが求められる機運が広がっていた。1999年、スイスのダボスで開かれた「世界経済フォーラム」に招かれたコフィ・アナン国連事務総長は、国際的な経営者を前にして、人権、労働、環境に配慮した企業経営

を行うように呼びかけた。2000年7月には、国連諸機関とNGO、そして多国籍企業との間で「グローバル・コンパクト」という人権、労働、環境に関する協定が結ばれた。このことは、これまで政府の役割と考えられていたものが、国際的規模での取り組みを求めはじめたといえる。

　こうした流れを受け、雑誌などでは頻繁にCSR特集が組まれるなど、社会的に責任ある企業を評価する新しい方法も試みられている。例えば、『ニューズウィーク』誌の世界企業500ランキングは、「今や売上高や利益が大きいだけでは、本当の意味で優秀な企業とはいえない。財務業績と社会的責任の両面から格付けした、グローバル時代の真のエクセレント・カンパニーとは」という問題意識で、「経営力」と同じ重みで「CSR」が評価されたものである。ちなみに、財務得点（60点）とCSR得点（60点）の合計（120点）で総合ランキングがつけられているが、ナイキは、財務（44点）では34位に付けられたのに対して、CSR（18.7点）では270位に後退し、総合（62.7点）では102位にランキングされているのである（『ニューズウィーク』日本語版、2004年6月2日号）。

　CSRの評価を加味して投資先企業を選ぶSRI（Socially Responsible Investment、社会的責任投資）という投資手法が、急速に広がっている。また、CSRへの取り組み状況を企業の評価基準に加えるSRI評価機関や外部格付け機関も増えており、SRIをはじめとした投資家の動きも無視できない状況になってきた。米国のSRI市場は、SRIを推進する米国の非営利団体であるSocial Investment Forumによると、2005年時点で2兆3000億ドル程度とされ、その市場規模は株式市場全体の約10％にまで拡大していると言われ（Social Investment Forum, 2006）、優良な投資対象として資金を呼び込むためにも、企業はCSRに力を入れざるを得なくなってきている。アメリカでは、スウェットショップ問題などでの関心が高まった90年代後半からSRI市場の伸びは加速する。1995年にはSRI資産総額は6390億ドルであったものが、10年間で約3.6倍増加し、機関投資家の総資産の11％を占めるまでに成長している。SRI投信の数も1995年の55本から2005年には201本を超えるまでに拡大した（Social Investment Forum, 2006）。このため、SRI投資先とし

て不適切と判断されると、機関投資家からの投資資金を調達することが難しくなり、企業はビジネスを円滑に進めにくくなる。例えば、ドミニ・ソーシャル・エクイティ・ファンド（Domini Social Equity Fund）は、ナイキがスウェットショップ問題を起こしたことで、SRIファンドの投資先リストから除外したのである（NHKスペシャル、2003）。

労働環境における統一化された国際規格の必要性から、労働条件に関する企業の取り組みを社会が認めることができるよう説明する責任（アカウンタビリティ）を求めたビジネスの新しい規格が打ち出された。1997年10月、アメリカのCEP（経済優先順位研究所）というNPOが中心となって策定したのが、SA8000（Social Accountability 8000）という国際労働規格である。この規格の目的は、特に発展途上国におけるスウェットショップを改善することである。具体的に、児童労働の禁止、強制労働の禁止、健康と安全の保障、労働組合結成の自由と団体交渉権の保障、差別の禁止、懲罰の禁止、労働時間の遵守、最低賃金の補償、以上の労働環境を維持するマネジメントシステムの構築し、実行し、維持していくための基本的要件を規定したガイドラインである。こうした動きから、CSRに関する国際規格または団体規格を制定する国も増えた。AA1000（イギリス）、SD2100（フランス）、AS8003（オーストリア）、BNQ9700-950（カナダ）、ECS2000（日本）などがそれである。

また、ISO（国際標準化機構）でもCSR規格をISO9000、ISO14000に続く第三世代のマネジメントシステムとしての検討が始まった。ISOでは、2001年4月からCSRに関する国際標準化の検討が開始され、2004年6月にCSRのISO規格化が決定された。認証取得型ではなく、ガイドライン型の規格となるが、最終的な規格化まではさらに2～3年かかる見通しである。

おわりに

80年代から90年代にかけて、ナイキのインドネシアの委託工場での劣悪な労働条件に抗議した労働者のストライキをきっかけに、スウェットショップが問題化した。委託工場で、強制労働、児童労働、低賃金労働、長時間労働、セ

クシャルハラスメントの問題が表面化したことで、ナイキは「非人道的な企業」の象徴となってしまう。アメリカを中心にインターネットを通じた反対キャンペーンが起き、オレゴン大学ではナイキ商品の取扱い中止を訴える学生デモが展開され、大学での不買運動、消費者によるボイコット運動に発展したのである。

韓国企業の東南アジア進出が急速に増えた80年代後半から、韓国系企業での労使紛争は後を絶たなかった。とりわけ、スポーツ靴企業での劣悪な労働環境は、想像をはるかに越えるものであった。著者は、韓国式の「非人間的な経営方式」、「厳しい労務管理」をそのまま現地に持ち込んだことにより、労働紛争が多発するのだと当初は考えた。かつて日本企業が韓国や台湾でトラブルを起こし批判されたのと同じことが、韓国企業についても起こっていると考えたわけである。確かに、韓国企業におけるトラブルは著しいものがあり、また韓国人監督の非人間的な行為は、まさに「醜い韓国人」そのものである。韓国系企業での体罰や暴力などは、基本的には韓国人のアジアを見くだしている姿勢によるところが大きい。その背景には、「貧しいアジア＝遅れたアジア」という偏見がある。日本のアジア観とまったく同じものであり、アジアの各国でいまや韓国人が「エコノミック・アニマル」とか「アグリー・コリアン」と呼ばれる所以である。

しかし、ナイキのスウェットショップ問題は、委託工場の責任だけではおえない。その背景には、次のような要因も加わるからである。(1) イメージ戦略と低コスト経営の問題である。時代のスター選手を広告塔に起用し、広告宣伝費に大量の資金を注ぎ込むことで、若者層のブランド支持を獲得したが、一方で、有名スポーツ選手を使った宣伝戦略は、宣伝広告費が収益を圧迫し、このためコスト削減を求め低賃金・長時間労働が強いられる。(2) フューチャー・オーダー・システムとスピードアップの問題である。リードタイムを短縮するためには、労働時間が長くなり、強制的に残業させたり、ノルマが割り当てられたりする。また、生産工程でのスピードアップが要求され、暴力や非人間的な罰則などが強いられる。

ニューヨーク・タイムズ誌のハーブ・ハーバートは、ナイキ工場について次

のような記事を書いた。

　「美しさとは、『ナイキの公式』によると、最も安い賃金で生産したものを驚くほど高い価格で売ることである。マイケル・ジョーダンやタイガー・ウッズなどがナイキのおかげで数100万ドルを稼ぎ、ぬけめのない好戦的なナイキ会長フィリップ・ナイトが数10億ドル稼げる秘訣はいうまでもなくそこにあった。（略）女性労働者への待遇は奴隷とそれほどかわらない。Nguyen氏は、ナイキ工場では人権侵害や体罰までも蔓延する新兵訓練所同様であるという。水を飲む時間、トイレにいく時間までもが厳しく統制される。8時間に1回だけのトイレにいくこと、最大2杯の水を飲めることが許されている。（略）労働者たちはいくらお腹が空いても、のどが渇いても、トイレに行きたくても、だまってシューズ作りに専念しなければならない。」（『ニューヨーク・タイムズ』1997年3月30日付）

　もちろん、ナイキの委託工場のみがアジア各国で人権侵害や体罰を加えているというのは決してない。しかし、「スポーツ選手のために尽くせ」というナイキの社是の下で、アジア労働者は残酷な労働環境を強いられていることは事実である。アメリカを中心にインターネットを通じた反対キャンペーンが起き、ナイキの収益は下がり、買い手は減り、株価は落ち続けた。経営面での大きな影響を受けたナイキは、CSR（企業の社会的責任）改革に取り組まざるを得なくなった。ナイキが取り組んでいるCSRは、モニタリングシステムの構築、「企業責任担当副社長」という新たなポスト設置、企業責任レポートの作成などである。

　また、企業活動のグローバル化に伴い、スウェットショップ問題について多国籍企業の責任が問われるようになる中、国際社会でのCSRへの関心は一層高まった。具体的な動きは次のようなものである。①社会的関心の高い消費者が有名ブランドの委託工場の労働環境に関心を持ち始め、「商品はどのような労働環境で作られているか」ということを問い始めた。②NGOや人権擁護団体などは、多国籍企業の環境・人権問題への取り組みをチェックし、ホームページ上でその動きを公開し、発展途上国における委託工場に対してスウェットショップを解決するための行動ガイドラインの遵守を呼びかけている。③国

連の呼びかけで、「グローバル・コンパクト」という人権、労働、環境に配慮した企業活動を求める協定が結ばれた。④労働環境における統一化された国際規格の必要性から、SA8000が策定され、ISO（国際標準化機構）でもCSR規格をISO9000、ISO14000に続く第三世代のマネジメントシステムとしての検討が始まった。⑤企業が社会的責任をいかに果たしているかを投資の側面から評価するSRIも注目を浴び、アメリカではSRIが機関投資家の総資産の11％を占めるまでに成長しているのである。

このような国際規格や評価基準とSRIが市場に定着していくならば、人権への配慮、社会的公正性や倫理性をふまえた企業活動が市場で評価され、経済的パフォーマンスにつながるという市場社会の新たな規範が形成されることになるのであろう。

注
1) スウェットショップ（Sweat shop）とは、搾取工場と訳されることが多く、発展途上国に進出した企業が、生産コストを下げるために、低賃金かつ劣悪な労働条件で雇用することである。
2) 調査は米紙フォーチュン「世界企業500社」のうち上位250社と、世界16か国の上位100社が対象である。
3) SWOOSH、日本語でのビューンにあたる擬態語である
4) 運動機能とデザインを重視したハイテクのスポーツシューズ。ナイキは、「エア・ジョーダン」など人気商品で世界の若者を魅了し、爆発的な「ナイキブーム」を起こした。帽子からシューズまで、全身ナイキ・ロゴで飾る熱心なファンも多い。
5) 韓国履き物産業協会の所蔵資料より。
6) 韓国履き物産業協会の所蔵資料より。
7) また、調査・収集した情報を伝えるための機関誌『地球村人権通信』を発行している。
8) 例えば、94年ワールドカップ優勝国であるブラジル代表チームには2億ドルの契約料を払い、96年にはスーパースターのタイガー・ウッズと7年間で4,000万ドルという破格の契約を結んだことはあまりにも有名な話である。
* 本稿は、「多国籍企業と企業の社会的責任―ナイキの「スウェットショップ」問題を中心に」『経済研究』（静岡大学）11巻3号を一部修正したものである。

参考文献
足立英一郎・金井司（2004）『CSR経営とSRI　企業の社会的責任とその評価軸』金融財政

事情研究会
アジア太平洋資料センター編（1998）『NIKE: Just DON'T do it　見えない帝国主義』アジア太平洋資料センター
NHKスペシャル（2003）「地球市場・富の攻防（4）巨大企業対NGO」5月3日放送
カッツ、ドナルド（1996）『ジャスト・ドゥ・イット物語』早川書房
クライン、ナオミ（2001）『ブランドなんかいらない』はまの出版
参与連帯（1995）『インドネシア進出韓国企業の労使関係：現地調査報告書』
徐済一他（1993）『韓国履物産業の現況と構造調整の方向』産業研究院
谷本寛治（2003）『SRI社会的責任投資入門』日本経済新聞社
仁科健一・舘野晢編（1996）『異邦の韓国人・韓国の異邦人』社会評論社
NIKE (2001), Fiscal year 2001 annual report (http://www.nike.com/nikebiz/)
NIKE (2004), "Workers in contract factories" Corporate Responsibility Report, (http://www.nike.com/nikebiz/)
Oxfam Community Aid Abroad (2002) "WE ARE NOT MACHINES: INDONESIAN NIKE AND ADIDAS WORKERS" (http://www.caa.org.au/campaigns/nike/faq.html)
Social Investment Forum (2006) "2005 Report on Socially Responsible Investing Trends in the United States" (http://www.socialinvest.org/)

第10章

社会的責任投資

はじめに

　最近、社会的責任投資という言葉を見聞きする機会が多くなった。社会的責任投資は、英語では socially responsible investment といい、その頭文字をとって SRI とも略される。SRI は 1920 年代の英米で誕生し、今日その広がりを見せている。日本でも環境省が「環境と金融に関する懇談会」を 2006 年に開催し、お金の流れによって環境の取り組みを促進するための研究会報告書『環境等に配慮した「お金」の流れの拡大に向けて』(2006 年 7 月 10 日) を提言し、SRI の促進を図ろうとしている。欧米に比べると SRI に対する投資はまだまだ少額であるがここにきて社会責任投資の拡大を期待できる状況がわが国でも生まれつつある。

　一口に SRI といっても国によってその意味合いには開きがあり、その定義も定まったものは存在しない。本章では、第 1 に、SRI は欧米、主として米国でどのような経緯で誕生したのか、さらにそれがどのように発展してきたかについて見てみる。欧米で誕生した SRI は誕生時の手法を継承しつつも最近ではその様相を変え、企業の社会的責任 (CSR) の側面からのアプローチに衣替えをしている。第 2 は、そのような中で SRI の現代的な意義について触れる。ここでは継承された 3 つの SRI の形態、すなわちソーシャル・スクリーニング、株主行動およびコミュニティ投資の現在の内容について述べる。第 3 は、米国、欧州および日本の SRI の最近の動向を概括する。そして最後に SRI の投資判断材料である CSR 情報の開示について述べる。

1. 社会的責任投資（SRI）とその潮流

ここでは社会的責任投資（SRI）[1]の定義とその誕生および系譜について見てみよう。

（1） 社会的責任投資とは何か

SRI を一言でいうのは難しく、その定義は国際的にも確定されたものは存在しないといわれている（SIF-Japan の HP）[2]。その理由は SRI に対する見方が今日多様化しているからである（水口、2005a、9 頁）。

SRI は、その歴史にさかのぼり、狭義に解すれば、「企業への株式投資の際に、財務的分野に加えて、企業の環境対応や社会的活動などの評価、つまり企業の社会的責任の評価を加味して投資先企業を決定する手法」（SIF-Japan の HP）となる。この定義は SRI の投資対象を株式投資に限定したものである。

しかし、今日の SRI は広義に解されており、投資や融資の決定プロセスに社会的責任の評価が織り込まれたものは SRI のカテゴリーに入るとされている（SIF-Japan の HP）。したがって、株式投資以外に債券投資や、プロジェクトファイナンスへの融資、地域社会の健全な発展を目的とした後述するコミュニティ投資なども SRI に該当する。

また、株式投資のうち、経営者に対し社会的責任を果たすことを働きかける行動すなわち株主行動（後述する。）も SRI の範囲に属する。以下では SRI の誕生経緯を見てみよう。

（2） 社会的責任投資の誕生とその系譜

SRI の嚆矢をどこに求めるかについては諸説がある[3]。SRI は一般的には1920 年代の英米のキリスト教会での資金運用すなわち酒、タバコ、ギャンブルなどの産業に関連する企業には投資しないというキリスト教的倫理観に基づく株式投資に始まるといわれている。

1）SRI の芽生え

　酒を飲むこと、ギャンブルをすることはキリスト教の教義にそむき罪になる。したがってこれら産業に携わる企業に投資することによって収益を得ることも、当然、キリスト教の教えに反すると考えられていた。そのためこれら産業に関わる企業の株式は、「罪ある株式（Sin Stocks）」と呼ばれ、投資対象から除外されていた（谷本、2003、10頁）。いわゆる**ネガティブ・スクリーニング**といわれるもので、そこに SRI の萌芽を求めることができる。

　その後、1960年から1970年代になると、米国では南部諸州各地で起きた黒人差別を発端とする公民権運動、ベトナム戦争に対する反戦運動、エクソンのバルディーズ号のアラスカ沖で座礁によるオイル流出による生物の大量死に始まる自然環境保護運動などの社会運動が起きた。そしてそれが拡大するのに伴い、SRI は社会運動と結びつき、信仰に基づいた投資から、倫理・人権・反戦などを反映した企業への投資選別（スクリーニング）へと進化していった。具体的には兵器生産・軍隊との契約の有無にかかわる企業、あるいは南アフリカで操業する企業（アパルトヘイト政策への批判対象企業）の株式が投資から排除された。

　社会運動と SRI の結びつきは、SRI に変化をもたらした。特に南アフリカのアパルトヘイト問題は、キリスト教会という宗教団体の宗教的倫理観に基づく資金運用から、企業に社会的責任を求める手段として SRI を活用する団体の出現の契機となった。公務員年金基金、労働組合、大学のファンドなどが出現したことや宗教に基づく個人的な倫理によるネガティブな投資活動から社会変革を促すことを意識した SRI ファンドが設立されことになった。例えば1971年にはパックス・ワールド・バランスド・ファンドが、1972年にはドレイファス・サード・センチュリー・ファンドが設立され、これら投資信託を通し個人投資家が SRI に参加する土壌が生まれた。このことは小口資金の組織的投資を可能にし、個人投資家の SRI の参加のすそを広げることになった。またこれらファンドは、かつてのネガティブ・スクリーニングから公正な雇用慣行をもち公害防止対策を行っている非軍事関連の企業を「積極的に投資に組み入れる」という**ポジティブ・スクリーニング**を行うようになった（谷本、2003、

13頁)。これら 2 つのスクリーンをあわせて**ソーシャル・スクリーニング**という。

2) 株主提案への発展

SRI と社会運動との結びつきは、当時大きな経済的影響力をもっていた企業に対して社会変革を積極的に促すための活動として展開されることになった。例えば、1969年には反戦グループによりダウケミカルに対してベトナム戦争で使われたナパーム弾の製造中止を求める株主提案が、1970年にはネーダー・グループがゼネラル・モーターズ (GM) に対して少数民族 (マイノリティー) の雇用や公害防止対策などの社会的責任を問う 9 つの株主提案 (いわゆる「キャンペーン GM」) が行われた。いわゆる**株主行動**の台頭である。

前者では、裁判所が株主提案を投票にかけなければならないという決定を下したことにより、株主が社会的な株主提案を持つ権利が認められ、画期的な出来事となった。また後者では、9 つの株主提案のうち、性別や人種構成の多様性を確保するために公共利益代表取締役を選出し参加させることと、社会的責任について監査・忠告を行う株主委員会を創設するという 2 つの株主提案が SEC の決定[4]により議題として取上げられた。その提案自体は否決されたが、「キャンペーン GM」が広く世間の注目を浴びたことにより、社会的な関心が高まり、GMは牧師のレオン・サリバンを初の黒人取締役として任命し、公共政策委員会の設置を行った。結果的には、株主提案はそれなりの成果を得たといえる。これらを契機に 1971 年にはキリスト教会の株主提案組織としての ICCR (Interfaith Center on Corporate Responsibility)[5] が設立され、また機関投資家やファンドによる株主提案も生まれてきた。

3) 融資との結びつき

米国では、キリスト教会の SRI に対する活動は、スクリーニングとは別にコミュニティ投資という形態でも行われていた。1960年代後半には地域の少数民族や貧困層に対する住宅取得や小規模事業者に対する低利の融資を行うローンファンド (Community Development Loan Fund) と称する非営利組織あるいは地域向け信用組合 (Community Development Credit Union) がキリスト教会の資金により設立された。さらに 1973 年には一般からの預金を原資

として貸付事業を行う最初のコミュニティ投資銀行がシカゴに誕生している。

2. 社会的責任投資の現代的意義

前節で見たように米国ではSRIの方法は3つの形態、すなわち（1）ソーシャル・スクリーニング（ネガティブとポジティブ両方のスクリーニング）、（2）株主行動および（3）コミュニティ投資として誕生した。それらは、その基盤が確立し、今日まで引き継がれ、さらに発展・拡大してきている。近年、SRIが、世界的にその関心が高まってきた背景には、グローバル化や巨大化した企業活動が社会・環境的側面に影響を与え、深刻な事態を引き起こす結果になったことや日米における企業不祥事の続発など、いわゆる企業の社会的責任（CSR）の問題がクローズアップされたことが挙げられる（森、2006）。これら企業の社会的責任（CSR）を追及する手段としてSRIを活用しようとすることにSRIの現代的意義がある（図10-1を参照）。

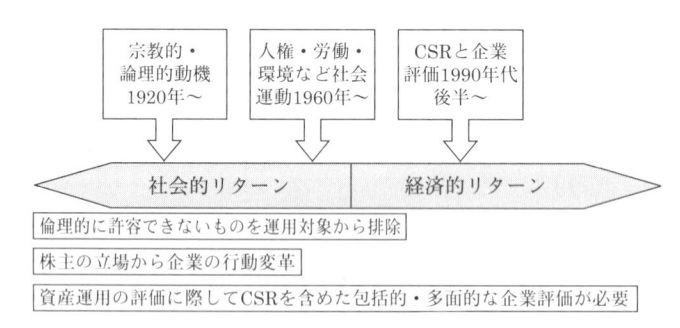

図10-1 米国におけるSRIの歴史的経緯
（出所）大和総研作成（川口、2004）より

SRIの方法の形態は多様であるが、一般的には、ソーシャル・スクリーニング、株主行動およびコミュニティ投資の3つにカテゴリー化される。ただし、この3つのカテゴリーに属さない、地域通貨、社会福祉や環境改善を目的とした社会的ベンチャーへの投融資も存在する。これらも広義のSRIに含まれるが、本節では、先の3つの形態として誕生したSRIの現代的な内容を見てみよ

う。

(1) ソーシャル・スクリーニング (Social Screening)

ソーシャル・スクリーニングは、「投資家が企業の発行する株式や債券などへ投資するにあたって、企業を財務指標などの経済的な側面だけからでなく、その事業内容や事業活動のプロセスにおいて社会や環境に対して行う配慮といった側面からも評価して投資先を決定すること」（谷本、2003、6頁）と定義されている。

ソーシャル・スクリーニングの本質は、財務指標による評価（財務評価）とソーシャル・スクリーニングによる指標（いわゆるSRI評価）とを組み合わせて総合的に企業を評価し、投資銘柄を選択することである（図10-2を参照）。投資銘柄選択に当たり、欧米では社会的批判の多い企業、例えば軍事、原子力、酒造、タバコ産業などの企業の銘柄には投資をしない判断を行う場合と、逆に企業を社会・環境などの社会的責任の側面から評価し、これらに配慮している企業を積極的に投資銘柄の対象に組み入れる場合とがある。既述したように前者がネガティブ・スクリーン、後者がポジティブ・スクリーンである。

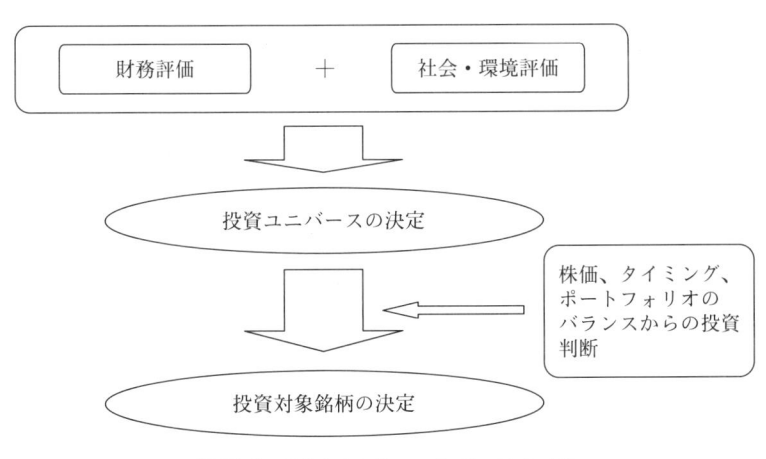

図10-2　SRIのスクリーニング・スタイル
（出所）谷本、2006、115頁より

投資銘柄の選定に当たっては当然何らかの基準が必要である。そのため企業のSRI度を評価するためのベンチマークの開発が行われている。また投資銘柄選定の基準や投資先銘柄のリスト、そしてその運用実績が運用会社などにより情報開示されている。

（2） 株主行動

今日、企業を取り巻くステークホルダーには様々なものがある。またステークホルダーの裾野も広がりを見せている。消費者団体・労働者団体・人権団体・地域住民、あるいはこれらが母体となって設立されたNGO・NPO・年金基金・宗教団体の基金・財団なども企業のステークホルダーとなっている。株主行動とは、これらのステークホルダーが、株主の立場から企業の経営実態を監視し、企業の社会的責任のパフォーマンスの向上を要求する行動をいう。

株主行動はいくつかの観点から分類される。①目的や問題の観点から分類するとコーポレート・ガバナンス問題と社会問題に対する株主行動に、②経営陣との関係性からの観点から分類すると**対決型株主行動と対話型株主行動**に、③手段の観点から分類すれば経営陣との対話、株主提案、議決権行使等に分類される。これらは図10-3となる。

① 目的や問題の観点からの分類

コーポレート・ガバナンス問題は、例えば、取締役の選任や利益処分案の決議など、企業の運営あるいはガバナンスに関する問題にあたり行動を起こすことをいう。日本における年金基金のSRIにおける株主行動の大半はこの行動である。

社会問題に対するものとしては、例えば企業のコンプライアンス、環境問題、人権問題などの対処に対してアクションを起こす株主行動がある。つまるところ両者ともに広義のコーポレート・ガバナンスに関するものであり、その区分の是非には賛否両論があるが、後者は企業の社会的なガバナンスに関わるため、多くは区分されて議論されている。

```
                    経営陣との関わり
                     ・対決型    ・対話型
                  ┌─────────────────────┐
                  │                     │
   目的・問題      │  手段              │
   コーポレート    │  対話、株主提案、議決権行│
   ・ガバナンス問題 │  使、株主代表訴訟、キャン│
   ・社会問題      │  ペーン活動、ロビー活動など│
                  │                     │
                  └─────────────────────┘
```

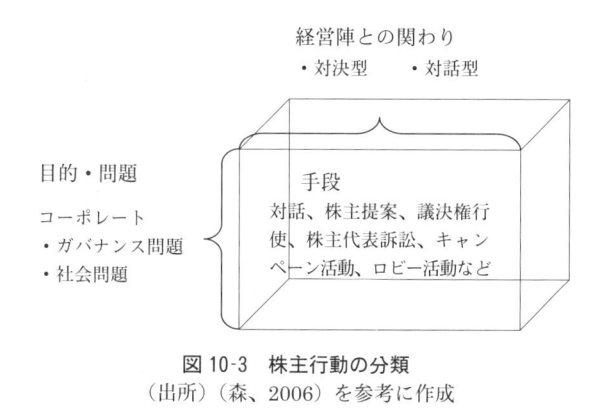

図 10-3　株主行動の分類
(出所)（森、2006）を参考に作成

② 対決型株主行動と対話型株主行動

株主の行動タイプを経営陣との関わりから見れば、先の目的・問題に関わりなく、対決型株主行動と対話型株主行動に分類できる。

対決型株主行動は、株主総会で経営陣と対決し、議決権を行使するものである。従来、機関投資家の株主行動は対決型であったが、実際、その株主提案が可決される可能性は小さいため、対決を避け経営陣と対話的継続的な関係の構築による企業経営の改善を求めるアクションとしての対話型株主行動へと変化してきた。対決型は機関投資家が社会的に問題を知らしめ、経営陣にそれを認識させる場合にのみ限定して用いられている。

③ 手段の観点からの分類

株主行動を起こす手段による観点から株主行動を分類すれば、主要なものとして経営陣との対話、株主提案、議決権行使、株主代表訴訟をあげることができる。その他、株主行動の手段には、メディア等を含むキャンペーン活動、ロビー活動などによって政府当局に働きかけることで規制の変更を要求することなどもある。

このうち株主代表訴訟は個人投資家により、株主提案や議決権行使は機関投資家によってもっぱら用いられる手段となっている。また株主行動は、これらの手段を複合的に用いて行われている。

（3） コミュニティ投資

コミュニティ投資は、ソーシャル・インベストメントまたはソーシャル・ファイナンスとも呼ばれ、**①地域開発投資、②社会開発投資および③社会的責任ある公共投資**に分類される（谷本、2003、8頁）。

① 地域開発投資

地域開発投資は、地域の経済開発を支援する目的で投資するもので、例えば米国の大都市のインナーシティ[6]における低所得者や少数民族などを対象とした低廉な住宅供給やベンチャーに対する支援活動で、シカゴを本拠地とするショア・バンクのような銀行から信用組合、基金などをとる形態が存在する。

② 社会開発投資

社会開発投資は、自然エネルギーの開発やフェア・トレイド[7]など社会的事業を行う事業体に対する融資や投資の総称である。これには、地域開発投資と同様、銀行から信用組合、基金などの形態がある。マイクロ・ファイナンス（小規模のビジネスに対する少額の融資）などもこのカテゴリーに属する。

③ 社会的責任ある公共投資

社会的責任ある公共投資は、政府・自治体が公共投資を行う際、環境や社会に与える影響を配慮すること、さらには公共事業の入札参加企業の評価基準に当該企業のCSRへの取り組みを組み入れることも含まれる。前者として米国のカリフォルニア州の公共投資における例を、後者として東京都千代田区の入札参加企業の審査基準[8]を挙げることができる。

3. 社会的責任投資の動向

世界的にSRIが本格的に活発化していくのは1900年代以降である。これはCSRの問題がクローズアップされ、その解決の一つの手段としてSRIの活用が有効であるとの認識が高まったからである。この傾向は特に国連アナン事務総長の働きかけで世界12か国の機関投資家を中心としたマルチステークホルダーが協力して策定した責任投資原則[9]の発表が大きく影響している。そして欧米ではSRIが投資手法のメインストリームとなっている。本節では、米国、

欧州と日本のそれぞれの SRI について最近の動向を見てみよう。

（1） 米国の動向

米国では1990年代になるとCSRの高まりとともにSRI市場は拡大の一途をたどっている。これは CSR に対する意識の高い個人投資家が増加[10]したことと年金基金をコアーとする機関投資家がスクリーニングを採用したことによる[11]。

米国は SRI 市場関連データが最も整備されている国である。以下では米国の SIF（Social Investment Forum：米国の社会責任投資の概念と実践を促進する目的で設立された非営利団体）の 2005 年版 Trends Report レポート[12]により 1995 年から 2005 年の 10 年間における米国の SRI 資産運用残高の推移（図 10-4 参照）を見てみよう。

2005 年には社会責任投資運用資産残高は約 2 兆 2900 億ドル（約 266 兆円）に達し、10年前に比し約 3.6 倍の伸びを示している。この額は全米の投資信託の運用規模が 24 兆 4000 億ドル（約 2800 兆円）（谷本、2006、113 頁）に対して約 9.4% の比率となっており、SRI は全米投資信託運用資産残高の 1 割に匹敵しており、SRI がメインストリーム化していることが伺える。しかし 2001 年を境に SRI 投資信託は横ばいである。

またその内訳は、ソーシャル・スクリーニングが 68%、株主行動が 26%、そしてコミュニティ投資が 1% となっている（なおスクリーニングと株主行動を合わせ活用して SRI が行われており、これが 5% ある）。

SRI 投資の中でもスクリーニング運用資産は、1995 年（1620 億ドル）から 2005 年（22900 億ドル）の 10 年間に約 14 倍に拡大しており、1997 年からの伸びが特に大きい。この要因はタバコの健康被害が医師会などの調査により発表され、タバコ関連産業を排除した SRI 運用（SRI 投資信託）が人気となったことによる。そして 2005 年においてもタバコ産業関連を排除する投資信託の運用残高は 1590 億ドルとなっており、依然トップの座を占めている（2 位はアルコール産業：1350 億ドル、3 位はギャンブル：410 億ドル、4 位は軍事関連産業：340 億ドルとなっている）。

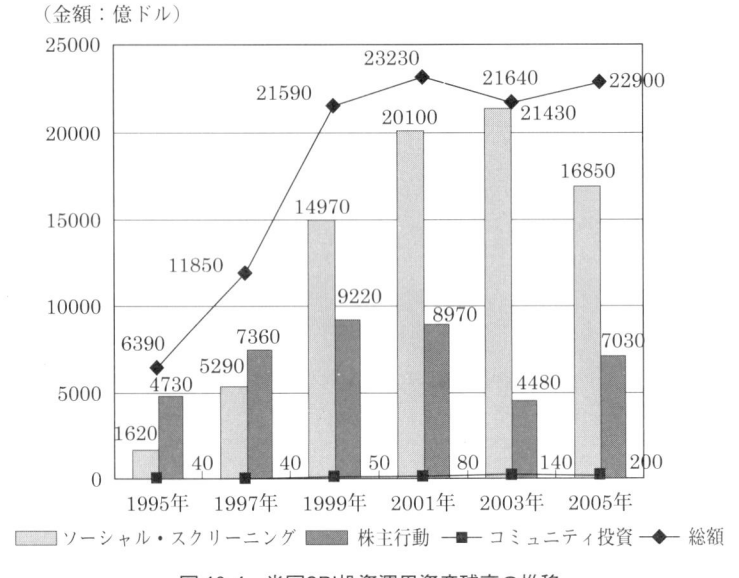

図 10-4　米国SRI投資運用資産残高の推移
（出所）SIFの2005年Trends Reportに基づき作成

　SRIに関する株主行動については、金額的には減少傾向にある。2003年の落ち込みはCalPERS（California Public Employees' Retirement System）やTIAA-CREF（Teachers Insurance and Annuity Association - College Retirement Equities Fund）などの大手機関投資家が株主行動に不参加を示したという特殊要因がある。

　株主行動は金額では減少しているものの、株主提案数は確実に増加している。SIFによれば、社会問題およびコーポレート・ガバナンスに関しての株主提案は、2003年対2005年では16％増で、348の提案がされている。

　米国では、コミュニティ投資は社会的責任投資全体に占める割合は小さいが、その伸率は大きい。1995年には40億ドルであったが、2005年には200億ドルとなっており5倍の伸びを示している。

（2）　欧州の動向

　欧州でSRIが活発化したのは京都議定書（1997年12月）が契機である。従

来、欧州におけるSRIは各国間でそれぞれ異なる背景と異なる特色を持って運用されていた。環境問題への意識の高まりが高度化するとともに、持続可能な社会を構築するための統合的概念としてトリプル・ボトムラインが打ち出され、2001年7月にEUの欧州委員会は、グリーンペーパー（Promoting a European Framework for Corporate Social Responsibility）を発行し、CSRの考え方を整理している。そしてCSRをEUの公共政策における戦略とし、CSRを推進するための制度設計としてSRIが有効であることがEUでは認識されたからである。そのためEUはSRIを推進させるため、その推進役としてEurosif（European Social Investment Forum）を2001年11月に発足させている。

欧州各国では、SRIを推進するために社会・環境などの情報開示の立法化が図られている。英国においては2000年7月の年金法の改正でSRI年金情報開示法（SRI Pensions Disclosure Regulation）が、ドイツでは2001年8月から個人年金と職業年金の登録の際、倫理・環境・社会的側面の報告の義務付けが、またフランスにおいては2001年5月に新経済規則法成立によりすべての上場企業に社会・環境側面のアニュアルレポートの発行が義務づけられている。その他EU域内ではCSRに沿った情報の開示を要求する立法化がされている。

1980年代に英国ではすでに倫理的ファンドや環境面でのグリーンファンドが設立されていた。しかし欧州でSRIが本格的に始動し始めたのは1900年代以降である。欧州のSRIは、米国のそれが企業の社会的責任を追求する多様なミッションをもった消費者層（個人投資家）の出現により支えられているのとは違い、政府主導型かつ年金および保険会社などの機関投資家を中心にSRIが行われているところに特徴がある。また、欧州のSRIの主導的役割を果たしているのは英国であり、例えばSRI投資信託の推移を見ると、EIRIS（Ethical Investment Research Services）の推計によれば、1995年（6億7200万ポンド）から2005年（60億7800万ポンド）の10年間の伸びは9倍となっている（図10-5参照）。

米国のSIFのように欧州全域をカバーするようなSRI市場に関する調査は存在しない。しかしEurosifによる調査報告書[13]やSiri Group[14]の調査報告

書（"Green, Social and ethical funds in Europe"として公表している。）による推計がある。2003年版Eurosifの報告書によれば、機関投資家向けのSRI運用資産算残高（2003年9月末）の推計額は3,360億ユーロ（約50兆円、欧州では個人投資家のSRI運用資産の割合は小さく、SRI全運用資産の数パーセントで122億ユーロ、Eurosifの情報は機関投資家に関するものが中心である。なおそのうち株主行動によるものは1,180億ユーロとなっている）となっている。さらにEurosifの2006年版の報告書では1兆33億ユーロ（2005年12月末）となっており、2003年の調査に比べ飛躍的な伸びを示している。

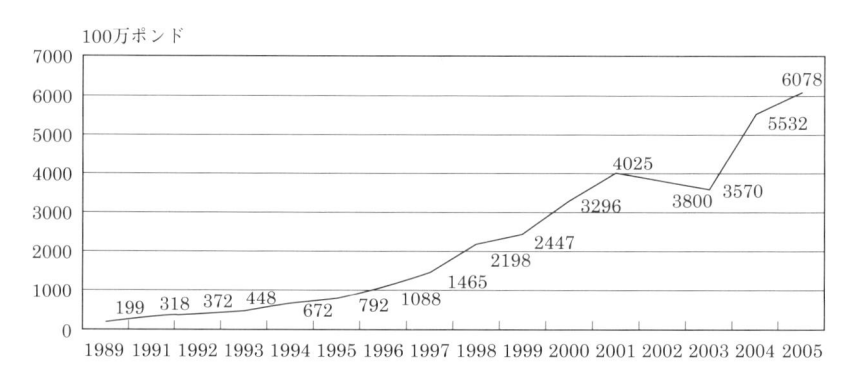

図10-5 英国のSRI投資信託の推移（推計）
（出所）EIRISのデータより作成（1990年のデータは利用不可である）

（3） 日本の動向

欧米と異なり宗教的倫理や社会的問題のもとで投資選択をするという考え方はわが国では存在しない。この欧米での投資手法は特殊なものとの認識がわが国の金融業界では強く、従来SRIについて前向きではなかった。

わが国のSRIの歴史は浅く、日興アセットマネジメントが1999年8月に環境に配慮した企業に投資をするコンセプトで設定した「日興エコファンド」がその嚆矢といえる。その後、少しずつ環境型のSRI型投資信託が生まれ、さらにSRI型投資に発展し、その数は現在26本に達している（表10-1）。

第 10 章　社会的責任投資　231

表 10-1　日本における SRI 型投資信託（2006 年 3 月末現在）

設定時期	設定運用会社	ファンド名称等	スクリーニング	純資産額	調査担当
1998/8/20	日興アセットマネジメント	日興エコファンド	環境	491.18	グッドカンパニー
1999/9/30	損保ジャパン・アセットマネジメント㈱	損保ジャパン。グリーン・オープン（ぶなの森）	環境	178.8	損保ジャパン・リスクマネジメント
1999/10/29	興銀第一ライフ・アセットマネジメント	興銀第一ライフエコ・ファンド	環境	62.22	グッドカンパニー
1999/10/29	USBグローバル・アセット・マネジメント	UBS 日本株式えこ・ファンド（エコ博士）	環境	42.55	日本総合研究所
2000/1/28	UFJ パートナーズ投信	エコ・パートナーズ（みどりの翼）	環境	30.43	三菱 UFJ リサーチ＆コンサルティング
2000/9/28	朝日ライフアセットマネジメント	朝日ライフ SRI 社会貢献ファンド（あすのはね）	環境・雇用・消費者対応・社会貢献	50.99	stock at stake
2000/10/31	三井住友アセットマネジメント	エコ・バランス（海と空）	環境（温暖化）	13.39	インターリスク総研
2000/11/17	日興アセットマネジメント	グローバル・サステナビリティ（globe）A	経済・社会・環境	11.05	SAM
2000/11/17	日興アセットマネジメント	グローバル・サステナビリティ（globe）B	経済・社会・環境	6.47	SAM
2001/6/15	大和住銀投信投資顧問	グローバル・エコ・グロース・ファンド（Mrs. グリーン）A	環境	14.75	Inovest Strategic Value Adviser
2001/6/15	大和住銀投信投資顧問	グローバル・エコ・グロース・ファンド（Mrs. グリーン）B	環境	26.35	Inovest Strategic Value Adviser
2003/10/23	USBグローバル・アセット・マネジメント㈱	USB グローバル株式 40	DJSWI	40.51	UBS AG
2004/4/1	しんきんアセットマネジメント投信㈱	フコク SRI（社会の責任投資）ファンド（確定拠出年金専用）	社会・倫理・環境	—	富国生命投資顧問バブリックリソースセンター
2004/5/20	大和証券投資信託委託	ダイワ SRI ファンド	環境・社会貢献・経営体質	165.25	インテグレックス
2004/5/28	野村アセットマネジメント	野村グローバル SRI100（野村世界社会責任投資）	FTSE4Good Global 100	38.6	FTSE
2003/12/26	住信アセットマネジメント	住信 SRI・ジャパン・オープン（グッドカンパニー）	法律・環境・社会・経済	483.83	日本総合研究所
2004/7/30	野村アセットマネジメント	モーニングスター SRI インデックスオープン（つなが り）	ガバナンス・アカウンタビリティ・雇用社会貢献・環境	35.90	バブリックリソースセンター
2004/12/3	三菱 UFJ 投信㈱	三菱 UFJSRI ファンド（ファミリー・フレンドリー）	仕事と生活の両立・社会支援・健康と安全	37.55	グッドカンパニー

2005/3/18	AIG投信投資顧問(株)	AIG-SAIKYO 日本の株式CSRファンド（すいれん）	環境・社会的責任・コーポレートガバナンス	64.08	IRRC
2005/3/18	AIG投信投資顧問(株)	AIG/りそ なジャパン CSRファンド（誠実の杜）	環境・社会的責任・コーポレートガバナンス	116.56	IRRC
2005/4/28	AIG投信投資顧問(株)	AIG/ひろぎん 日本株式CSRファンド（クラスG）	環境・社会的責任・コーポレートガバナンス	6.7	IRRC
2005/3/25	損保ジャパン・アセットマネジメント(株)	損保ジャパンSRIオープン（未来の力）	ガバナンス・マーケット・雇用・社会貢献・環境	16.47	パブリックリソースセンタート、損保ジャパン・リスクマネジメン
2006/3/9	大和証券投資信託委託	ダイワ・エコファンド	環境	533.06	日本総合研究所
2003春	東京都教職員互助会	年金基金向け		(5億円分)	グッドカンパニー
2003/7/31	住友信託	年金基金向け		(25億円分)	日本総合研究所
2004/8	中央三井アセットマネジメント	中央三井SRIファンド（適格機関投資家専用）（確定拠出年金専用）	内部統制、持続的成長	(約40億円分)	インテグレクス

出所：SIF-JapanのHPより

　2005年から2006年にかけてSRI投資信託の普及の素地ができあがりつつあり、ようやくその兆しが現れてきている。SRI投資信託の運用資産総額は欧米に比べたらまだまだ少額であるものの、2003年に約700億円程度[15]であったものが、2006年3月には3.7倍の約2,600億円[16]にまで成長している。この要因は、欧米ではSRIが投資手法としてメインストリーム化してきたこと、環境省が2006年4月から7月にかけて「環境と金融に関する懇談会」を開催し、環境に配慮した投資に融資および投資についての現状分析を行い、その拡大に向けての取組施策を提示したこと、さらには特にメガバンクによる金融機関が積極的にCSRに取り組む姿勢を示していることがあげられている（川口、2006）。

4. CSR と SRI

　米国のエンロンあるいは日本におけるカネボウの粉飾決算や三菱自動のリコール隠しなど、企業不祥事が近年相次いで生じた。これら企業は倒産に追い込まれるケースが多々ある。それはグローバル化の進展や地球環境問題の深刻化が持続可能な社会の構築に向けての市民意識を高め、そして市民の意識の高まりは社会問題を起こした企業を市場からボイコットするほどに社会的に大きな影響力をもつようになってきているからである。

　一方、持続可能な社会の構築に向けて CSR に取り組む企業を評価し、その企業の株式やあるいは製品を購入しようという動きも現れている。いわば投資や消費の意思決定過程に企業の環境配慮や社会的側面を評価に組み入れるという、すなわち **SRI や CSR 調達**[17] である。このことは企業評価に対する基準が変わることも意味していると同時に、この企業評価の問題は環境配慮や社会的側面に関する情報開示の問題ともなる。

　本節では CSR の側面から SRI をとらえる。まず SRI は長期的な視点にたてば企業価値を高める結果になることが期待されている。そして SRI に組み込まれる際 CSR の評価はどのように行われるのか、そしてその評価を行うための基礎となる情報の開示について見てみよう。

（1） SRI と企業価値

　既述したように 1990 年代以降の SRI は CSR の推進手段となっている。SRI は企業の環境・社会・経済あるいはコンプライアンス等の CSR に着目し、財務的指標と非財務的指標を組み合わせて企業を評価し、投資を行うものである。したがって SRI も収益を度外視したものではなく、1 つの合理的投資手法である。財務諸表に掲載される企業業績は企業価値の一部でしかない。例えば、最近の話題にあがるブランド価値や人的資本なども企業価値の一部である。企業価値は、財務諸表に掲載された資本の価値と非財務的な資本の価値との総合であり、実は非財務的な資本の価値の方がはるかに大きく、財務的な資

本の価値は氷山の一角でしかないと言われている（水口、2005a、28頁）[18]。SRIはこの氷山の一角に現れない財務諸表以外の資本の価値に着目するものである。

CSRに取り組む企業は、いわゆる「グッドカンパニー」であり、長期的な視点からは消費市場や証券市場において高い評価を得ることができ、収益性に結びついて、その結果企業価値を高めることができる、あるいはそれを期待できるという考え方がSRIの根底にはある。つまりSRIには市場メカニズムを通して「グッドカンパニー」が生き残るシステムとしての機能を果たす役割が期待されている。

しかしCSRと収益性との関連については、ここ20～30年の実証研究で、一定の相関関係があることは知られているが、明確な統計的検証による実証は示されていない（谷本、2006、101頁）。今後、SRIの考え方が浸透し、CSRを果たしている企業を評価する市場に成熟してこそ持続可能な社会を構築できる基盤が確立するといえる。

（2） SRIからみたCSRの評価方法

SRI投資信託における投資ユニバース[19]の決定プロセスは、通常の投資判断（財務的な投資判断）とソーシャル・スクリーニングとの組み合わせである。したがって、その方法には次の3つが考えられる（水口、2005a、45頁）。

① 通常の投資決定プロセスのように株価などによる財務的スクリーンをかけ、次にソーシャル・スクリーニングにかける。
② 逆にソーシャル・スクリーニングにかけ、次に財務的スクリーンを適用する。
③ 財務的スクリーンとソーシャル・スクリーニングを同時並行して組み合わせる。

財務データという定量化され指標を用いる財務的スクリーンに比べ、ソーシャル・スクリーニングのそれはかなり複雑である。したがって②よりも①の

方法は選別コストの上では有利であるが、長期的視点からみた将来性のある「グッドカンパニー」が選別されない可能性もある。③は①や②よりもさらに複雑であり、いずれも一長一短がある。

SRI 投資信託にとって特有なものは、ソーシャル・スクリーニングである。この場合、①スクリーニングの主体、②スクリーニングの方法そして③その透明性が問題となる。

1）ソーシャル・スクリーニングの評価主体

スクリーニングの評価主体については、次の3つが考えられる。①SRI 投資信託の運用機関が自ら行う、②SRI 調査の専門機関に委託する、および③すでに専門機関の行った結果を利用する、である。表 10-1 に示したように日本における SRI 投資信託では、傍系専門機関あるいは他社の専門機関による場合がほとんどである。

2）スクリーニングの方法

スクリーニングの方法については、スクリーニングの主体によって異なるが、しかしその実施プロセスについては共通している。すなわち評価の基本方針を決定し、次に調査項目を定める、そして調査項目に関連した情報を収集し、これら情報を何らかの基準をもって分析・整理・統合し、それによって評価を行う。特に主体による違いが顕著となるのは、どのような視点および方法で評価するかという基本方針と調査項目の決定である。なぜならば CSR に関する項目は広範であり、そのどこにウエイトを置くか、CSR のパフォーマンスのどこに重点を置くかはスクリーニング主体によって違うからである。

したがって、スクリーニングの方法については、アンケートや第三者機関から等から収集した情報についての信頼性に関する問題や定性的な情報をいかに数量化し、そしてそれを総合的な評価に纏め上げる方法について、なお課題が残っている。

以下の図 10-6 に日興アセットマネジメントによる「日興エコファンド」の投資ユニバースの決定方法（2006 年 9 月末現在）を示しておく。

【銘柄選定プロセス】

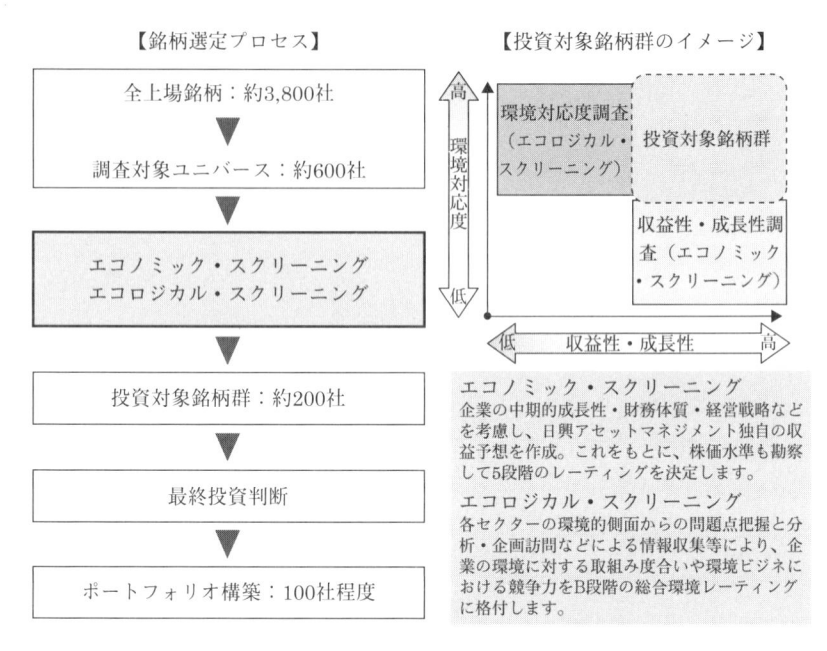

全上場銘柄：約3,800社
↓
調査対象ユニバース：約600社
↓
エコノミック・スクリーニング
エコロジカル・スクリーニング
↓
投資対象銘柄群：約200社
↓
最終投資判断
↓
ポートフォリオ構築：100社程度

【投資対象銘柄群のイメージ】

環境対応度調査（エコロジカル・スクリーニング）
投資対象銘柄群
収益性・成長性調査（エコノミック・スクリーニング）

縦軸：環境対応度（低～高）
横軸：収益性・成長性（低～高）

エコノミック・スクリーニング
企業の中期的成長性・財務体質・経営戦略などを考慮し、日興アセットマネジメント独自の収益予想を作成。これをもとに、株価水準も勘案して5段階のレーティングを決定します。

エコロジカル・スクリーニング
各セクターの環境的側面からの問題点把握と分析・企画訪問などによる情報収集等により、企業の環境に対する取組み度合いや環境ビジネスにおける競争力をB段階の総合環境レーティングに格付します。

図10-6 「日興エコファンド」における投資ユニバースの決定方法
（出所）日興アセットマネジメントのHPより[20]

　なお、投資銘柄の選定基準にSRIの考え方を取り入れたインデックス（株価指数）をSRIインデックスという。世界的に著名なSRIインデックスには、英国のFTSE社の「FTSE Good」シリーズ、ベルギーのSRI評価機関であるEthibelの「エティベル・サステイナビリティ・インデックス（ESI：Ethibel Sustainable Index)」および資産運用会社SAM（Sustainable Asset Management）とDow Jonesが共同開発した「ダウ・ジョーンズ・サステイナビリティ・インデックス（DJSI：Dow Jones Sustainable Index)」がある。またわが国にはモーニングスターとNPO法人パブリックリソースセンターとが開発した「モーニングスター社会的責任投資株価指数（MS-SRI)」がある。

3）スクリーニングの透明性

　スクリーニングの方法に統一的なものがない以上それを担保する手段の一つは、評価プロセスを透明化することである。各スクリーニングの評価主体はそれぞれの調査方法や評価プロセスについて開示する努力をしているが、しか

し現在のところまだ十分ではないと言われている（水口、2005a、51頁）。特にSRI投資信託を購入する一般投資家あるいはSRIの投資ユニバースの選定対象になる企業にとっては基準を含め評価プロセスになお曖昧性が存在しているとの不満もある。

なお、この解決策としてEurosifは、2004年に一般投資家向けの「透明性ガイドライン」を策定し公表している。そして各SRI投資信託の運用会社にこのガイドラインに署名をさせることにより透明性を高める努力をしている。

（3） CSR情報の開示

SRIの機関投資家や一般投資家にとって必要なのは企業のCSR情報である。この情報なくしては投資ユニバースを選別することは容易ではない。財務情報については、わが国では有価証券報告書、欧米ではアニュアルリポートにより法の下での開示が義務化されている。しかしCSR情報については既述したように欧州の一部の国を除き、法の下でのCSR情報の開示義務は存在しない。

環境省の『平成16年度　環境にやさしい企業行動調査』によれば、任意ではあるが、わが国では環境報告書（すでに社会・環境報告書あるいはCSRレポートと銘打っている報告書もある。）を作成・公表している企業等が801社（対前年比、58社増、5.1ポイントアップ）あり今後も増加傾向にある。また801社における社会・経済的側面の記載状況は49.8％、ホームページに環境報告書を掲載している企業は801社中89.5％となっている。

ここで重要なことは、環境報告書は財務諸表と異なり任意でしかも統一的な記載内容を強制されないということである。したがってその比較可能性や情報の信頼性が問題となるため、環境省は2001年に「環境報告書のガイドライン」（最新版は2003年版）を公表し、比較可能性の確保に向けて踏み出した。さらに2003年版ではグローバリゼーションの進展に伴い、「GRIガイドライン」（CERESと国連環境計画が共同で作成したサステナビリティ報告書の国際的ガイドライン、わが国でも一部先進的企業はこのガイドラインを取り入れた報告書を作成している。）を踏まえた改定を行い国際化への対応を行っている。

既述したように欧州では法の下でCSR情報の開示がすでに求められている。特に、英国では2005年の会社法の改正でアニュアルレポートにOFR（Operating and Financial Review：営業と財務に関するレビュー）欄が追加され、ここに環境問題・従業員・コミュニティ、その他社会問題についての記載項目を記述することが要求されている[21]。このことはCSR情報が近い将来において制度化される可能性も秘めている。

　またCSR情報の信頼性を確保するために、監査法人系のコンサルタント会社・NGO・学識経験者からなる任意の第三者検証が行われ始めている。しかし法定監査を含めた今後の対応はまだ一歩を踏み出したに過ぎない（英国のOFRは監査対象となる）。さらにはこれを検証するための基準も必要となる。現在、わが国では環境省が2006年に『環境報告書の信頼性を高めるための自己評価の手引き（試行版）』を公表しているが、この運用については今後の検討課題となろう。

注
1) 今日では社会的責任投資という言葉が一般的に用いられるが、文献的には「ソーシャル・インベストメント」（水口他、1998）あるいは「社会責任投資」（秋山、2003 および秋山・菱山、2004）という場合もある。
2) 社会的責任投資フォーラム（SIF-Japan）のホームページより。SIF-Japanは日本における社会的責任投資の普及と発展を目的に設立されたNPO法人である。2001年にSRIに関する有志の勉強会として発足し、2004年6月に法人格を取得している。欧米には古くから情報交流の場としての社会的責任投資フォーラム（SIF）が設立されている。SIF-JapanのURLはhttp://www.sifjapan.org/である。
3) 水口によれば、武器を売ることで利益を得ることを避けてきたクエーカー教の創始者であるジョージ・フォックスを嚆矢とする説（17世紀ロンドン）、酒やギャンブルなど隣人を傷つけることで利益を得ることをしてはならないという「カネの使い方」の説教をしたメソジスト教会の創設者であるジョン・ウエスレイを嚆矢とする説などがあるが、今日的な意味でのSRIの起源は1920年代の英米のキリスト教会の資金運用に求めることができるという（水口、2005、10頁）。クエーカー教（キリスト友会）やメソジスト教会にSRIの萌芽を求める見解として次の著書がある。ドミニ（2002）がある。同書の43ページから46ページを参照。
4) 米国では、SECの承認がある場合は、株主から提出された提案を不適切な提案として会

社側は株主総会の議題から除外することができる制度となっている。この2件の提案について、SECは適切な議題として株主総会の投票にかけるよう求めた（水口、2005、11頁脚注）。
5) ICCRは、275の宗教的機関投資家の連合である。その詳細については、以下のICCRのホームページに記載がある。URLは、http://www.iccr.org/。
6) 大都市の内部（inner）に位置しているが、交流が隔絶された低所得世帯が密集する住宅地域のこと。
7) 公正な取引を推進する社会運動。国際的な労働、環境保護主義、社会政策の観点から、手工芸品から農業製品まで様々な商品の取引について及ぶ。
8) 千代田区は審査基準に障害者・高齢者の雇用実績、ISOの認証取得、男女共同参画への貢献度を組み込んでいる。
9) 国連環境計画イニシアチブと国連グローバルコンパクトが共同で策定し発表している。
10) ベビーブーマー世代の退職期を控え資産運用総額が増大している。彼らは多様な価値観をもつ世代であり、ファンドを通してSRIに参加している（谷本、2003、17頁）。
11) 機関投資家の投資行動は第一義的には投資収益の最大化である。したがって、投資収益を犠牲にしてまでSRI市場に参入はしない。しかし米国ではSRIが株式投資のリターンを上回る結果もでている。またCSRの観点から言えば、社会的責任を果たす企業は社会的批判を受けるリスクが小さい。そのため株価に影響を与えるリスク要因が少なく、これら企業に対する投資は、中長期的に安定したリターンを獲得が期待できる。年金基金などの機関投資家の行動原理と合致する（谷本、2003、17頁）。
12) SIF, "*2005 Report Socially Responsible Investing Trends in the United States*".
13) 2003年の報告書は"*Socially Responsible Investment among European Institutional Investors 2003 Report*"、この3年後の2006年に公表されたものは、"*European SRI Study 2006*"として発行されている。
14) Siri (Sustainable Investment Research International)は2000年に設立された。当初は非営利組織として設立されたが、2003年会社形態に変更している。また2005年にはErosifに参加している。
15) みずほリサーチによる。これについては「日本における社会的責任投資（SRI）の可能性」『みずほリサーチ』、2003年12月を参照。
16) 環境省「環境と金融に関する懇談会」報告書（環境省、平成18年7月）による。
17) 企業が原材料、部品などを購入する際、品質・価格・納期以外に環境配慮の基準を組み込むことが1990年代以降広まってきた。いわゆるグリーン調達である。その後コンプライアンスや雇用・労働に対する対策も組み入れる動きが出ており、CSRの側面を組み込んだ購買活動をCSR調達という。
18) イノベスト社によると「CSRの氷山」は下記の図のようになる。

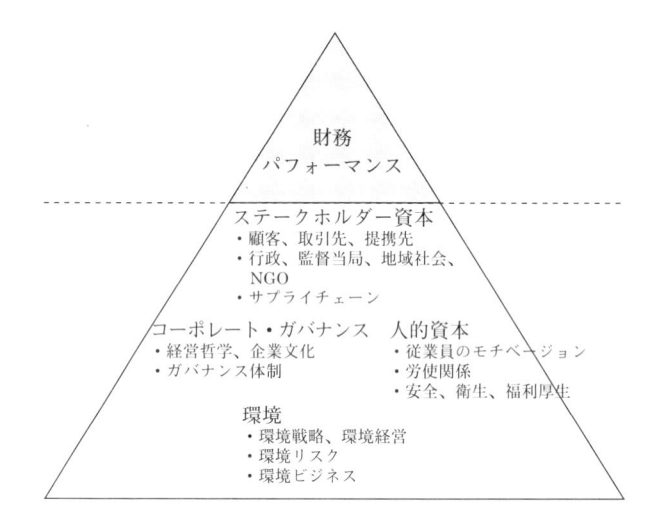

```
              財務
           パフォーマンス
    - - - - - - - - - - - - - - - - -
         ステークホルダー資本
          ・顧客、取引先、提携先
          ・行政、監督当局、地域社会、
           NGO
          ・サプライチェーン
       コーポレート・ガバナンス      人的資本
        ・経営哲学、企業文化      ・従業員のモチベーション
        ・ガバナンス体制         ・労使関係
                           ・安全、衛生、福利厚生
             環境
          ・環境戦略、環境経営
          ・環境リスク
          ・環境ビジネス
```

下記 URL のイノベスト社の案内より。なおこの情報は日本語により提供されている。

http://www.innovestgroup.com/images/pdf/Japanese_Innovest_Brochure_draft.pdf

19) 資金を、ある一定の運用目的に沿って選別した投資商品の集合体のことをユニバースという。

20) 下記 URL より。

http://www.nikkoam.com/app/productsFundinfoIndex.do?fundManageCd=252263

21) 英国の全上場企業が対象。その記載事項と財務諸表の整合性が会計監査（レビュー）される。ただし開示すべき情報内容は特定されていない。

参考文献

秋山をね（2003）『社会責任投資とは何か』生産性出版

秋山をね・菱山隆二（2004）『社会責任投資の基礎知識』岩波書店

川口真理子（2006.8.26）「SRI 最新動向―本格的テイクオ間近か―」大和総研

川口真理子（2004.1.5）「関心高まる社会的責任投資」大和総研経営研究所情報

環境省（2005.9）『平成 16 年　環境にやさしい企業行動調査』

環境省（2006.3）『環境報告書の信頼性を高めるための自己評価の手引き【試行版】』

環境省（2006.7）『環境と金融に関する懇談会『環境に配慮した「お金」の流れの拡大に向けて』

谷本寛治（2003）『SRI 社会的責任投資入門』日本経済新聞社

谷本寛治（2006）『CSR　企業と社会を考える』NTT 出版

エイミ・ドミニ（2002）『社会的責任投資』山本利明訳、木鐸社

日本総合研究所（2005.3）『企業の社会的責任と新たな資金の流れに関する調査研究報告書』

水口剛他（1998）『ソーシャル・インベストメントとは何か』日本経済評論社
水口剛（2005a）『社会的責任投資（SRI）の基礎知識』日本規格協会
水口剛（2005b）『社会を変える会計と投資』岩波書店
森祐司（2006.4.14）「米国年金基金の株主行動と社会的責任（前編）」大和総研

SIF,（2005）*"2005 Report Socially Responsible Investing Trends in the United States"*,．
Eurosif,（2006）*"European SRI Study 2006"*．
Siri,（October 2005）*"Green, Social and ethical funds in Europe. 2005 Review"*．

索　引

【アルファベット】
FDI の動向　165
IT ガバナンス　102
OIL パラダイム　170
SRI インデックス　236
SRI や CSR 調達　233

【あ行】
委員会設置会社　35
隠蔽戦略　86
営利原則　114
エコファンド　132

【か行】
改善戦略　85
外部性（Externalities）　25
課業柔軟型・非定型的職務群　152
拡大生産者責任　118
株主行動　221
環境産業（エコビジネス）　130
環境倫理　116
関係契約（relational contract）　47
慣行（convention）　14
機会主義　15
企業価値最大化　19
企業の行動基準　4
企業の社会的責任（Corporate Social Responsibility）　39
企業の社会的責任、CSR　182
企業倫理　6
企業倫理委員会　44
企業倫理の制度化　43
期限付き雇用、有期労働契約　146

規則功利主義（Rule Utilitarianism）　13
規範（norm）　8
規範の核　177
義務論（Deontology）　9
キャリア権　157
共同生産の経済性　175
京都議定書　125
繰り返し囚人のジレンマ　17
経営者の義務　33
経営と所有の分離に基づく経営者支配　31
啓蒙された利己心　9
権威体系（authority system）　20
公益通報者保護法　44, 88
高貴なる義務（nobless obeige）　179
効用最大化　7
功利主義（Utilitarianism）　7
ゴーイング・コンサーン　114
コーポレート・ガバナンス　30
互恵性の原理　186
個人情報保護法　101
コンプライアンス　157

【さ行】
残余請求権　32
シェアホルダー・アプローチ　176
持続可能な開発（発展）　123
私的合理性と社会合理性の矛盾　17
自動車リサイクル法　134
社会開発投資　226
社会契約説　177
社会的責任ある公共投資　226
「社外」取締役　36

従業員に対して果たすべき社会的責任　157
集合行為問題　12
集合財　12
準拠集団（reference group）　26
情報の外部性　175
情報の非対称性　45, 80
職能資格制度　143
所有優位性　171
信認関係（fiduciary relationship）　45
信認義務（fiduciary dulies）　46
信用財　82
スウェットショップ　198
ステークホルダー（Stakeholder）　38
ステークホルダー・アプローチ　177
成果主義賃金　145
正規雇用　142
製造運営規約　208
制度的裁定　175
セリーズ原則　127
ソーシャル・スクリーニング　221

【た行】
対決型株主行動と対話型株主行動　224
ダイバーシティ　141
多国籍企業　163
多国籍性　175
地域開発投資　226
定型的職務　151
投資収益　169
取引費用　172
トリプル・ボトムライン　185

【な行】
内部化優位性　172

内部昇進制　143
内部統制　103
日本版SOX法　104
人間環境宣言（ストックホルム宣言）　122
ネガティブ・スクリーニング　220

【は行】
バーナードの理論　19
派遣労働者　146
反ナイキ運動　209
非定型的職務群　151
フューチャー・オーダー・システム　205
法（law）　14
補完性原理　181
ポジティブ・アクション　158
ポジティブ・スクリーニング　220

【ま行】
無視戦略　85

【や行】
役割設定型・非定型的職務群　152
4大公害　119

【ら行】
利己心（Self-interest）　7
利潤最大化　19
立地優位性　174
倫理（ethics）　8
倫理教育訓練プログラム　44
労働規範　15

【わ行】
ワーキングプア　141
ワーク・ライフ・バランス　157

■執筆者一覧

田島　慶吾（静岡大学人文学部教授）（第1章、第2章）
高橋　洋児（静岡大学人文学部教授）（第3章）
石橋　太郎（静岡大学人文学部助教授）（第4章）
伊東　暁人（静岡大学人文学部教授）（第5章）
青山　茂樹（静岡大学人文学部教授）（第6章）
布川日佐史（静岡大学人文学部教授）（第7章）
安藤　研一（静岡大学人文学部教授）（第8章）
朴　　根好（静岡大学人文学部教授）（第9章）
大橋　慶士（静岡大学人文学部教授）（第10章）

■編著者紹介

田島　慶吾　（たじま　けいご）

昭和32（1957）年生まれ
平成3（1991）年3月　一橋大学社会学研究科博士課程修得退学
現在、静岡大学人文学部教授
博士（社会学）

著書と論文
『アダム・スミスの制度主義経済学』ミネルヴァ書房、2003年
「企業倫理学と企業の経済学」静岡大学『経済研究』8巻4号、2004年
The Theory of Institutions and Collective Action in Adam Smith's
Theory of Moral Sentiments, The Journal of Socio-Economics, Vol.36(3), 2007

静岡大学人文学部研究叢書15
現代の企業倫理

2007年3月15日　初版第1刷発行

■編　著　者——田島慶吾
■発　行　者——佐藤　守
■発　行　所——株式会社　大学教育出版
　　　　　　　　〒700-0953　岡山市西市855-4
　　　　　　　　電話（086）244-1268　FAX（086）246-0294
■印刷製本——モリモト印刷㈱
■装　　　丁——原　美穂

Ⓒ Keigo TAJIMA 2007, Printed in Japan
検印省略　　落丁・乱丁本はお取り替えいたします。
無断で本書の一部または全部を複写・複製することは禁じられています。
ISBN978-4-88730-742-1